telc

Common European Framework of Reference

A1

W0202058

Mit Lösungen und Tipps für Kursleitende

Einfach los!

Deutsch für Asylbewerber

Milena Angioni
Ines Hälbig
Gabriele Hoff-Nabhani

telc gGmbH
Frankfurt am Main

Einfach los!

Autorinnen: Milena Angioni, Ines Hälbig, Gabriele Hoff-Nabhani
Mitarbeit: Vicky Dreßler, Rotraud Koll, Peter Neumann, Johanna Nüsse
Phonetik: Anni Müller

Besonderer Dank gilt dem Bundesarbeitskreis Sprachen des Deutschen Volkshochschul-Verbands e. V. für seine wertvolle Unterstützung.

Fotografie: Jan Kocovski
Zeichnungen: Lisa Frühbeis
Layout: Martina Weismann
Tonaufnahmen: audimax Kreation in Bild und Ton GmbH
Druck: Petermann GZW GmbH

2. Auflage 2016

www.telc.net

telc Order-Nr.: 4001-HAA-1502A
ISBN: 978-3-946447-00-9

Liebe Leserin, lieber Leser,

das Grundstufenlehrwerk *Einfach los!* ist speziell für Asylbewerber und Flüchtlinge konzipiert und hilft ihnen bei der gesellschaftlichen und beruflichen Integration in Deutschland. Das Buch kann in Einstiegs- und Grundkursen eingesetzt werden und ist besonders für Lernende ohne Vorkenntnisse geeignet.

Einfach los! bietet:

- **9 Lektionen** mit allen wichtigen Themen für den Alltag in Deutschland
- eine erste Einführung in das deutsche **Arbeitsleben**
- zahlreiche Audio-Aufnahmen zum **Hörverstehen**
- Extrakapitel zur **Orientierung** und **Vertiefung** sowie Übungsaufgaben zur **Phonetik**
- Übungsmaterial für den **Test *telc Deutsch A1 für Zuwanderer***
- Kursmaterial für über **300 Unterrichtseinheiten**
- einfachen Einsatz im Unterricht **ohne aufwendige Vorbereitung**

Erfahrene Kursleiterinnen und Kursleiter haben uns bei der Entwicklung dieses neuen Lehrwerks beraten, damit es passgenau im Unterricht eingesetzt werden kann. Zu jeder Aufgabe gibt es die Grammatik, die an dieser Stelle gebraucht wird. In kurzen und einfachen Lernschritten werden authentische Situationen in Deutschland erarbeitet.

Einfach los! steigert die Motivation und setzt bereits am Anfang ein Ziel! Probieren Sie am Kursende den Übungstest in diesem Buch einfach aus, der auf die Sprachprüfung ***telc Deutsch A1 für Zuwanderer*** vorbereitet.

Als Integrationspartner begleiten wir, die gemeinnützige telc GmbH, neu Zugewanderte auf ihrem weiteren Weg: im Integrationskurs bis zum *Deutsch-Test für Zuwanderer A2·B1* und natürlich auch bei der Vorbereitung auf Beruf und Studium. Stets aktuelle Informationen zu unserem Engagement für Integration finden Sie unter **www.telc.net/einfach-machen**.

Wir wünschen Ihnen viel Erfolg und Spaß – einfach los!

Ihr

J. Kerche

Geschäftsführer telc gGmbH

TIPPS FÜR KURSLEITERINNEN UND KURSLEITER

Liebe Kursleiterinnen und Kursleiter,

wir freuen uns, dass Sie *Einfach los!* in Ihrem Unterricht einsetzen. Um Ihnen die Arbeit mit dem Buch so leicht wie möglich zu machen, haben wir in diesem Leitfaden wichtige Informationen in Kurzform für Sie zusammengefasst. Wir hoffen, dass Sie hier Antworten auf Ihre Fragen finden. Falls noch Fragen offenbleiben: Unter **www.telc.net/einfach-machen** finden Sie immer aktuelle Informationen und Materialien.

Wir wünschen Ihnen sowie Ihren Kursteilnehmerinnen und -teilnehmern viel Spaß mit *Einfach los!*

Ihr telc Team

Übersicht

Einfach los! ist für Erwachsene und junge Erwachsene ohne Vorkenntnisse konzipiert, die ihren Alltag in Deutschland schnell eigenständig meistern möchten. Erste Zielgruppe sind Asylsuchende. Eigens für diese geflüchteten und erst kürzlich zugewanderten Menschen wurden Orientierungsseiten entwickelt: Sie bieten erste Hilfe in vielen Alltagssituationen. Die Themenauswahl und Anordnung der Lektionen beruht auf einer Analyse der wichtigsten Bedürfnisse der Asylsuchenden. So steht zum Beispiel das Thema Mobilität in Lektion 3 weit vorne, da Asylsuchende häufig verschiedene Anlaufstellen erreichen müssen, ohne jedoch den öffentlichen Nahverkehr in Deutschland ausreichend zu verstehen. Auch sind die Lektionen unterschiedlich lang, um den Lernbedarfen möglichst Rechnung zu tragen. Immer wieder wird das Thema der beruflichen Integration aufgegriffen, um eine Perspektive für den weiteren Weg in Deutschland aufzuzeigen. Auch mögliche Schwierigkeiten dabei werden nicht ausgespart.

Das Lehrwerk

- orientiert sich am Konzept **Erstorientierung und Deutsch Lernen für Asylbewerber**, herausgegeben vom BAMF und dem Bayerischen Staatsministerium für Arbeit, Soziales, Familie und Integration,
- ist am **Gemeinsamen europäischen Referenzrahmen** für Sprachen (GER) ausgerichtet,
- entspricht den **curricularen Vorgaben und Handlungsfeldern des BAMF** und führt somit nahtlos zum Integrationskurs,
- unterstützt einen **handlungsorientierten, kommunikativen Unterricht**,
- trainiert systematisch die **vier Fertigkeiten**: Sprechen, Schreiben, Hören und Lesen,
- enthält **landeskundliche und kulturelle Informationen**,
- gibt praktische Tipps für das **Alltagsleben in Deutschland**,
- vermittelt Fertigkeiten, die auf das **Berufsleben in Deutschland** vorbereiten,
- führt zum **Niveau A1** und bereitet auf die Prüfung *telc Deutsch A1 für Zuwanderer* vor.

Einfach los! bietet vielfältige Möglichkeiten zur Binnendifferenzierung. Es eignet sich deshalb für homogene und heterogene Lerngruppen. Sprachstrukturen werden nach der ersten Einführung häufig noch einmal in einer späteren Lektion aufgegriffen, um sie zu vertiefen und auch schwächeren Lernenden die Chance zu geben, sich wichtige grammatikalische Phänomene zu erarbeiten. Diese zyklische Konzeption trägt dazu bei, Grammatik nicht in den Mittelpunkt zu stellen, sondern jeweils an geeigneten Stellen als Werkzeug zur Verwirklichung kommunikativer Ziele zu begreifen.

Kurs- und Übungsteil

Der Kursteil enthält

- **neun Lektionen**, in denen der Lernstoff in lebendigen Alltagssituationen präsentiert wird,
- einen **Übungstest**: *telc Deutsch A1 für Zuwanderer*,
- eine **Grammatikübersicht**, die die wichtigsten Grammatikthemen leicht verständlich zusammenfasst,
- einen Übungsteil zur **Phonetik**, der die Aussprache systematisch trainiert.

Im Übungsteil finden Sie

- vielfältige **Übungen zur Vertiefung, Festigung und Wiederholung** des Lernstoffes,
- die **Transkripte** der Hörtexte aus dem **Übungsteil**,
- die **Lösungen** zu den Übungen aus dem **Übungsteil**,
- eine thematische **Wortliste** zur schnellen Orientierung.

Die Aufgaben im Übungsteil sind den Aufgaben im Kursteil zugeordnet. Der Übungsteil unterscheidet sich vom Kursteil darin, dass alle Aufgaben in Einzelarbeit lösbar sind. Daher können sie bedenkenlos als Hausaufgabe gegeben oder zur Binnendifferenzierung genutzt werden. Alternativ können die Übungen natürlich auch im Unterricht bearbeitet werden (in Einzel- oder Partnerarbeit).

Kursleiterausgabe

Die Kursleiterausgabe des Lehrwerks, die Sie gerade in den Händen halten, ist identisch mit der Teilnehmerausgabe, wird jedoch ergänzt durch:

- diesen Leitfaden für Kursleiterinnen und Kursleiter,
- Lösungen und Transkripte zu den Aufgaben des Kursteils,
- eine umfassende Wortschatz-Liste.

Die Hinweise in diesem Leitfaden sind als Vorschläge gedacht. Sie können sie selbstverständlich Ihrem persönlichen Unterrichtsstil und den individuellen Bedürfnissen der Lerngruppe anpassen.

Der Kursteil

Die Lektionen sind einfach und übersichtlich aufgebaut. In jeder Lektion gibt es:

- eine **Einstiegsseite**, die einen flexiblen, spontanen Zugang zum Thema der Lektion bietet,
- **Lektionsseiten**, auf denen der neue Lernstoff vorgestellt und geübt wird,
- **Orientierungsseiten** mit praktischen Informationen zum Leben in Deutschland.

Die Lösungen und Hörtexte des Kursteils finden Sie nur in der vorliegenden Ausgabe für Lehrkräfte. Die Kursteilnehmerinnen und Kursteilnehmer erhalten sie nicht. Natürlich spricht nichts dagegen, dass Sie Kopien der Hörtexte zur Verfügung stellen, aber im Kurs sollen sich die Teilnehmerinnen und Teilnehmer (TN) zunächst intensiv so mit den Übungen auseinandersetzen, wie sie ursprünglich angelegt sind.

Die Einstiegsseite

Die erste Seite jeder Lektion

- macht die TN mit dem Thema der Lektion bekannt,
- stellt erste Wörter und Redemittel aus dem neuen Themenbereich vor,
- weckt das Interesse und aktiviert das lebensweltliche Vorwissen der TN,
- entlastet den Lernstoff in der Lektion,
- ermöglicht einen individuellen und flexiblen Einstieg das Thema.

Der Einstieg geschieht hauptsächlich über Bilder, die Emotionen hervorrufen und Assoziationen auslösen. Laden Sie Ihre TN ein, über die Bilder zu sprechen. Die Wörter und Redemittel auf der Seite helfen dabei.

Bei Bedarf können Sie natürlich auch zusätzlichen Wortschatz ergänzen. Versuchen Sie dabei, sich auf eine überschaubare Anzahl wirklich relevanter Wörter und Wendungen zu beschränken. Manche TN haben von dem, was sie ausdrücken möchten, sehr präzise Vorstellungen im Kopf und werden alles daransetzen, um von der ersten Unterrichtsstunde an Spezialvokabular aus Ihnen herauszulocken.

Sollten die TN keine eigenen Ideen haben, unterstützen Sie sie mit einfachen Fragen wie „Was sehen Sie auf den Fotos?" – „Wo sind die Leute?" – „Was machen sie?". Je größer die Ausdrucksmöglichkeiten der TN werden, desto vielfältiger darf auch Ihr Fragenrepertoire sein. Ermutigen Sie Ihre TN zunehmend, über persönliche Erfahrungen zu sprechen: „Kennen Sie die Situation?" – „Wie ist das in Ihrem Land?". Auf diese Weise kommen einfache authentische Gespräche zustande, die für viele TN ein Motivationsschub sind.

Um einen spontanen, assoziativen Einstieg in das Thema zu ermöglichen, sollten sich die TN frei äußern können. Wir empfehlen deshalb, in dieser Phase nur Fehler zu korrigieren, die zu Missverständnissen oder einem Scheitern der Kommunikation führen. Auch nonverbaler Ausdruck (z. B. Gestik, Mimik, Zeichnungen) ist hier als Kommunikationsstrategie willkommen.

Die Einstiegsseiten der ersten Lektionen spielen eine besondere Rolle, da die sprachlichen Mittel der TN hier noch sehr begrenzt sind. Auf den Fotos sind deshalb Situationen abgebildet, mit denen sich die TN sofort identifizieren können (z. B. eine Unterrichtssituation). Das erleichtert das Erfassen der kommunikativen Situation (z. B. sich vorstellen) und hilft beim Erlernen der ersten Redemittel (z. B. „Guten Tag. Ich heiße …").

Die Lektionsseiten

Auf die Einstiegsseite folgen Lektionsseiten, auf denen

- der neue Lernstoff (Grammatik, Wortschatz, Strategien) vorgestellt und geübt wird,
- die vier Fertigkeiten (Sprechen, Schreiben, Hören und Lesen) trainiert werden.

Die Lektionsseiten sind immer als Doppelseite gestaltet. Sie sind in sich abgeschlossen und bauen aufeinander auf. Das Lektionsthema ist für alle Doppelseiten gleich, sie haben aber jeweils einen anderen inhaltlichen Schwerpunkt. In der Kopfzeile sehen Sie anhand einer typischen mündlichen Realisierung einer Kommunikationsabsicht, worum es auf der jeweiligen Doppelseite geht.

Neue Grammatik oder Strukturen werden immer anhand eines Beispiels vorgestellt. Meistens handelt es sich um einen kurzen Text (oft mit Einsetzübung), der den Lernstoff in einem alltagsnahen Kontext präsentiert. Darunter oder daneben finden Sie einen Grammatikkasten, der die neuen Strukturen noch einmal isoliert, also aus dem Kontext herausgelöst, darstellt. Die Information in den Grammatikkästen ist kurz und knapp, um den Blick der TN auf das Wesentliche zu lenken. Die unterschiedlichen Farben helfen dabei, grammatikalische Muster zu erkennen und sich Strukturen bewusst zu machen. Vertiefende Übersichten zu den einzelnen Grammatikthemen befinden sich im Grammatik-Anhang. Grammatik soll nicht im Mittelpunkt stehen, sondern die Kommunikation unterstützen.

Die Orientierungsseiten

Jede Lektion endet mit mindestens einer Orientierungsseite. Hier

- werden landeskundliche und kulturelle Grundkenntnisse vermittelt
- und die TN finden weiterführende Übungen, die ihnen helfen, in gängigen Alltagssituationen erfolgreich zu kommunizieren.

Die Lektionsseiten enthalten bereits zahlreiche kommunikative Übungen, die die TN auf typische Alltagssituationen vorbereiten. Da die Handlungsfähigkeit im Alltag eine so zentrale Rolle spielt, werden in den Orientierungsseiten vertiefende und weiterführende Übungsmöglichkeiten angeboten.

Um Realitätsnähe zu gewährleisten, liegen der Wortschatz und die Strukturen in den Übungen häufig über A1-Niveau (z. B. beim Thema Begrüßung: „In … umarmen wir uns."). Die TN sollten relevante Ausdrücke zunächst als „Chunks", also feste kommunikative Einheiten, lernen. Die dahinterliegende Grammatik zu erklären, würde an dieser Stelle zu weit führen und die TN überfordern.

Über die Übungen im Buch hinausgehend, bietet es sich an, die TN hier auch mit wichtigen sprachlichen Ausdrücken vertraut zu machen, die für Ihre Region typisch sind (z. B. „Grüß Gott" statt „Guten Tag" beim Thema Begrüßung).

Wenn Sie zusätzliche Vorbereitungszeit investieren können, empfehlen wir, zu einigen Übungen passendes authentisches Material mitzubringen (z. B. beim Thema „Mit dem Bus fahren" eine Busfahrkarte aus dem ÖPNV Ihrer Stadt oder einen aktuellen Fahrplan). Um den Bedürfnissen der TN gerecht zu werden, können Sie die Übungen leicht abwandeln. Wenn zum Beispiel die meisten TN in Ihrem Kurs mit der U-Bahn statt mit dem Bus unterwegs sind, bringen Sie entsprechendes Anschauungsmaterial mit und passen die Übung an.

Der Übungsteil

Im Übungsteil werden die Inhalte der Lektion trainiert und vertieft. Die Aufgaben eignen sich zur eigenständigen Festigung des Lernstoffs. Deshalb sind auch die Lösungen sowie die Hörtexte des Übungsteils im Buch enthalten.

Am Ende jeder Lektion des Übungsteils steht eine Liste mit dem wichtigsten A1-Wortschatz zum jeweiligen Themenbereich. Ermutigen Sie Ihre TN, den freien Platz zum Schreiben eigener Anwendungsbeispiele, der Pluralformen oder auch von Übersetzungen in die Erstsprache zu nutzen.

Die Anhänge

Außerhalb der Lektionen stehen drei wichtige Abschnitte:

Übungstest telc Deutsch A1 für Zuwanderer

Der Test ist einerseits eine Spezifizierung des für die TN eher abstrakten Ziels A1, andererseits natürlich Kontrolle des Lernerfolgs am Kursende. Je nach Lerngruppe bietet es sich an, den Test bzw. den auf www.telc.net erhältlichen Übungstest tatsächlich unter Prüfungsbedingungen durchzuführen und auszuwerten. Viele Kurse arbeiten auf ein telc Deutsch-Zertifikat hin und sollten dementsprechend mit den Prüfungsmodalitäten vertraut gemacht werden. Für andere Kurse wird es sinnvoller sein, den Test einfach als Unterrichtsmaterial anzusehen.

Ein starker Fokus auf Prüfungstraining ist grundsätzlich nicht empfehlenswert. Wer die GER-Stufe A1 erreicht hat, kann auch die Prüfung bestehen. Es reicht vollkommen aus, das Format zu erläutern und vor der Prüfung ein- oder zweimal durchzuspielen.

Grammatik und thematischer Wortschatz

Für TN, die sich gerne mit Strukturen befassen, ist die Grammatik-Übersicht gedacht. Hier sind alle Grammatik-Themen des Buches zusammengestellt. Regeln werden nicht formuliert, sondern die Strukturen so dargestellt, dass ihre Logik visuell erschlossen werden kann.

Auch weniger grammatikaffine TN können mit diesem Anhang arbeiten, da sich die vielen Übersichten zum schnellen Nachschlagen eignen. Bewusst wird die Konjugation im Präsens anhand zahlreicher Beispiele verdeutlicht, so dass dieses zentrale Thema zugänglich wird.

Ergänzt wird die Übersicht durch ausgesuchte Wortschatz-Listen zu Ländern, Sprachen, Zahlen sowie der Sprache im Kursraum. Diese eignen sich ebenfalls zum schnellen Nachschlagen. Auf eine vollständige Wortschatzliste wurde für die TN-Ausgabe des Buches verzichtet. So eine Liste ist eher relevant für die Lehrkräfte und wird dementsprechend im vorliegenden Band angeboten.

Die TN werden anhand der Wortschatz-Liste am Ende jeder Lektion des Übungsteils dazu ermutigt, sich mit dem Aufbau ihres Vokabulars zu beschäftigen.

Phonetik

Die möglichst authentische Aussprache ist ein wichtiges Element, um Verständigung zu ermöglichen. Häufig führen Ausspracheprobleme zu frustrierenden Erlebnissen im Kontakt zu deutschsprechenden Menschen außerhalb des Kursraums. Der Phonetik-Anhang bietet nicht nur Übersichten zur Aussprache, sondern vor allem auch kommunikative Übungen zur Bewusstmachung der wichtigsten phonetischen Phänomene. Entscheiden Sie selbst, an welchen Punkten im Unterricht Sie Übungen aus dem Phonetik-Anhang einsetzen möchten. Das Vokabular ist nicht in jedem Fall bekannt; machen Sie Ihre TN darauf aufmerksam, dass es hier in erster Linie um Aussprache geht und daher nicht jedes Wort inhaltlich erarbeitet werden muss.

Viele TN werden sich auch eigenständig mit dem Phonetik-Anhang beschäftigen wollen. Nicht jede Übung eignet sich zum Selbststudium, aber die Audio-CD kann sehr gut immer wieder einmal abgehört werden, um ein Gefühl für den Klang der deutschen Sprache zu entwickeln.

Die vier Fertigkeiten

Die rezeptiven Fertigkeiten: Hören und Lesen

Im rezeptiven Bereich werden Sie immer wieder auf Texte stoßen, die über dem bisher erreichten Sprachniveau liegen. Dies entspricht dem Alltag der TN, die daher (auch) im Kurs üben sollten, mit komplexeren, noch nicht vollständig verständlichen Äußerungen umzugehen. Die TN werden sehen, dass sie aus der situativen Einbettung heraus auch mit beschränkten sprachlichen Mitteln vieles erschließen können.

HÖREN

Übungen zum Hörverstehen sind durch Lautsprecher-Piktogramme gekennzeichnet. Daneben sehen Sie jeweils eine kleine Zahl, die Track-Nummer. Sie ermöglicht es Ihnen, einen Text direkt auf der CD anzusteuern.

Die Hörtexte sind vorwiegend persönliche Gespräche, es kommen aber auch einfache Telefongespräche und kurze Monologe vor. Die meisten Gespräche finden im privaten Umfeld (z. B. zwischen Freunden) oder im öffentlichen Bereich (z. B. zwischen Arzt und Patient) statt.

Die Hörtexte basieren auf den GER-Deskriptoren für das Niveau A1. In Textteilen, die für die Bearbeitung der Übungen nicht relevant sind, kommt gelegentlich auch Sprachmaterial vor, das über A1-Niveau liegt. Erklären Sie Ihren TN bitte, dass es völlig in Ordnung ist, wenn sie nicht jedes Wort verstehen. Es geht vielmehr darum, sich an den Klang der Sprache zu gewöhnen und relevante Informationen aus den Hörtexten herauszufiltern – eine wichtige Fertigkeit, die Ihre TN im Alltag ständig brauchen.

In der Regel sollten die TN die Möglichkeit haben, die Texte mehrmals zu hören. Das gibt Sicherheit und fördert das Verständnis. Außerdem bleiben wichtige Redemittel besser im Gedächtnis und die TN entwickeln ein Gefühl für die Intonation und Aussprache. Wie oft ein Text gehört werden sollte, richtet sich nach den Bedürfnissen der Gruppe. Die Transkripte der Hörtexte aus dem Kursteil sind in dieser Ausgabe des Buches für Kursleiterinnen und Kursleiter enthalten, nicht jedoch in der TN-Ausgabe. Wir möchten damit erreichen, dass die TN die Texte zunächst wirklich nur hören und nicht gleichzeitig mitlesen. Der Übungsteil dagegen soll (auch) zur selbstbestimmten Auseinandersetzung mit den Übungen außerhalb des Unterrichts anregen. Deshalb enthält das TN-Buch die Transkripte der CD 2 sowie die Lösungen.

Um weiterführende Übungsmöglichkeiten zu schaffen, spricht nichts dagegen, den TN die Transkripte der Hörtexte aus dem Kursteil zugänglich zu machen, nachdem die eigentliche Übung beendet ist. Es bietet sich zum Beispiel an, einige Dialoge noch einmal mit verteilten Rollen zu lesen (in Partnerarbeit oder im Plenum). Im Anschluss daran können Rollenspiele sinnvoll sein, in denen die TN die Dialoge auswendig nachsprechen. Rollenspiele geben lernstarken TN die Möglichkeit, die Dialoge zu variieren. Schwächere TN bleiben nah an der Vorlage und profitieren von der Wiederholung. Da Rollenspiele in vielen Ländern nicht Teil des Unterrichts sind, empfehlen wir, die TN behutsam mit dieser Übungsform vertraut zu machen. Viele TN fühlen sich am Anfang wohler, wenn sie an ihrem Platz sitzen bleiben und das Rollenspiel mit der Nachbarin oder dem Nachbarn üben dürfen, ohne Zuschauer. Später können mutige TN auch nach vorne kommen und das Rollenspiel vor der Gruppe vortragen.

Wie bei allen anderen Fertigkeiten kommt es auch beim Hörverstehen vor, dass sich manche TN von Fehlern schnell entmutigt fühlen. Gerade das hörende Erfassen der Sprache ist oft anstrengend, da im Gegensatz zum Lesen kein Zurückspringen im Text möglich ist. Lenken Sie den Blick Ihrer TN immer wieder auf das Positive und machen Sie ihnen bewusst, was sie – trotz ihrer noch geringen Sprachkenntnisse – schon alles verstehen **können**. Erklären Sie auch, dass es nicht schlimm ist, Fehler zu machen, und dass sich das Hörverständnis mit der Übung verbessert.

LESEN

Die Lesetexte basieren auf den GER-Deskriptoren für das Niveau A1. Ähnlich wie beim Hörverstehen enthalten die Input-Texte gelegentlich Sprachmaterial über A1-Niveau. Erklären Sie den TN bitte, dass sie auch hier nicht jedes Wort verstehen müssen. Auch wenn ein Text unbekannte Wörter oder Strukturen enthält, können die TN alle relevanten Informationen verstehen und die Übungen bearbeiten. Manche Lerner sind trotzdem frustriert, wenn sie etwas nicht verstehen, und werden versuchen, jedes unbekannte Wort nachzuschlagen. Wir empfehlen deshalb, besonders wichtige Wörter und Redemittel gesondert hervorzuheben (sie z. B. an die Tafel zu schreiben). Das hilft den TN, sich auf das Wesentliche der jeweiligen Übung zu konzentrieren. Leiten Sie Ihre Lerngruppe außerdem so früh wie möglich dazu an, die Bedeutung unbekannter Wörter aus dem Kontext zu erschließen. Das ist eine nützliche Strategie, die ihnen bei der Bewältigung vieler Alltagssituationen hilft und aus diesem Grund im Unterricht immer wieder geübt werden sollte.

Für den Umgang mit den Lesetexten gibt es mehrere Möglichkeiten. Geben Sie den TN immer eine konkrete Aufgabe, die beim Lesen zu bearbeiten ist. In der Regel wird sich der im Buch vorgeschlagene Arbeitsauftrag eignen. Es kann aber auch sinnvoll sein, andere inhaltliche (z. B. Was macht Person XY heute?) oder formale (z. B. Wo finden Sie im Text W-Fragen?) Fragestellungen zu bearbeiten. Meistens ist eine Stillarbeitsphase sinnvoll. So kann sich jede/r TN individuell mit dem Text auseinandersetzen und versuchen, Verständnisschwierigkeiten eigenständig zu lösen. Weisen Sie darauf hin, dass die Übersetzung jedes einzelnen Wortes nicht die geeignetste Strategie zum Textverständnis ist. Verbleibende Fragen können im Plenum besprochen werden. Auch lautes Vorlesen des Textes – entweder im Plenum oder in Partnerarbeit – kann nützlich sein, um den Sinn zu erfassen.

Nachdem die TN eine Übung zum Leseverstehen beendet haben, sollten sie sich im Kurs darüber austauschen, was sie verstanden haben, und die Lösungen vergleichen. Hier gelten die gleichen Überlegungen wie beim Hörverstehen: Versichern Sie Ihren TN, dass es nicht schlimm ist, wenn sie einige Fragen nicht richtig beantwortet haben. Heben Sie stattdessen hervor, was die TN schon alles verstehen können.

Als weiterführende Übungsmöglichkeit können Sie – sofern das nicht schon durch die Übung im Buch abgedeckt ist – einfache Verständnisfragen zum Text stellen. Wenn möglich, laden Sie die TN auch ein, ihre Meinung zu äußern (z. B. „Finden Sie das gut oder schlecht?") und über persönliche Erfahrungen oder Vorlieben (z. B. „Wie ist das bei Ihnen?") zu sprechen. Mit solchen Fragen helfen Sie den Lernenden, eine Verbindung zwischen dem Text und ihrer eigenen Lebenswelt herzustellen. Das motiviert, und das Gelernte bleibt besser im Gedächtnis.

Wenn Sie etwas zusätzliche Vorbereitungszeit investieren möchten, können Sie interessante Übungsmöglichkeiten schaffen, indem Sie passendes authentisches Material mitbringen (z. B. einen Werbeprospekt mit Sonderangeboten aus dem Supermarkt oder einfache Wohnungsanzeigen aus der Tageszeitung).

Die produktiven Fertigkeiten: Schreiben und Sprechen

SCHREIBEN

Die produktiven Fertigkeiten werden von den TN in der Regel als schwieriger empfunden als die rezeptiven. Das ist normal. Wenn Sie unsicher sind, welche Leistung Sie von den TN erwarten dürfen, hilft ein Blick auf die GER-Deskriptoren für das Niveau A1.

Auch wenn das Schreiben oft nicht zu den Lieblingsbeschäftigungen der TN gehört, sollte es von Anfang an geübt werden. Das ist besonders für diejenigen TN wichtig, die später eine Prüfung ablegen möchten.

Schreibübungen, die über einfache Einsetzübungen hinausgehen, sind dadurch gekennzeichnet, dass im Buch der Textanfang in Schreibschrift vorgegeben ist. Die TN übertragen den Anfang am besten in ihr Heft und schreiben dann weiter. So haben sie ausreichend Platz und der Text lässt sich leichter korrigieren.

Da die schriftliche Produktion zu Anfang oft schwerfällt, werden in vielen Übungen zusätzliche Hilfen angeboten (z. B. Wortschatz-Kästen). Machen Sie Ihre Lerngruppe bitte auf diese Hilfen aufmerksam.

Selbstverständlich können Sie auch im Kurs relevante Wörter und Formulierungshilfen an der Tafel sammeln, bevor Sie eine Schreibaufgabe beginnen. Für lernschwache Gruppen sollten die Textbausteine größer sein, für lernstarke Gruppen reichen kleine Bausteine oder einzelne Wörter.

Einige TN werden versuchen, mit Hilfe eines Wörterbuchs komplexe Formulierungen zu Papier zu bringen. Das führt meist zu Frustrationserlebnissen, weil die nötigen Strukturen fehlen, um die Wörter sinnvoll zu verbinden. Raten Sie Ihren TN deshalb, das Wörterbuch zur Bearbeitung der Schreibaufgaben nur sparsam zu verwenden. Alles, was sie für den aktuellen Lernschritt benötigen, finden sie im Buch bzw. an der Tafel.

Das Buch enthält mehrere Schreibaufgaben, in denen die TN einen kurzen Brief oder eine E-Mail verfassen sollen. Dieser Aufgabentyp ist realitätsnah und kommt auch später in Prüfungen vor. Bitte machen Sie die TN mit den wichtigsten formalen Merkmalen der Textsorte „Brief" vertraut: Anrede und Gruß. Es ist völlig ausreichend, wenn die TN eine Anrede- und Grußformel für informelle Briefe kennen und eine für halbformelle.

Die Überprüfung bzw. Korrektur der Schreibleistung kann zeitaufwendig sein, aber es gibt auch zeitsparende Alternativen. Im Idealfall lesen Sie sich die Texte durch und machen Verbesserungsvorschläge. Die TN freuen sich über individuelle Rückmeldungen. Solange die Texte kurz sind, lässt sich vielleicht manche Korrektur in der Pause machen. Wenn die Zeit dafür nicht reicht und Sie die Texte auch nicht mit nach Hause nehmen möchten, können Sie einzelne Texte exemplarisch im Unterricht korrigieren. Je nach Zusammensetzung der Gruppe ist es möglich, Lernertexte an die Tafel zu schreiben oder (anonymisiert) zu kopieren und als Beispiel zu verwenden. Überlegen Sie gemeinsam mit der Gruppe, was gut gelungen ist und was man besser machen kann. Überarbeiten Sie die Texte anschließend, so dass am Ende mehrere gelungene Lösungsmöglichkeiten zur Verfügung stehen. Diese Texte können immer wieder verwendet und an die jeweilige Schreibsituation angepasst werden, ehe die TN auf höheren GER-Stufen in der Lage sind, freier zu schreiben und einen individuellen Stil zu entwickeln.

Bitte erklären Sie Ihrer Lerngruppe, dass keine fehlerfreien Texte erwartet werden. Wichtig ist, dass klar wird, was die Verfasserin oder der Verfasser sagen möchte. Wir empfehlen deshalb, bei der Korrektur einen Unterschied zwischen „kleinen" und „groben" Fehlern zu machen. „Kleine" Fehler (z. B. ein falscher Artikel) beeinträchtigen das Textverständnis nicht, „grobe" Fehler machen die Aussage missverständlich oder unverständlich. Wenn ein TN insgesamt sehr viele Fehler macht, raten wir, zunächst nur die „groben" Fehler zu korrigieren. Zu viele Korrekturen würden den TN überfordern und verunsichern. Bei TN, die ohnehin kaum Fehler machen, können Sie auch Kleinigkeiten verbessern. Musterbriefe, die an die Tafel geschrieben werden, sollten fehlerfrei sein.

SPRECHEN

Alle Lektionen enthalten zahlreiche Sprechanlässe, die die TN auf unterschiedliche kommunikative Situationen im Alltag vorbereiten.

Die mündlichen Übungen orientieren sich an den GER-Deskriptoren für das Niveau A1. Um die mündlichen Übungen zu entlasten, werden häufig – ähnlich wie bei den Schreibaufgaben – Wortschatz-Kästen als zusätzliche Hilfe angeboten. In vielen Fällen baut eine mündliche Übung auf einer Übung zum Hörverstehen auf. Hier kann der Dialog aus der Hörübung als Vorlage dienen.

Bei den mündlichen Übungen unterscheiden wir zwischen offenen und gesteuerten Übungen. Gesteuerte Übungen haben das Ziel, bestimmte Strukturen oder Redemittel zu trainieren. Hier ist Korrektheit gefragt, damit sich die neuen sprachlichen Muster von Anfang an richtig einprägen. Bei offenen Übungsformen ist eine freiere Herangehensweise möglich. Die TN sollten hier die Gelegenheit haben, mit der Sprache zu spielen und verschiedene Ausdrucksmöglichkeiten auszuprobieren. Um den freien Ausdruck zu fördern, empfehlen wir, die TN möglichst wenig zu unterbrechen und nur Fehler, die zu Missverständnissen führen, behutsam zu korrigieren.

In großen Lerngruppen ist es nicht immer einfach, dafür zu sorgen, dass alle TN ausreichende Übungsmöglichkeiten haben. Damit die zurückhaltenden TN nicht „untergehen", bieten sich Übungen in Partner- oder Kleingruppenarbeit an. Die meisten TN haben die Tendenz, immer mit ihren unmittelbaren Tischnachbarinnen oder Tischnachbarn zusammenzuarbeiten. Stellen Sie die Teams ruhig gelegentlich auch anders zusammen. Das empfinden einige TN zwar als unbequem, aber es hilft ihnen, sich untereinander kennen zu lernen. Bevor Sie die TN in eine Partner- oder Gruppenarbeitsphase schicken, empfehlen wir, die Aufgabe anhand eines Beispiels genau zu erklären oder einmal im Plenum durchzuspielen. So stellen Sie sicher, dass alle verstanden haben, was sie tun sollen. Fragen, die während der Übungsphase entstehen, können Sie individuell beantworten.

telc

Neu im Kurs

Was sehen Sie?

Wo sind die Personen?

Guten Tag.

Ich heiße Rabia.

Wie heißen Sie?

Ich heiße Karim Moussa.

Ich heiße Laura.

Ich bin Ella Krüger.

Ich bin Miguel.

1 Wie heißen Sie?

1.1

a Hören Sie und lesen Sie.

Tayo Okoye

1 ▶ Guten Tag. Mein Name ist Ella Krüger. Und wie heißen Sie?
▷ Tayo Okoye.
▶ Wie bitte? Tayo …
▷ Okoye. Tayo Okoye.

Ella Krüger

Karim Moussa

2 ▶ Hallo. Ich heiße Karim Moussa. Und Sie?
▷ Mein Name ist Rabia Navid.
▶ Entschuldigung, wie ist Ihr Name?
▷ Rabia Navid.

Rabia Navid

b Ergänzen Sie.

Ana: Guten ___Tag___. Ich ___2___ Ana Schmidt. Und Sie?
Laura: Mein ___3___ ist Laura Salewska.
Ana: ___4___, wie ist Ihr Name?
Laura: Salewska. Laura Salewska.

c Fragen Sie und antworten Sie.

2 Woher kommen Sie?

a Schreiben Sie die Dialoge. Hören Sie dann die Dialoge. 1.2

1 Karim: Guten Tag. *Mein Name ist* .... Karim Moussa.
Laura: Guten Tag. Ich bin Laura.
....
Karim: Aus Syrien. ....
Laura: ....

- Aus Polen.
- Woher kommen Sie?
- ~~Mein Name ist …~~
- Und Sie?

2 Miguel: Frau Navid, *woher kommen Sie?* ....
Rabia: Ich komme ....
Miguel: ....
Rabia: ....

- Nein, aus dem Iran.
- ~~woher kommen Sie?~~
- Aus dem Irak?
- aus dem Iran.

b Und Sie? Woher kommen Sie? Woher kommen die anderen Kursteilnehmerinnen und Kursteilnehmer?

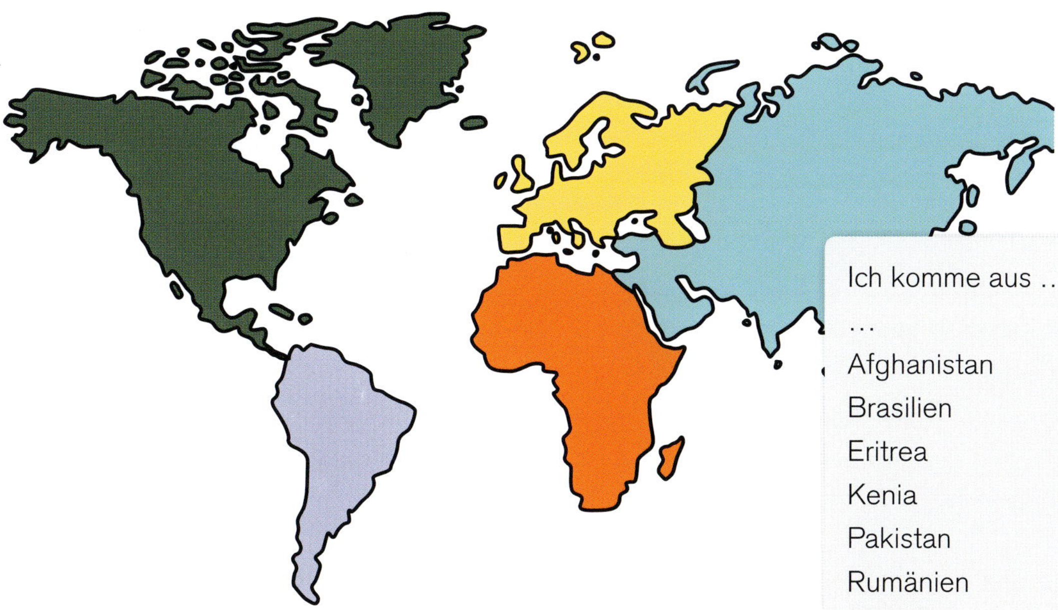

Ich komme aus …

…	**der**	**dem**
Afghanistan	Türkei	Iran
Brasilien	Ukraine	Sudan
Eritrea	…	Irak
Kenia		…
Pakistan		
Rumänien		
Somalia		
Syrien		
Tunesien …		

3 Guten Tag und auf Wiedersehen.

Guten Morgen. Guten Tag. Guten Abend.	Auf Wiedersehen. Gute Nacht.
Hallo.	Tschüss.

1.3 Was hören Sie?

1 ☐ Gute Nacht.
2 ☐ Tschüss.
3 ☒ Guten Morgen.
4 ☐ Guten Abend.
5 ☐ Auf Wiedersehen.
6 ☐ Morgen.

4 Du oder Sie?

1.4 **a** Hören Sie und lesen Sie.

1

▶ Guten Morgen. Ich bin Miguel García Fernandez.
▷ Guten Morgen. Mein Name ist Laura. Woher kommen Sie?
▶ Aus Spanien. Und Sie?
▷ Aus Polen.

2

▶ Hallo. Ich bin Tayo.
▷ Entschuldigung, wie heißt du?
▶ Tayo.
▷ Ah. Ich bin Ana. Woher kommst du?
▶ Aus Nigeria.

b Lesen Sie.

Sie	**du**
Woher **kommen Sie**?	Woher **kommst du**?
Wie **heißen Sie**?	Wie **heißt du**?
Wer **sind Sie**?	Wer **bist du**?

ich	komme	heiße	bin
du	kommst	heißt	bist
Sie	kommen	heißen	sind

c Fragen Sie mit „du" und antworten Sie.

Wer bist du?

Wie heißt du?

Woher kommst du?

5 Wie geht's?

a Was passt? Schreiben Sie.

Sehr gut, danke. | Gut, danke. | Es geht so. | Nicht so gut.

1 .... 2 .... 3 .... 4 ....

b Hören Sie die Dialoge.

1.5

- ▶ Guten Morgen, Frau Krüger.
- ▷ Morgen, Herr Moussa. Wie geht es Ihnen?
- ▶ Gut, danke. Und Ihnen?
- ▷ Auch gut.

- ▶ Hallo, Julia.
- ▷ Hallo, Alex. Wie geht es dir?
- ▶ Na ja, es geht so. Und dir?
- ▷ Ach, ganz gut.

c Fragen Sie und antworten Sie.

Wie geht es **Ihnen?**

Wie geht es **dir?**

Gut, danke.

Nicht so gut.

Sehr gut, danke. Supergut!

Na ja, es geht so.

Ach, ganz gut.

6 Fragen

Ergänzen Sie die Fragen.

1 Wie .... Sie?
2 Wie .... es Ihnen?
3 Wer .... Sie?
4 Woher .... Sie?

5 Wie .... du?
6 Wie .... es dir?
7 Wer .... du?
8 Woher .... du?

geht	kommen
sind	heißen
bist	heißt
kommst	geht

Begrüßung

1 Formell oder informell?

Schreiben Sie.

~~Moin!~~ | Hallo! | Guten Tag! | Tag! | Hi! | Guten Morgen! | Guten Abend! | Grüß Gott! | Morgen!

formell (= Sie)	informell (= du)
	Moin!

2 Begrüßung in Deutschland

Ordnen Sie: Wer sagt das?

1 Hallo! Wie geht's? – Hi, Thomas! Gut, danke! Und dir?
2 Guten Morgen, Herr Sahin! – Guten Morgen, Herr Müller!
3 Guten Tag, Frau Schmidt. Wie geht es Ihnen? – Guten Tag, Herr Doktor. Nicht so gut …
4 Guten Morgen, Schatz! – Guten Morgen, Schatz!
5 Moin, Hubert! – Moin, Bernd!

a

b

Hände schütteln
umarmen
einen Kuss geben

c

d

e

3 Wie ist das in Ihrem Land? Welches Bild passt?

In … schütteln wir die Hände.

In … geben wir einen Kuss.

In … umarmen wir uns.

Kontakte

Was sehen Sie?

Wer ist das?

Ich bin Christian Schmidt. Schmidt mit „dt“.

Das ist meine Frau Ana.

1 eins
2 zwei
3 drei
4 vier
5 fünf

Und das ist mein Sohn Maksim.

6 sechs
7 sieben
8 acht
9 neun
10 zehn

1 Welche Sprache sprechen Sie?

Sprachen

Arabisch	Koreanisch
Bulgarisch	Paschtu
Dari	Polnisch
Englisch	Portugiesisch
Farsi	Russisch
Französisch	Türkisch
Griechisch	Tigrinya
Italienisch	Urdu

WER?	WOHER?	WELCHE SPRACHE(N)?
Miguel	Spanien	Spanisch, Englisch
Karim	Syrien	Arabisch
....	....	....

du
Welche Sprache **sprichst du?**

Sie
Welche Sprache **sprechen Sie?**

Welche Sprache	**sprichst** du?	W-Frage
Ich	**spreche** Deutsch.	Aussage
Sprechen	Sie Englisch?	Ja-/Nein-Frage
Ja, ich	**spreche** Englisch.	Aussage

2 Ja oder nein?

1.6

a Hören Sie und lesen Sie.

1
▶ Sprechen Sie Spanisch?
▷ Ja, ich spreche Spanisch und Englisch und ein bisschen Deutsch.

2
▶ Sprechen Sie Arabisch?
▷ Nein, Bulgarisch. Und Sie?
▶ Französisch und Arabisch.

3
▶ Kommen Sie aus Eritrea?
▷ Nein, aus Nigeria.

4
▶ Kommen Sie aus Syrien?
▷ Ja, ich komme aus Aleppo.

5
▶ Sind Sie Joana Okoye?
▷ Ja, richtig.

6
▶ Sind Sie Daniel Meyer?
▷ Nein, ich bin Karim Moussa.

b Ergänzen Sie die du-Form.

Sie sprechen	Sie kommen	Sie sind
du	du	du ....

c Schreiben Sie die Fragen aus dem Dialog mit „du“.

3 Er oder sie?

a Lesen Sie.

Das ist Carlo.
Er kommt aus Italien.
Er spricht Italienisch und Spanisch.

Das ist Jamileh.
Sie kommt aus Libyen.
Sie spricht Arabisch und Deutsch.

b Schreiben Sie.

Name: Eric Jones
Land: Kanada
Sprachen: Englisch
Französisch

Name: Alicja Nowak
Land: Polen
Sprachen: Polnisch
Deutsch

Das ist ……………………………………

……………………………………

……………………………………

……………………………………

……………………………………

……………………………………

4 Ich spreche, du sprichst …

	kommen	**heißen**	**sprechen**	**sein**
ich	komme	heiße	spreche	bin
du	kommst	heißt	sprichst	bist
er/sie/…	kommt	heißt	spricht	ist
…	…	…	…	…
…	…	…	…	…
sie/Sie	kommen	heißen	sprechen	sind

a Welches Verb passt?

1 ▶ Wer (bist / ist / sind) das?
▷ Das (bin / bist / ist) Maria. Sie (komme / kommst / kommt) aus Brasilien.
▶ Welche Sprachen (spreche / sprichst / spricht) sie?
▷ Portugiesisch und Englisch.

2 ▶ Hallo. Ich (heiße / heißt / heißen) Daniel. Und du?
▷ Ich (bin / bist / ist) Alex. Woher (komme / kommst / kommt) du?
▶ Aus Berlin.

Name:
……………………………………
Land:
……………………………………
Sprachen:
……………………………………

b Stellen Sie eine Person aus dem Kurs vor.

5 Meine Familie

1.7

a Hören Sie und ergänzen Sie.

Frau | Kinder | Mann | Schwester | Sohn | Tochter | Vater

Tayo: „Das ist meine Familie: mein ……1……,
meine ……2…… Joana und meine ……3…….“

Michaela: „Das ist mein 4……, Tayo. Ich heiße Michaela.“

Akono: „Hier sind meine ……5……. Mein ……6…… Tayo und meine ……7…… Joana.“

b **mein** oder **meine**? Ergänzen Sie.

	Vater		Mutter		Eltern
……	Sohn	……	Tochter	……	Geschwister
	Bruder		Schwester		Kinder
	Kind				

c **sind** oder **ist**? Ergänzen Sie.

Wer ist das? 1 Das …… mein Bruder.
Und wer ist das? 2 Das …… meine Eltern.
3 Und das …… meine Schwester.

> Das **sind** meine Kinder.
> Das **ist** meine Tochter.

6 Das sind wir.

1.8

a Lesen und ergänzen Sie. Hören Sie dann und vergleichen Sie.

verheiratet | geschieden | Deutsch | Französisch | drei Kinder | ein Kind

1 Ich bin ……1……. Meine Frau heißt Maria.
Wir kommen aus Bolivien, aber wir leben in Deutschland. Wir haben ……2……. Sie heißen Laura, David und Pedro.
Wir sprechen Spanisch und ……3…….

2 Ich bin ……4…… und ich habe ……5…….
Meine Tochter heißt Hanna. Sie ist fünf Jahre alt. Wir wohnen in Dresden.
Zu Hause sprechen wir Deutsch. Ich spreche auch Englisch und ……6…….

b Was passt?

1 Wir habe / hast / haben ein Kind.
2 Mein Bruder habe / hast / hat keine Kinder.
3 Und du? Hast / Hat / Haben du Kinder?
4 Das ist Ewa. Sie hast / hat / haben zwei Kinder.

	haben
ich	habe
du	hast
er/sie/…	hat
wir	haben
…	…
…/Sie	haben

c Schreiben Sie über Ihre Familie.

Ich bin verheiratet. Mein Mann heißt …
Wir kommen aus …

Wir kommen **aus** …
Wir leben/wohnen **in** …

7 Fragen und Antworten

Was passt?

1 Sind Sie verheiratet?
2 Haben Sie Kinder?
3 Wo wohnen Sie?
4 Woher kommen Sie?
5 Wer ist das?

a Das ist meine Tochter.
b Aus Rumänien.
c Nein, ich bin geschieden.
d In Frankfurt.
e Ja, zwei.

	wohnen
ich	wohne
du	wohnst
er/sie/…	wohnt
wir	wohnen
…	…
…/Sie	wohnen

8 Zahlen 0–20

a Ergänzen Sie. Hören Sie und sprechen Sie nach. 1.9

0	1	2	3	4	5	6	7	8	9	10
null	………	………	………	………	………	………	………	………	………	………
	11	12	13	14	15	16	17	18	19	20
	elf	zwölf	dreizehn	vierzehn	fünfzehn	sechzehn	siebzehn	achtzehn	neunzehn	zwanzig

b Welche Zahlen hören Sie? 1.10

1	a	13 16 19	b	17 16 19	c	13 17 19
2	a	4 14 15	b	14 15 4	c	4 15 14
3	a	12 18 20	b	11 18 20	c	12 18 10

c Fragen Sie und antworten Sie.

9 Buchstabieren Sie bitte.

1.11 **a** Hören Sie den Dialog. Welches Bild passt?

1 

2 

3 

1.12 **b** Hören Sie und sprechen Sie nach.

Aa Bb Cc Dd Ee Ff Gg Hh Ii Jj Kk Ll Mm
Nn Oo Pp Qq Rr Ss Tt Uu Vv Ww Xx Yy Zz
Ää Öö Üü ß

1.13 **c** Was hören Sie?

1 ☐ Schmitt | ☐ Schmitz 2 ☐ Jelinski | ☐ Gelinski 3 ☐ Voss | ☐ Voß
4 ☐ Hibner | ☐ Hübner 5 ☐ Beier | ☐ Beyer 6 ☐ Clement | ☐ Clemens

1.14 **d** Hören Sie und sprechen Sie nach.

z **z**wei, **z**ehn, **z**wölf, drei**z**ehn, **z**wanzig

s **S**ohn, **s**echs, **s**ieben, **s**iebzehn

sch **Sch**wester, ge**sch**ieden, Deut**sch**, Spani**sch**

ß Ich hei**ß**e … Ich wei**ß** nicht.

10 Wie bitte?

Wer ist im Kurs? Fragen Sie und antworten Sie. Buchstabieren Sie und schreiben Sie.

Vorname: Karim *Vorname:* ....
Nachname: Moussa *Nachname:* ....

Vorname: .... *Vorname:* ....
Nachname: .... *Nachname:* ....

**Noch einmal bitte.
= Wie bitte?**

11 Wie ist Ihre Adresse?

a Hören Sie und ergänzen Sie die Zahlen. 1.15

▶ Guten Morgen.
▷ Guten Morgen. Willkommen im Kindergarten Zwergenland. Sind Sie Herr Jankowski?
▶ Ja, richtig. Adam Jankowski.
▷ Sie möchten ein Kind bei uns anmelden.
▶ Ja, ……………………, meinen Sohn und meine Tochter. Henryk ist drei und Maya ist fünf.
▷ Sind Sie verheiratet?
▶ Ja, meine Frau heißt Gabriela.
▷ Woher kommen Sie, Herr Jankowski?
▶ Aus Polen. Aber wir wohnen jetzt in Deutschland.
▷ Wie ist Ihre Adresse?
▶ Berliner Straße …………………… in …………………… Köln.
▷ Und wie ist Ihre Telefonnummer?
▶ ……………………………………………
▷ Gut. Danke, Herr Jankowski. Füllen Sie bitte noch das Formular aus.

b Hören Sie noch einmal. Richtig oder falsch? 1.15

		richtig	falsch
1	Herr Jankowski hat drei Kinder.	☐	☐
2	Maya ist fünf Jahre alt.	☐	☐
3	Henryk ist acht.	☐	☐
4	Herr Jankowski ist geschieden.	☐	☐
5	Herr Jankowski kommt aus Polen.	☐	☐
6	Herr Jankowski wohnt in Berlin.	☐	☐

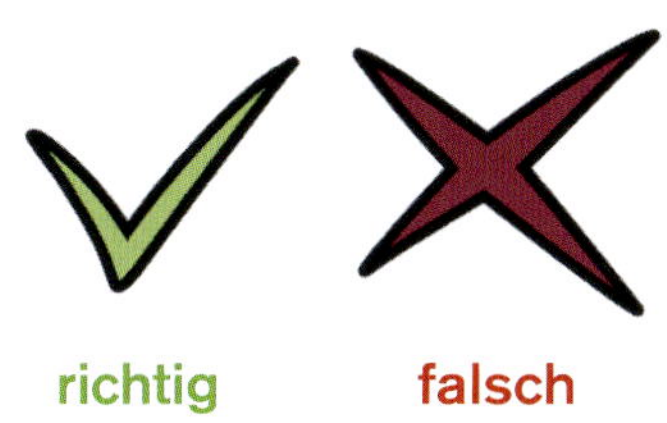

c Ergänzen Sie.

Nachname = Familienname

Anmeldung Kindergarten Zwergenland

Nachname: Jankowski
Vorname: ……………………
Heimatland: ……………………
Adresse: ……………………
……………………
Telefonnummer: ……………………
Familienstand: ☐ verheiratet ☐ ledig ☐ geschieden ☐ verwitwet
Kinder: ……………………

12 Zahlen 21 – 100

1.16

a Hören Sie und sprechen Sie nach.

21	einundzwanzig	30	dreißig
22	zweiundzwanzig	40	vierzig
23	dreiundzwanzig	50	fünfzig
24	vierundzwanzig	60	sechzig
25	fünfundzwanzig	70	siebzig
26	sechsundzwanzig	80	achtzig
27	siebenundzwanzig	90	neunzig
28	achtundzwanzig	100	(ein)hundert
29	neunundzwanzig		

b Lesen Sie die Zahlen.

1.17

c Welche Zahlen hören Sie?

☐ 44 | ☐ 54 ☐ 60 | ☐ 70 ☐ 21 | ☐ 28 ☐ 39 | ☐ 93

☐ 86 | ☐ 87 ☐ 33 | ☐ 23 ☐ 52 | ☐ 62 ☐ 76 | ☐ 67

13 Wie alt ist sie? Wie alt sind sie? Wie alt sind Sie?

Das ist Annika.
Wie alt **ist sie**?
Sie ist 27 Jahre alt.

Das sind Sara und Lea.
Wie alt **sind sie**?
Sie sind 11 und 12 Jahre alt.

Und Sie?
Wie alt **sind Sie**?
Ich bin .... Jahre alt.

	sein
ich	bin
du	bist
er/sie/...	ist
...	...
...	...
sie/Sie	sind

a Was ist richtig?

1 Ich habe eine Tochter. – Wie alt (ist sie / sind sie)?
2 Wie alt (sind sie / sind Sie), Herr Müller? – Ich bin 44 Jahre alt.
3 Das sind meine Kinder. – Wie alt (sind sie / sind Sie)?

b Fragen Sie und antworten Sie.

Wie alt sind Sie?

Ich bin ... Jahre alt. Und Sie?

14 Formulare

a Schreiben Sie die Fragen.

1 Nachname | Ihr | Wie | ist | ? Wie ist Ihr Nachname?
2 Ihr | ist | Vorname | Wie | ? ……………… ?
3 Kinder | Sie | Haben | ? ……………… ?
4 Telefonnummer | Ihre | ist | Wie | ? ……………… ?
5 Sie | verheiratet | Sind | ? ……………… ?
6 Wie | Adresse | ist | Ihre | ? ……………… ?

b Schreiben Sie die Antworten.

1 Mein Nachname ist ………………
2 ………………
3 ………………
4 ………………
5 ………………
6 ………………

15 Was heißt PLZ?

a Lesen Sie die Adresse. Was ist was?

Wohnort | Hausnummer | Postleitzahl | Straße

1	Bahnhofstraße	96	3
2	17489	Greifswald	4

b Und Sie? Ergänzen Sie.

Familienname ………………
Vorname ………………
Heimatland ………………
Sprachen ………………
Straße, Hausnummer ………………
PLZ, Wohnort ………………
………………
Telefonnummer ………………
Handynummer ………………
E-Mail-Adresse ………………
Familienstand ☐ verheiratet ☐ ledig ☐ geschieden ☐ verwitwet
Kinder ………………

16 Lernt ihr Deutsch?

a Lesen Sie die Dialoge.

- ▶ **Lernst du** Deutsch?
- ▷ Ja, und du?
- ▶ Ich auch. **Bist du** im Deutschkurs?
- ▷ Ja, klar, ich bin im Deutschkurs.

- ▶ **Lernt ihr** Deutsch?
- ▷ Ja, und du?
- ▶ Ich auch. **Seid ihr** im Deutschkurs?
- ▷ Ja, klar, wir sind im Deutschkurs.

b Spielen Sie die Dialoge in der „Sie-Form“.

c Das Verb **lernen**: Ergänzen Sie die Formen.

	lernen
ich	lerne
du	lernst
er/sie/…	lernt
wir	lernen
ihr	lernt
sie/Sie	lernen

1 Ich …………… Deutsch und du …………… Deutsch.
2 Severin und Hanan …………… auch Deutsch.
3 Peter …………… Englisch und Maria …………… Spanisch.
4 Wir …………… Deutsch und ihr …………… Französisch.

Lehrer – ein Mann
*Lehrer**in** – eine Frau*

d Das Verb **sein**: Wie heißen die Formen?

5 Frau Meier, Sie …………… eine Lehrerin.
6 Ich …………… im Deutschkurs und du …………… auch im Deutschkurs.
7 Adam …………… aus Polen und Isabel …………… aus Spanien.
8 Wir …………… in Deutschland und ihr …………… auch in Deutschland.

	sein
ich	bin
du	bist
er/sie/…	ist
wir	sind
ihr	seid
sie/Sie	sind

17 Mariams E-Mail

a Lesen Sie und ergänzen Sie:

heißt | sind | sprechen | spricht | verstehe | wohne

Hallo Rafael,

wie geht es dir? Mir geht es gut. Ich ……1…… jetzt in Düsseldorf und lerne Deutsch. Wir ……2…… 15 Personen im Deutschkurs: eine Lehrerin (sie ……3…… Ella Krüger) und 14 Teilnehmer.

Frau Krüger ist nett, aber sie ……4…… sehr schnell. Ich ……5…… nicht alles. Das ist aber kein Problem. Ich frage dann und Frau Krüger erklärt alles noch einmal. Wir machen viele Übungen im Kurs. Wir lesen, ……6……, hören und schreiben. Und wir haben immer viele Hausaufgaben. Puh!

Und was machst du? Mein Bruder sagt, du bist jetzt Spanischlehrer in Hamburg. Stimmt das?

Viele Grüße
Mariam

b Erzählen Sie: Wer ist Mariam? Was macht Mariam? Wer ist Frau Krüger? Was macht Rafael?

18 Was machen wir?

a Ergänzen Sie die Tabelle.

	machen	schreiben	hören	fragen	antworten
ich	mache		höre		
du	machst			fragst	
er/sie/...	macht				
wir	machen	schreiben			
ihr	macht				
sie/Sie	machen				antworten

sprechen (e → i)	lesen (e → ie)
spreche	lese
sprichst	liest
spricht	liest
sprechen	lesen
sprecht	lest
sprechen	lesen

b Schreiben Sie Sätze mit **ihr**.

1 Wir lernen Deutsch. → Ihr lernt Deutsch.
2 Wir lesen und schreiben. → ……
3 Wir fragen Frau Krüger. → ……
4 Wir sprechen Deutsch. → ……
5 Wir machen jetzt eine Pause. → ……

c Ergänzen Sie die richtige Verbform.

1 (lernen) Lernt Mariam Englisch? – Nein, sie (lernen) …… Deutsch.
2 Was (machen) …… Karim? – Er (lesen) …… ein Buch.
3 Was für eine Sprache (sprechen) …… du? – Ich (sprechen) …… Dänisch.
4 (machen) …… du jetzt eine Pause? – Nein, ich (machen) …… meine Hausaufgaben.
5 Was (schreiben) …… du? – Ich (schreiben) …… eine E-Mail.
6 Was (machen) …… Mariam und Karim? - Sie (lernen) …… zusammen.

d Schreiben Sie über die zwei Personen.

Name: Michael König
Alter: 23 Jahre
Land: Deutschland
Wohnort: Schwäbisch Hall
Sprachen: Deutsch, Englisch
Sprachkurs: Russisch

Er heißt Michael König.
Michael König ist ……

Name: Hortensia Vargas
Alter: 48 Jahre
Land: Chile
Wohnort: Osnabrück
Sprachen: Spanisch, Portugiesisch
Sprachkurs: Deutsch

kommen aus | lernen | sprechen | wohnen

19 Heute ist Montag.

KW	Mo	Di	Mi	Do	Fr	Sa	So
01	30	31	1	2	3	4	5
02	6	7	8	9	10	11	12
03	13	14	15	16	17	18	19
04	20	21	22	23	24	25	26
05	27	28	29	30	31	1	2
06	3	4	5	6	7	8	9

a Eine Woche hat sieben Tage:

Montag	Dienstag	Mittwoch	Donnerstag	Freitag	Samstag	Sonntag

Ergänzen Sie: Heute ist ....

Morgen ist .... Übermorgen ist ....

Gestern war .... Vorgestern war ....

Fragen Sie und antworten Sie.

Ist heute/morgen/übermorgen Dienstag?

War gestern/vorgestern Montag?

Nein, heute ist Freitag.

Ja, richtig.

Nein, gestern war Donnerstag.

1.18 **b** Hören Sie. Richtig oder falsch?

		richtig	falsch
1	Mittwoch ist kein Deutschkurs.	☐	☐
2	Donnerstag ist der Deutschkurs in Raum 24.	☐	☐
3	Freitag ist der Deutschkurs in Raum 21.	☐	☐
4	Am Wochenende ist kein Deutschkurs.	☐	☐

20 Noch einmal, bitte.

1.19 **a** Wer sagt das: Ella Krüger (EK) oder ein Teilnehmer (TN)? Hören Sie und kreuzen Sie an.

EK	TN		EK	TN	
☐	☐	Am Samstag ist kein Deutschkurs.	☐	☐	Noch einmal langsam, bitte.
☐	☐	Natürlich.	☐	☐	Noch Fragen?

1.19 **b** Hören Sie noch einmal. Was ist die Hausaufgabe?

a Übung 3 auf Seite 16 und Übung 4 a und b auf Seite 17

b Übung 3 auf Seite 15 und Übung 4 a und b auf Seite 16

c Übung 4 auf Seite 15 und Übung 3 a und b auf Seite 16

21 Ich verstehe nicht alles.

Ich verstehe. → Ich verstehe **nicht**.
Heute ist Montag. → Heute ist **nicht** Montag.
Er kommt aus Polen. → Er kommt **nicht** aus Polen.

a Schreiben Sie Sätze mit „nicht".

1 Ihr seid im Deutschkurs. → Ihr seid nicht im Deutschkurs.
2 Wir lesen. → ....
3 Wir lernen zusammen. → ....
4 Das ist richtig. → ....
5 Sie spricht schnell. → ....

b Schreiben Sie Sätze mit „nicht" oder „kein / keine".

Ich lese. → Ich lese **nicht**.
Das ist ein Buch. → Das ist **kein** Buch.

1 Das ist eine Tafel. → Das ist keine Tafel.
2 Ich schreibe eine E-Mail. → ....
3 Wir sprechen viel. → ....
4 Karim hat eine Frage. → ....
5 Mein Mann ist im Deutschkurs. → ....
6 Ich spreche gut Deutsch. → ....
7 Wir machen eine Pause. → ....
8 Mariam lernt schnell. → ....

Das ist mein Deutschkurs.

Groß oder klein?
Lehrer, Deutschkurs etc. sind Nomen.
Wir schreiben ***Nomen immer groß.***

Schreiben Sie eine E-Mail. Hier sind fünf Bausteine:

Viele Grüße

Liebe(r) .... ,

Wir sind .... Personen im Deutschkurs: ein Lehrer/eine Lehrerin und .... Teilnehmer.

Wir machen viele / nicht viele Übungen im Kurs und lernen schnell / langsam.

Wie geht es dir? Mir geht es gut. Ich wohne jetzt in .... und lerne Deutsch.

....

....

....

....

....

Einkaufen

1a Zeigen Sie die Lebensmittel auf dem Bild:

Karotte
Brot
Zwiebel
Paprika
Orange
Birne

Tomate
Kiwi
Apfel
Ei
Banane
Kartoffel

1b Ordnen Sie die Lebensmittel den Oberbegriffen zu.

~~Milch~~, Birne, Saft, Salat, Tomate, Fisch, Kiwi, Orange, Zucker, Zwiebel, Wein, Apfel, Banane, Kartoffel, Bier, Melone, Nudeln, Möhre, Paprika, Mehl, Joghurt, Brot, Bohnen, Käse, Erbsen, Tee, Trauben, Brötchen, Pilze, Kirsche, Mango, Honig, Cola, Ei, Limonade, Wasser, Kuchen, Kaffee, Reis, Fleisch, Salz, Marmelade, Schokolade, Sahne

Milchprodukte	Getränke	Gemüse	Obst	Andere
Milch	…	…	…	…

1.20

1c Hören Sie den Dialog und nummerieren Sie die Lebensmittel.

1d Sprechen Sie und benutzen Sie den Plural.

Magst du Äpfel?

Ja, ich mag Äpfel.

Nein, ich mag keine Äpfel.

Meistens im Plural:
Erbsen, Bohnen, Pilze, Trauben, Kirschen, Nudeln

Meistens im Singular:
Honig, Käse, Milch, Bier, Wein, Wasser, Tee, Kaffee, Reis, Mehl, Salz, Zucker

Hinweis: ein Brötchen – viele Brötchen

2a Lesen Sie den Dialog.

Marcus: Ich möchte Nudeln mit Tomatensoße kochen. Dafür brauche ich eine Packung Nudeln, eine Packung Soße und fünf Tomaten.

Nima: Wie viele Tomaten brauchst du? Drei Tomaten sind noch da.

Marcus: Ich brauche fünf Tomaten.

Nima: Und du brauchst auch eine Packung Nudeln und eine Packung Käse.

Marcus: Ja richtig … Nudeln mit Tomatensoße und Käse. Hmm … lecker!

		richtig	falsch
a	Marcus möchte Nudeln kochen.	☐	☐
b	Er braucht 3 Tomaten.	☐	☐
c	Er braucht eine Packung Käse.	☐	☐

2b Fragen Sie Ihren Partner / Ihre Partnerin. Variieren Sie.

	brauchen	kaufen
ich	brauche	kaufe
du	brauchst	kaufst
er / sie / …	braucht	kauft
wir	brauchen	kaufen
ihr	braucht	kauft
sie / Sie	brauchen	kaufen

*Brauchen wir noch **Saft**?*

*Ja, **Saft** brauchen wir auch.*

*Kaufen wir auch **Eier**?*

*Nein, **Brot** haben wir nicht mehr.*

*Haben wir noch **Brot**?*

*Ja, **6 Eier** kaufen wir auch.*

Salat Orangen Wasser Saft Paprika Milch Kiwi Äpfel Möhren Eier Brot
Käse Bananen Tomaten Trauben Honig Nudeln Reis Kartoffeln Melonen Wein
Bier Joghurt Sahne Couscous Fleisch Fisch Kichererbsen Kaffee Tee

3 Verbinden Sie die Fragen mit der richtigen Antwort.

	essen	mögen ö > a
ich	esse	mag
du	isst	magst
er / sie / …	isst	mag
wir	essen	mögen
ihr	esst	mögt
sie / Sie	essen	mögen

1 Mögen Sie Lammfleisch? — c
2 Isst du gern Tomaten?
3 Magst du Salat?
4 Was isst du gern?
5 Was magst du nicht?

a Ja, ich esse gern Tomaten.
b Ich esse gern Fleisch.
c Nein, ich mag kein Lammfleisch.
d Ja, ich mag Salat.
e Ich esse nicht gern Joghurt.

Einkaufen

4 Ordnen Sie die Wörter den Bildern zu!

die Zahnbürste | der Kamm | die Haarbürste | das Toilettenpapier |

die Creme/Lotion | der Rasierer | das Pflaster

5 Was kaufen Sie in der Drogerie? Was kaufen Sie nicht in der Drogerie?

Ich kaufe …

einen Rasierer, ~~einen Apfel~~, einen Kamm,

eine Zahnbürste, eine Zahnpasta, eine Haarbürste,

eine Banane, eine Creme,

ein Deo, ein Duschgel, ein Telefon, ein Shampoo, ein Auto,

Toilettenpapier.

Das ist **ein** Kamm.
Das ist **kein** Kamm.

Ich brauche **einen** Kamm.
Ich brauche **keinen** Kamm.

Das ist **eine** Zahnbürste.
Das ist **keine** Zahnbürste.

Ich brauche **eine** Zahnbürste.
Ich brauche **keine** Zahnbürste.

Das ist **ein** Deo.
Das ist **kein** Deo.

Ich brauche **ein** Deo.
Ich brauche **kein** Deo.

6 Was brauchen Sie?

Mann: Ich brauche ein Deo. Ich brauche kein Duschgel.

Frau: Ich brauche eine Zahnbürste. Ich brauche keinen Rasierer.

Anderer Mann: Ich brauche einen Rasierer. Aber ich brauche keine Zahnbürste.

Und Sie? Was brauchen Sie?

7 Wo kaufen Sie ein?

☐ Drogerie ☐ Supermarkt ☐ Bäckerei ☐ Markt ☐ Metzger ☐ ………

Mobilität

Was sehen Sie?

Wo ist Stefan?

der Bus

die Straßenbahn

Ich nehme den Zug.

die Fahrkarte

der Fahrplan

Wo ist der Bahnhof?

Ich nehme immer den Bus.

1 Wer nimmt den Bus?

1.21

a Welche Verkehrsmittel nehmen die Personen wie oft? Hören, notieren und unterstreichen Sie.

Karim

immer
oft
manchmal
selten
nie

Miguel

immer
oft
manchmal
selten
nie

Ana

immer
oft
manchmal
selten
nie

	nehmen e → i
ich	nehme
du	nimmst
er/sie/es	nimmt
wir	nehmen
ihr	nehmt
sie/Sie	nehmen

b Und Sie? Welche Verkehrsmittel nehmen Sie (fast) immer/nie? Erzählen Sie!

2 Wir fahren mit ...

fahren mit (+ Dativ)
nehmen (+ Akkusativ)
zu Fuß gehen

1.22

a Hören Sie den Dialog und ergänzen Sie die fehlenden Artikel.

- ● Wie fahren wir in die Stadt?
- ○ Wir fahren mit .... Bus.
- ● Warum nehmen wir nicht .... Straßenbahn?
- ○ Mit .... Straßenbahn brauchen wir zu lange und wir müssen zweimal umsteigen.
- ● Dann nehmen wir doch besser .... Auto.
- ○ Nein, wenn wir mit .... Auto fahren, brauchen wir einen Parkplatz.
- ● Dann ist es doch besser, mit .... U-Bahn zu fahren. Schau mal hier auf den Stadtplan. Die U-Bahn fährt bis zum Hauptbahnhof.
- ○ Ja richtig, das ist eine gute Idee. Wir nehmen die Linie 2.
- ● Die braucht nur 15 Minuten.
- ○ Hast du einen Fahrplan?
- ● Nein, aber ich glaube, ... U-Bahn fährt alle 10 Minuten.

	fahren a → ä
ich	fahre
du	fährst
er/sie/es	fährt
wir	fahren
ihr	fahrt
sie/Sie	fahren

Nominativ		**Akkusativ**		**Dativ**
der Bus	→	den Bus	→	dem Bus
die Straßenbahn	→	die Straßenbahn	→	der Straßenbahn
das Auto	→	das Auto	→	dem Auto
die Busse/Autos/Straßenbahnen	→	die Busse/Autos/Straßenbahnen	→	den Bussen/Autos/Straßenbahnen

b Ergänzen Sie. Hören Sie die Dialoge zur Kontrolle. 1.23

- Ich fahre immer mit *der* Straßenbahn. Und du?
- .... Straßenbahn nehme ich nie.

- Möchtest du morgen mit .... Auto fahren?
- Nein, ich fahre lieber mit .... Bus.

- Ich fahre nicht gerne mit .... Fahrrad.
- Ich auch nicht. Ich benutze immer .... Auto.

- Wir nehmen .... U-Bahn.
- Ja, wir nehmen .... Linie 12.

- Nimmst du .... Bus um 8.30 Uhr?
- Nein, ich nehme .... Bus um 8.00 Uhr.

- Ich fahre mit .... Taxi zum Bahnhof.
- Fährst du mit .... Zug um 10 Uhr?

3 Auto oder Bus und Bahn?

Welche Vorteile und Nachteile haben die Verkehrsmittel? Sprechen und notieren Sie.

Verkehrsmittel	Vorteile	Nachteile
Straßenbahn		
Auto		
...		

Die Busse sind immer so voll. Das mag ich nicht.

Mit der U-Bahn kommt man überallhin. Das ist praktisch.

4 Ich fahre zum Arzt.

Wohin? zu + Dativ — zu dem = zum, zu der = zur
zum Arzt
zur Apotheke
zum Bürgerbüro

a Wohin möchten die Personen und womit fahren sie? 1.24

	Wohin?	Womit?
Ana	*zum Wochenmarkt*	*mit*
Karim		
Miguel		
Rabia		

b Fragen und antworten Sie.

Eleni, wie kommst du zum Deutschkurs?

Ich fahre immer mit dem Bus. Und du?

Wohin?
Person: zu → zum Arzt, zur Ärztin
Ort: zu → zum Supermarkt, zur Post
Gebäude: in → in den Supermarkt, in die Post
Land/Stadt: nach → nach Italien, nach Köln

Ich fahre	nie selten manchmal oft immer	mit dem Auto mit dem Bus mit der U-Bahn mit der Straßenbahn	zum Supermarkt zum Arzt zur Post ...

5 Orientierung in der Stadt

Was ist was? Ordnen Sie zu.

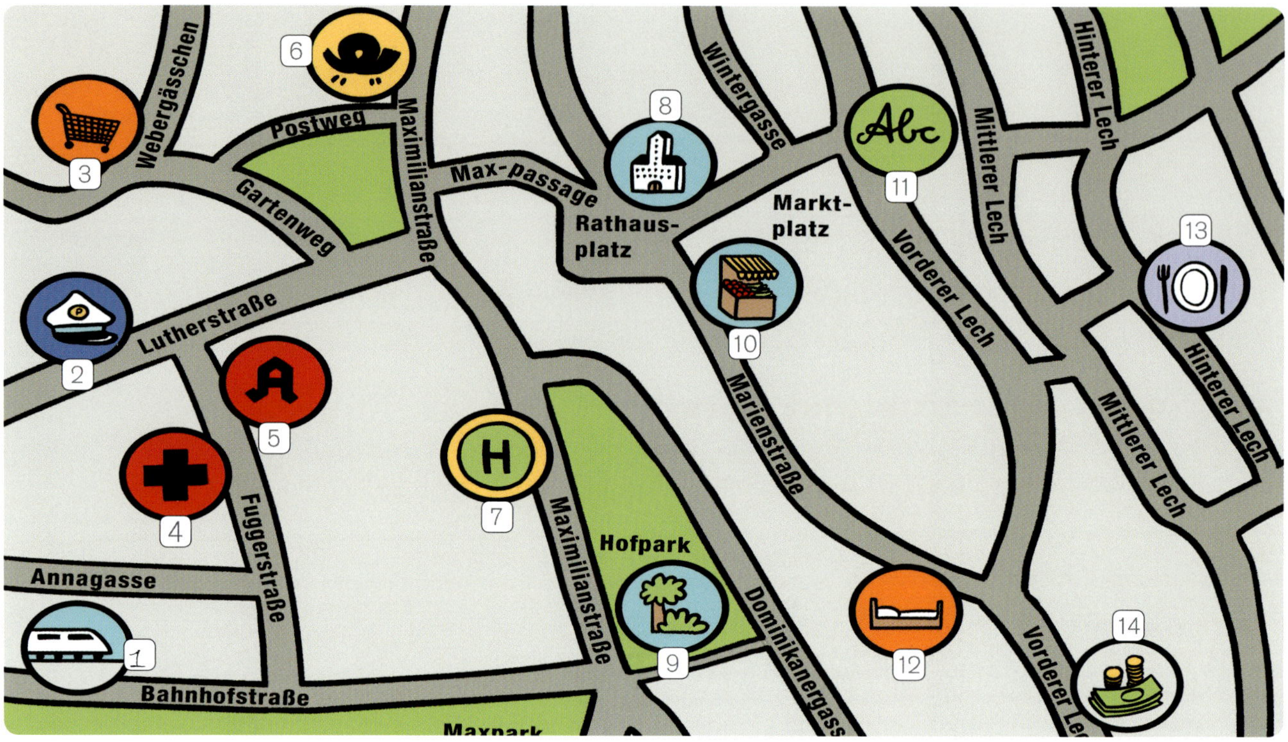

- [ ] der Supermarkt
- [ ] die Bushaltestelle
- [1] der Bahnhof
- [ ] die Post
- [ ] die Schule
- [ ] das Krankenhaus
- [ ] das Restaurant
- [ ] die Bank
- [ ] das Hotel
- [ ] die Polizei
- [ ] die Kirche
- [ ] der Park
- [ ] die Apotheke
- [ ] der Markt

6 Wo ist der Ball?

a Ordnen Sie zu: am | auf | hinter | im | neben | über | unter | vor | zwischen

vor dem Buch

.... dem Buch

.... Buch

.... dem Buch

.... dem Buch

.... dem Buch

.... Buch

.... dem Buch

.... den Büchern

b Wo sind die Personen und Objekte in Ihrem Klassenraum? Sprechen Sie.

Das Buch ist auf dem Tisch.

7 Die Apotheke ist neben dem Krankenhaus

a Schauen Sie noch mal auf den Stadtplan. Richtig oder falsch? Kreuzen Sie an.

		richtig	falsch
1	Die Schule ist am Marktplatz.	☐	☐
2	Die Apotheke ist im Krankenhaus.	☐	☐
3	Die Kirche ist auf dem Rathausplatz.	☐	☐
4	Die Bushaltestelle ist am Bahnhof.	☐	☐
5	Die Bank ist neben dem Restaurant.	☐	☐
6	Das Hotel ist in der Marienstraße.	☐	☐
7	Die Post ist zwischen dem Supermarkt und der Kirche.	☐	☐

Wo?
in + Dativ — in dem = im
an + Dativ — an dem = am
im/am Supermarkt
in der/an der Apotheke
im/am Krankenhaus

Wo?
neben + Dativ
neben dem Supermarkt
neben der Apotheke
neben dem Krankenhaus

b Wo ist was in Ihrer Stadt? Schreiben Sie.

8 Entschuldigung, wo finde ich ...?

Hören Sie und kreuzen Sie die richtige Lösung an. 1.25

1	Das Krankenhaus ist in der	☐ Goethestraße.	☐ Lessingstraße.	☐ Mozartstraße.
2	Das Schwimmbad ist	☐ am Marktplatz.	☐ im Stadtwald.	☐ am Park.
3	Das ist die	☐ Krankenkasse.	☐ Stadtbibliothek.	☐ VHS.
4	Die Linie 7 hält am	☐ Wiener Platz.	☐ Barbarossaplatz.	☐ Rudolfplatz.
5	Die Post ist neben	☐ dem Supermarkt.	☐ der Bank.	☐ der Bibliothek.
6	Das Jobcenter ist gegenüber der	☐ Post.	☐ Bank.	☐ Krankenkasse.

9 In der Bäckerei und beim Metzger

Wo sind die Personen? Schreiben Sie.

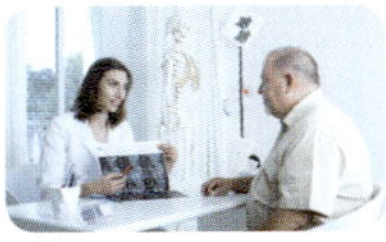
Albert
ist bei der Ärztin .

Pablo
....

Hannah und Luis
....

Steve
....

Sarah
....

Wo?
bei + Dativ — bei dem = beim
beim Arzt
bei der Ärztin

Wo? → Dativ
Person: bei → beim Arzt, bei der Ärztin
Land/Stadt: in → in Italien, in Köln
Ort/Gebäude: in → im Supermarkt

10 Nehmen Sie die erste Straße links.

1.26

a Hören Sie den Dialog und ergänzen Sie.

- Entschuldigung, wie komme ich zum Hauptbahnhof?
- Gehen Sie hier .... die Ampel. Dann die Beethovenstraße immer .... bis zur nächsten großen Kreuzung. An der Kreuzung gehen Sie .... in die Mozartstraße. Da sehen Sie schon die St.-Anna-Kirche. .... der Kirche nehmen Sie die zweite Straße .... Das ist die Bahnhofstraße. Nach ungefähr 400 Metern sehen Sie den Bahnhof.
- Also, hier über die Ampel. Dann immer .... An der Kreuzung .... und .... der Kirche die zweite Straße links.
- Genau!
- Gut. Dann vielen Dank!

Wohin?
zu + Dativ

zu dem = zum
zu der = zur

zum Stadtpark
zur Kreuzung
zum Kino

1.26

b Hören Sie den Dialog noch einmal und zeichnen Sie den Weg.

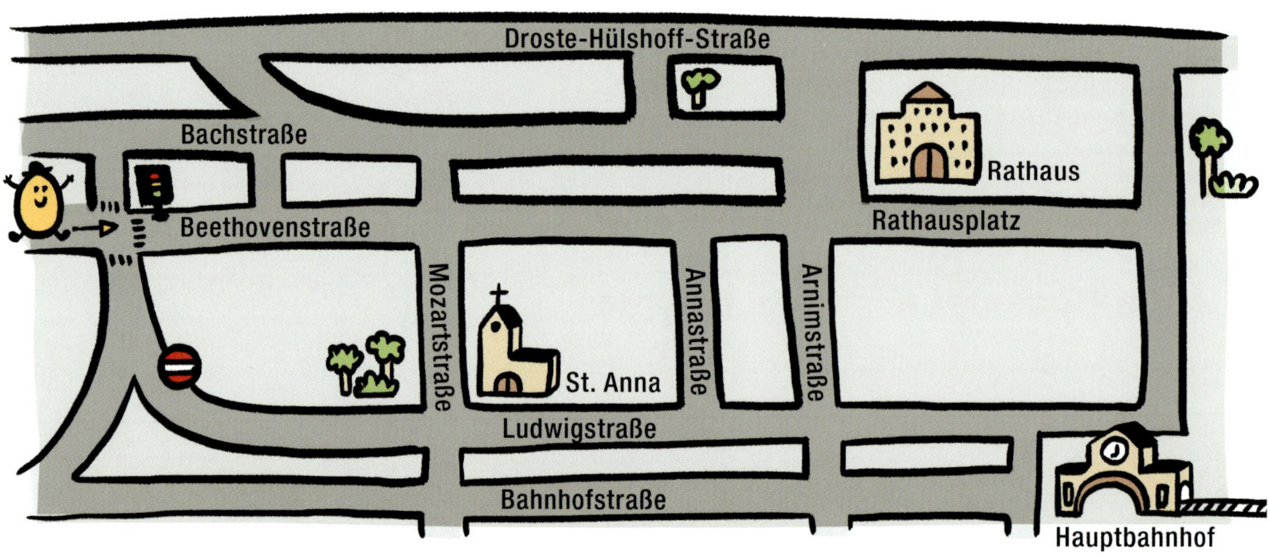

11 Auskunft geben

a Lesen Sie die Sätze und markieren Sie die Verben.

- Wie komme ich zum Bahnhof?
- Gehen Sie hier immer geradeaus.

- Wie komme ich zur VHS?
- Nehmen Sie die U-Bahn-Linie 3 und fahren Sie bis zum Markplatz.

- Entschuldigung, wo finde ich eine Bushaltestelle?
- Gehen Sie zum Beethovenplatz.

Sie

Sie gehen → **Gehen Sie …**

Sie fahren → **Fahren Sie …**

b Ergänzen Sie die Verben gehen | Fahren | Nehmen | nehme

	Position	1	2	
Aussagesatz		Ich	....	die Straßenbahn.
		Sie	....	zum Kino.

	Position	1	2	
Imperativ		....	Sie	mit der Linie 5.
		....	Sie	den Bus.

12 Entschuldigung, wo ist …?

a Ordnen Sie zu.

nach dem Weg fragen/nachfragen	den Weg beschreiben	den Weg nicht kennen
Wie komme ich …?		

~~Wie komme ich~~ …?, Entschuldigung, ich suche …, Wo ist hier …?, Ist hier ein/eine …?, Wie weit ist es zum/zur …?, Gehen Sie …, Fahren Sie …, Nehmen Sie … die erste/zweite/dritte Straße … links/rechts, … immer geradeaus., Das weiß ich leider nicht., Gehen Sie über die Kreuzung., …die nächste Straße …, Entschuldigung, wie bitte?, Gehen Sie weiter bis …, Nach ungefähr … Metern sind Sie da., Ich habe es nicht verstanden. Bitte noch mal!

b Wie komme ich zum/zur …? Fragen und antworten Sie.

Wo ist …?
Wie komme ich …?
Wie weit ist es bis …?
Wo ist hier …?

im Zentrum/in der …straße
Nehmen Sie …
Fahren Sie …
Gehen Sie … (bis)

13 Auf dem Bahnhof

Hören Sie die Ansagen und kreuzen Sie an. 1.27

		richtig	falsch
1	Die Regionalbahn RB 25 kommt heute nicht.	☐	☐
2	Der ICE fährt um 8.35 Uhr ab.	☐	☐
3	Herr Müller muss zum Informationsschalter gehen.	☐	☐
4	Die S 7 kommt heute später.	☐	☐
5	Der City-Express fährt heute von Gleis 5 ab.	☐	☐
6	Die S 4 fährt nur bis Troisdorf.	☐	☐

Mit dem Bus fahren

Fahrplan Bus Nr. 23			
Hauptbahnhof – Park – Hermanschule			
Uhr	Montag bis Freitag	Samstag	Sonn- und Feiertage
6	00 15* 30 45	00 30	30
7	00 15* 30 45*	00 30	30
8	00 15* 30 45	00 30	30
9	00 15* 30 45*	00 30	30
10	00 15* 30 45	00 30	30

*Busse fahren nicht in den Schulferien.

Die Woche:
Montag, Dienstag, Mittwoch, Donnerstag, Freitag, Samstag, Sonntag

Samstag + Sonntag = Wochenende

1 Wann fährt ein Bus?

1 Ich bin um 8.10 Uhr am Hauptbahnhof. Ich möchte zur Hermanschule. Wann fährt ein Bus?

2 Es sind Schulferien. Ich stehe um 9.40 Uhr am Bahnhof. Wann fährt der nächste Bus?

3 Es ist Sonntag, 10 Uhr. Wann fährt ein Bus zum Park?

Der Bus fährt
am Freitag **um** 10 Uhr.

Der Bus fährt
am Wochenende
um 7.30 Uhr.

Man sagt: Der Bus fährt um sieben Uhr dreißig.

2 Eine Fahrkarte kaufen

	Gültig für	Erwachsene	Kinder bis 14 Jahre	Gruppen bis 5 Personen
Einzelfahrkarte	eine Fahrt in der Stadt	2,80 €	1,70 €	–
Kurzstrecke	eine Fahrt (nur 4 Haltestellen)	1,60 €	1,00 €	–
Tageskarte	24 Stunden	6,80 €	4,00 €	11,20 €
Wochenkarte	7 Tage	26,00 €	15,10 €	50,00 €
Monatskarte	bis zum selben Tag des Folgemonats	84,20 €	44,30 €	–
Jahreskarte	365 Tage	840,00 €	440,00 €	–

1 Mein Kind und ich brauchen eine Fahrkarte. Wir fahren sechs Haltestellen. Wie viel kostet das?

2 Peter ist für eine Woche in Frankfurt. Welche Karte kann er kaufen?

3 Tina, Robert und Kerstin möchten den ganzen Tag mit dem Bus fahren. Wie viel bezahlen sie?

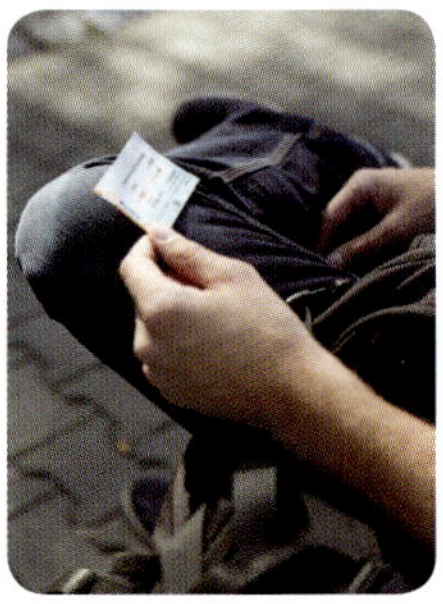

Gesundheit

Was sehen Sie?

Wo ist Joana?

Was macht sie?

Ich brauche einen Termin.

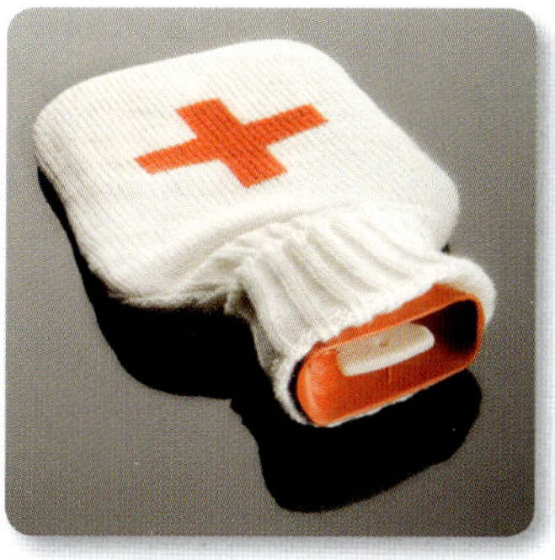

Ich habe Fieber.

Ich bleibe im Bett.

Hatschi!

Ich trinke heißen Tee.

Ich nehme eine Tablette.

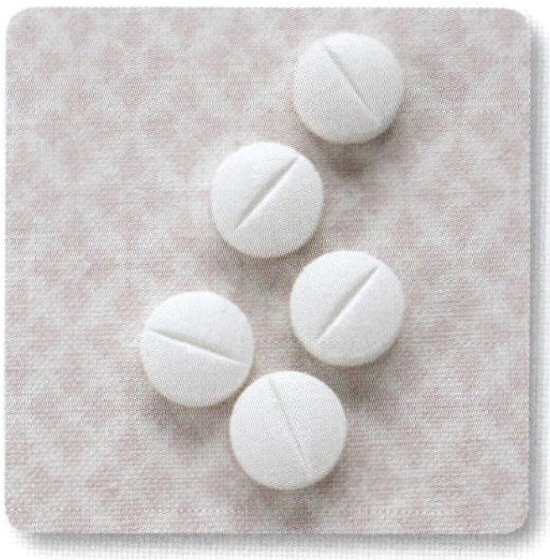

Und Sie?

Was tun Sie bei einer Erkältung?

Ich habe Halsschmerzen.

1 Unser Körper

Wie heißen die Körperteile? Schreiben Sie.

~~der Kopf~~ | der Bauch | das Bein | der Arm | die Hand | der Finger | der Fuß | das Auge | die Zähne | die Zehen | die Haare | die Schulter | die Nase | der Mund | das Ohr | das Knie | der Ellbogen | die Stirn | der Hals | die Brust

2 Mein Kopf tut weh!

a Was sagen die Personen? Schreiben Sie.

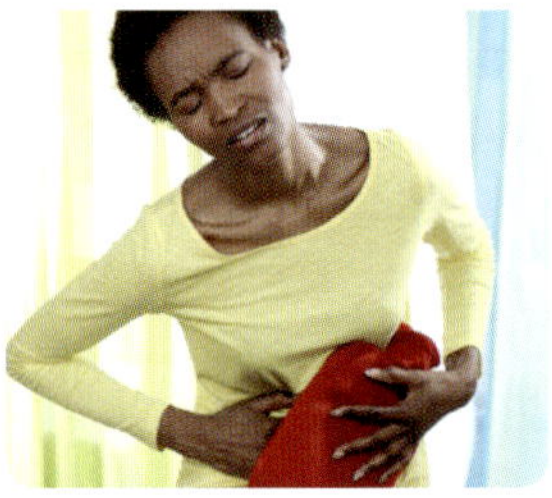

Mein Kopf tut weh! ....

Ich habe Kopfschmerzen! ....

b Was tut noch weh? Ergänzen Sie.

weh / tun = schmerzen

Mein | ~~Meine~~ | Mein | Meine | Meine

Meine Ohren tun weh.

.... Arm schmerzt. .... Hand tut weh.

.... Beine schmerzen. .... Fuß tut weh.

ich	
mein	Kopf
mein	Bein
meine	Hand
meine	Beine

3 Ich habe Schmerzen!

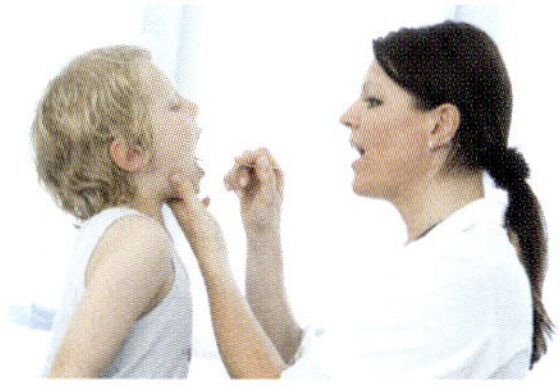

- Wo hast du Schmerzen?
- Mein Hals tut weh.
- Mund auf. Ah, dein Hals ist ganz rot.

- Haben Sie Schmerzen?
- Ich habe Rückenschmerzen.
- Schmerzen auch Ihre Beine?
- Nein.

Fragen, antworten und zeigen Sie.

Was tut Ihnen weh?

Mein Bauch tut weh.

Wo haben Sie Schmerzen?

Mein Bauch schmerzt.

du	Sie	
dein	Ihr	Kopf
dein	Ihr	Bein
deine	Ihre	Hand
deine	Ihre	Beine

4 Seine Schulter tut weh.

Was ist richtig? Kreuzen Sie an.

☒ Seine ☐ Ihre
☐ Sein ☐ Ihr Schulter tut weh!

☐ Seine ☐ Ihre
☐ Sein ☐ Ihr Knie schmerzt!

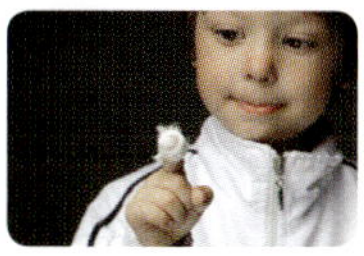

☐ Seine ☐ Ihre
☐ Sein ☐ Ihr Finger tut weh!

sie	er	
ihr	sein	Kopf
ihr	sein	Bein
ihre	seine	Hand
ihre	seine	Beine

5 Eine Erkältung

Was haben die Personen? Ordnen Sie zu und sprechen Sie.

Husten | Fieber | Halsschmerzen | Schnupfen

Sie hat Fieber.

6 Die Sprechstunde

Was ist was? Ordnen Sie zu.

1
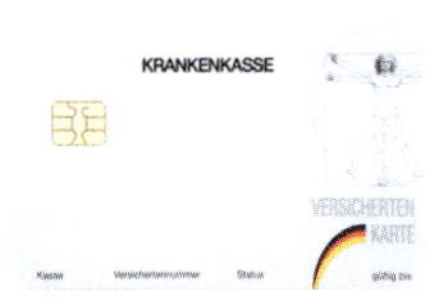

2
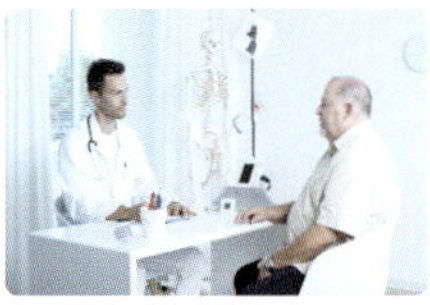

3

4

5
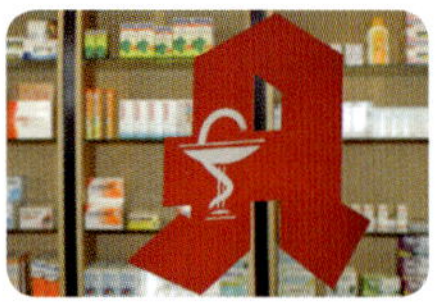

6

7
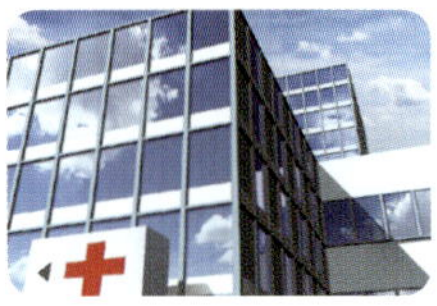

8
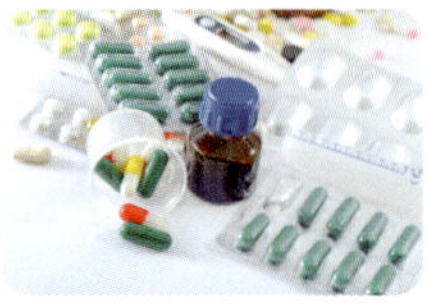

9

- ☐ die Apotheke
- ☐ der Hausarzt
- ☐ das Krankenhaus
- ☐ der Krankenschein
- ☐ die Medikamente
- ☐ das Rezept
- ☐ die Überweisung zum Facharzt
- ☐ die Gesundheitskarte
- ☐ das Wartezimmer

7 Beim Arzt

1.28

a Hören Sie den Dialog und kreuzen Sie an.

	richtig	falsch
1 Frau Okoye ist im Krankenhaus.	☐	☐
2 Sie spricht mit dem Arzt.	☐	☐
3 Sie spricht mit der Sprechstundenhilfe.	☐	☐
4 Sie hat einen Termin um 10.00 Uhr.	☐	☐
5 Sie braucht die Gesundheitskarte.	☐	☐
6 Sie geht direkt ins Sprechzimmer.	☐	☐

b Lesen Sie den Dialog und markieren Sie die Verben.

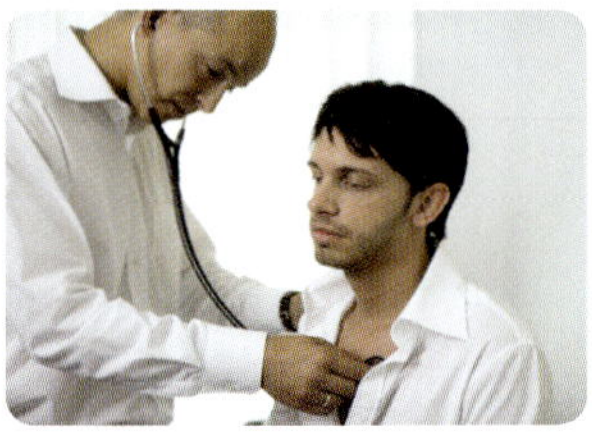

- ● So, Herr Schönhauser. Atmen Sie ganz ruhig und regelmäßig. Haben Sie auch Husten?
- ○ Ja, und mein Hals tut weh.
- ● Machen Sie mal bitte den Mund auf. Sie haben eine Erkältung.
- ○ Was kann ich machen?
- ● *Gehen Sie mit dem Rezept in die Apotheke und kaufen Sie die Medikamente. Nehmen Sie zweimal am Tag eine Tablette und dreimal am Tag 5 ml Hustensaft. Trinken Sie viel Tee mit Honig und 2 Liter Wasser am Tag. Trinken Sie keinen Kaffee. Schlafen Sie viel. Rauchen Sie nicht. Nehmen Sie ein heißes Bad. Essen Sie viel Obst. Und kommen Sie bitte nächste Woche wieder.*
- ○ Vielen Dank, Herr Doktor.

c Die 15-jährigen Zwillinge Peter und Petra sind erkältet. Formulieren Sie den *kursiv* gedruckten Abschnitt in den Imperativ (ihr-Form) um.

Geht mit dem Rezept …

Sie	ihr
Sie trinken / Sie nehmen	~~ihr~~ trinkt / ~~ihr~~ nehmt
↘ ↘	
trinken Sie / nehmen Sie	trinkt / nehmt

d Geben Sie Gesundheitstipps.

Rückenschmerzen | Mach viel Sport! | Grippe | Bleib im Bett!
Erkältung | Trink heiße Zitrone! | Fieber | Nimm Tabletten!

du
~~du~~ trinkst / ~~du~~ nimmst
trink / nimm

8 In der Apotheke

a Was ist was?

Salbe | ~~Verband~~ | Tropfen | Hustensaft | Pflaster | Tabletten

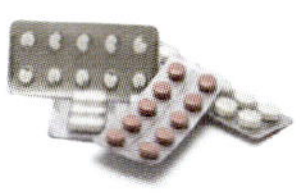

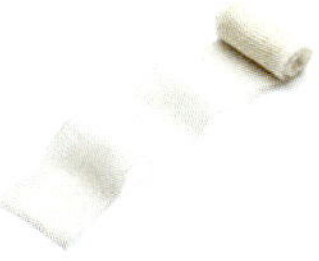

.... | .... | .... | .... | .... | Verband

b Hören Sie. Unterstreichen Sie das Richtige. 1.29

Der Patient soll
… einmal / <u>zweimal</u> am Tag eine Tablette nehmen.
… die Salbe abends / mittags auf das Knie streichen.
… den Verband einmal / zweimal am Tag wechseln.
… 5 ml Hustensaft zweimal / dreimal am Tag nehmen.
… das Pflaster dreimal / viermal am Tag wechseln.
… 25 Tropfen zweimal am Tag vor / nach dem Essen nehmen.

	sollen
ich	soll
du	sollst
er/sie/es	soll
wir	sollen
ihr	sollt
sie/Sie	sollen

9 Ich soll, ich darf nicht …

a Herr Schönhauser spricht über die Tipps vom Arzt. Füllen Sie die Lücken.

Ich .... (sollen) in die Apotheke gehen und ich .... (sollen) die Medikamente kaufen. Ich .... (sollen) zweimal am Tag eine Tablette nehmen und ich .... (sollen) dreimal am Tag 5 ml Hustensaft trinken. Ich .... (sollen) auch viel Tee mit Honig und zwei Liter Wasser am Tag trinken. Ich .... (dürfen) keinen Kaffee trinken. Ich .... (sollen) viel schlafen. Ich .... (dürfen) nicht rauchen. Ich .... (sollen) nächste Woche wiederkommen.

	dürfen ü → a
ich	darf
du	darfst
er/sie/es	darf
wir	dürfen
ihr	dürft
sie/Sie	dürfen

b Was sollen oder dürfen Sie?

Eleni, du darfst nicht so viel rauchen.

Alicija und Paula, ihr dürft zu Hause bleiben.

Karim, du sollst viel Obst essen.

sollen

Der Patient soll zweimal am Tag eine Tablette nehmen.

dürfen

Ich darf keinen Kaffee trinken.

Haben Sie eine Krankmeldung?

10 Verschiedene Ärzte

1 **HNO-Arzt** 2 **Zahnarzt** 3 **Frauenarzt** 4 **Hausarzt** 5 **Orthopäde** 6 **Kinderarzt**

Wer braucht welchen Arzt? Ordnen Sie zu.

- ☐ Eleni hat starke Rückenschmerzen.
- ☐ Herr Schönhauser hat eine Erkältung.
- ☐ Rasmus hat Ohrenschmerzen.
- ☐ Paula hat Zahnschmerzen.
- ☐ Der Sohn von Frau Heidkamp ist krank.
- ☐ Agnieszka ist schwanger.

11 Termine, Termine

1.30

a Ordnen Sie den Dialog. Hören Sie dann zur Kontrolle.

- ☐ ● Zur Untersuchung.
- ☐ ○ Nächste Woche Dienstag um 15.00 Uhr?
- ☐ ● Guten Tag. Böhmer mein Name. Ich brauche einen Termin.
- ☐ ○ Kommen Sie dann morgen um 11.00 Uhr in die Notfallsprechstunde.
- ☐ ○ Möchten Sie vormittags oder nachmittags?
- ☐ ○ Praxis Dr. Salentin, Wegner, guten Tag.
- ☐ ● Geht das nicht früher? Ich habe Schmerzen.
- ☐ ● Lieber nachmittags.
- ☐ ○ Zur Vorsorge oder zur Untersuchung?

1.31

b Hören Sie den Dialog und kreuzen Sie die richtige Antwort an.

1	Frau Schmidt hat einen Termin um	a 15.00 Uhr.	b 13.00 Uhr.	c 10.00 Uhr.
2	Ihr Sohn hat	a Schnupfen.	b Fieber.	c Ohrenschmerzen.
3	Sie bekommt einen Termin am	a Freitag.	b Montag.	c Donnerstag.
4	Der Termin ist um	a 9.00 Uhr.	b 10.00 Uhr.	c 11.00 Uhr.

12 Krankmeldung

1.32

Ordnen Sie den Dialog. Zur Kontrolle hören Sie dann den Dialog.

- ☐ ● Ja, ich schicke die Krankmeldung per Post. Ich schreibe Frau Schreiber auch einen Brief .
- ☐ ○ Guten Tag, Frau Okoye.
- ☐ ● Vielen Dank!
- ☐ ○ Gut, Frau Okoye. Ich sage Frau Schreiber Bescheid. Haben Sie eine Krankmeldung?
- ☐ ● Guten Tag, mein Name ist Okoye, Joana Okoye. Ich mache zurzeit ein Praktikum bei Ihnen. Frau Schreiber ist meine Praktikumsbetreuerin.
- ☐ ○ Das ist gut. Dann gute Besserung!
- ☐ ● Ich kann leider für eine Woche nicht zum Praktikum kommen. Ich bin krank. Ich habe Fieber. Der Arzt sagt, ich soll im Bett bleiben.
- ☐ ○ Altenpflegeheim „Haus Aja“, guten Tag. Sie sprechen mit Daniela Peters.

können

Joana kann leider für eine Woche nicht zum Praktikum kommen.

	können ö → a
ich	kann
du	kannst
er/sie/es	kann
wir	können
ihr	könnt
sie/Sie	können

13 Entschuldigungsschreiben

a Lesen Sie den Brief. Wie heißen die Briefteile? Ordnen Sie zu.

Unterschrift | Gruß | Datum | Ort | Absender | Empfänger | Betreff | Anrede

Joana Okoye
Hauptstraße 309
51465 Bergisch Gladbach ....

.... Bergisch Gladbach, 10. März 20..

Altenpflegeheim „Haus Aja“ ....
Frau Schreiber
Buchmühlenstr. 12
51465 Bergisch Gladbach

Krankmeldung ....

Sehr geehrte Frau Schreiber, ...

ich kann leider für eine Woche nicht zum Praktikum kommen. Ich bin krank und habe eine Erkältung mit Fieber. Der Arzt sagt, ich soll zu Hause bleiben. Meine Krankmeldung finden Sie anbei.

Mit freundlichen Grüßen ....
Joana Okoye ....

b Schreiben Sie eine Krankmeldung an Ihre Kursleiterin/Ihren Kursleiter.

Medizinische Versorgung

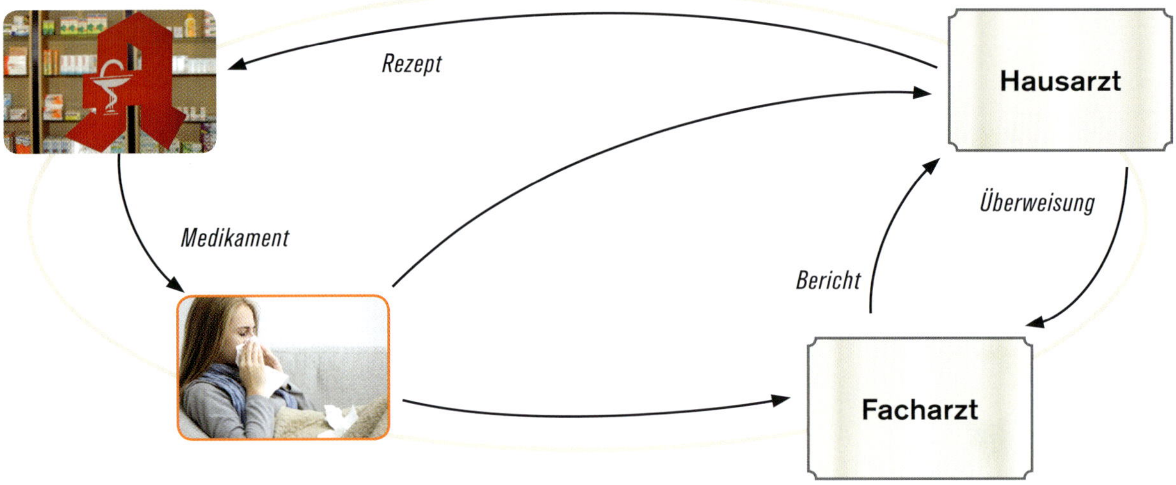

1 Sprechen Sie: Was tun Sie?

Situation 1: Es ist Donnerstag. Sie haben schon zwei Tage Bauchschmerzen. Was machen Sie? Wohin gehen Sie?	**Situation 2:** Es ist Samstag. Sie spielen Fußball und Sie fallen. Ihr Bein schmerzt sehr stark. Was machen Sie? Wohin gehen Sie?

Ich brauche dringend einen Notarzt!

Rufen Sie einen Krankenwagen!

Wo ist die nächste Arztpraxis?

Die Arztpraxis liegt in der Schmidtstraße.

2 Suchen Sie die Information

Information 1: Suchen Sie die Telefonnummer für den Notarzt/den ärztlichen Bereitschaftsdienst in Ihrem Ort. Wo finden Sie diese Nummer?	**Information 2:** Es ist Wochenende. Welche Apotheke hat Notdienst? Suchen Sie im Internet.

Arbeit

Was sehen Sie?

Wo ist Laura?

Was macht sie?

Wer arbeitet wo?

Arzt
Automechaniker
Bäcker
Bürokaufmann
Kellner
Krankenpfleger
Lehrer

Ärztin
Automechanikerin
Bäckerin
Bürokauffrau
Kellnerin
Krankenschwester
Lehrerin

in der Bäckerei
im Büro
im Krankenhaus
im Restaurant
in der Schule
in der Werkstatt

Und Sie?

Was sind Sie von Beruf?

1 Was macht ein/eine …?

a Ordnen Sie zu.

der	**die**
Kellner	Kellnerin
Arzt	Ärztin
Krankenpfleger	Krankenschwester
Bürokaufmann	Bürokauffrau

1 Bäcker/in
2 Kellner/in
3 Lehrer/in
4 Bürokaufmann/-kauffrau
5 Krankenpfleger/-schwester
6 Automechaniker/in
7 Kassierer/in

a Ich pflege kranke Menschen.
b Ich repariere Autos.
c Ich backe Brot und Brötchen.
d Ich arbeite an der Kasse im Supermarkt.
e Ich unterrichte und korrigiere die Hausaufgaben.
f Ich telefoniere viel und arbeite am Computer.
g Ich serviere das Essen im Restaurant.

b Was machen die Leute?

1 Ein Bäcker/Eine Bäckerin backt Brot und Brötchen.
2 Ein Kellner/Eine Kellnerin ……
3 ……

auf|stehen
ich stehe auf
ich muss aufstehen

c Was glauben Sie? Wer sagt das?

Ich muss sehr früh aufstehen. Mein Arbeitstag beginnt immer um 3.00 Uhr morgens, aber das ist okay. Ich mache meine Arbeit gern.

Ich arbeite von 9.00 bis 17.00 Uhr. Um 12.30 Uhr ist Mittagspause. Meine Kollegen und ich essen zusammen in der Kantine. Meine Arbeit ist interessant, aber wir haben auch oft Stress. Manchmal klingelt das Telefon von morgens bis abends.

1 Bäcker/in
2 ……
3 ……
4 ……

Ich mag Kinder und meine Arbeit ist nie langweilig. Mein Arbeitstag beginnt um 8.00 Uhr. Am Wochenende habe ich frei.

Ich arbeite gern mit Menschen zusammen. Mein Tag beginnt manchmal früh und manchmal spät. Ich habe oft Nachtdienst.

d Und Sie? Schreiben Sie über Ihren Beruf.

Wie ist die Arbeit?
interessant – langweilig

Das Verb *haben*:
Ich habe Stress.
Ich habe frei.
Ich habe Nachtdienst.

2 Was sind Sie von Beruf?

a Fotos und Texte: Ordnen Sie zu. 1.33

A	B	C	D ....
Text Nr.	Text Nr.	Text Nr.	Text Nr. ....

b Hören Sie noch einmal. Ist das richtig oder falsch? 1.33

			richtig	falsch
Text 1	a	Der Mann arbeitet im Restaurant.	☐	☐
	b	Er hat manchmal Stress.	☐	☐
Text 2	a	Der Mann schreibt Computerprogramme.	☐	☐
	b	Er arbeitet von acht bis halb fünf.	☐	☐
Text 3	a	Die Frau hat drei Kinder.	☐	☐
	b	Sie putzt nicht gern Fenster.	☐	☐
Text 4	a	Die Frau studiert an der Universität.	☐	☐
	b	Sie lernt vormittags zu Hause.	☐	☐

c Was sind die vier Personen von Beruf? Schreiben Sie die Berufe unter die Fotos.

S T U D E N T I N H A U S F R A U K O C H T E C H N I K E R

d Und Sie? Sprechen Sie: Was sind Sie von Beruf?

Ich bin ...
Ich arbeite als ...

Ich arbeite im Büro | im Restaurant | im Supermarkt | im Krankenhaus | im Hotel | zu Hause | in der Schule | in der Werkstatt ...

Ich arbeite (im Moment) nicht.
Ich habe (im Moment) keine Arbeit.

Ich mache eine Ausbildung.

Ich arbeite **nicht mehr**.
Ich bin Rentner.

eine Ausbildung machen = einen Beruf lernen (zum Beispiel Koch/Köchin, Automechaniker/in, Bürokaufmann/-frau)
Eine Ausbildung dauert in Deutschland oft drei Jahre.

Ich arbeite **noch nicht.**

Ich bin Schüler/in.
Ich bin Student/in.

Schüler/in: geht zur Schule
Student/in: studiert an der Universität

3 Ich kann kochen.

Ich kann kochen.
Ich kann nicht singen.

a Ordnen Sie zu.

1	Musiklehrer	a	Ich kann Auto fahren.
2	Techniker	b	Ich kann Autos reparieren.
3	Taxifahrerin	c	Ich kann Fußball spielen.
4	Automechaniker	d	Ich kann singen und Gitarre spielen.
5	Bürokauffrau	e	Ich kann gut organisieren.
6	Fußballspieler	f	Ich kann Computer installieren.

Ich **kann** Brot und Brötchen **backen**.

b Ergänzen Sie das Verb *können*.

1 Ist Hanna Lehrerin von Beruf? – Ja, sie ist Musiklehrerin und ………………………… sehr gut singen.

2 Sag mal, Thomas, ………………………… du kochen? – Nein, aber ich ………………………… backen.

3 ………………………… Sie Auto fahren, Herr Peters? – Natürlich. Ich bin Taxifahrer.

4 ………………………… die Kinder schon lesen? – Ja, sie ………………………… lesen und schreiben.

5 Mesut, ………………………… du mein Auto reparieren? – Ja, kein Problem.

c Was können Sie? Fragen Sie und antworten Sie.

backen | singen | Auto fahren | Fußball spielen | rechnen | zeichnen

Kannst du (gut) kochen?

Ja, ich kann (ganz gut) kochen.

Können Sie (gut) kochen?

Nein, ich kann nicht (so gut) kochen.

4 Ich muss früh aufstehen.

Ich muss immer früh aufstehen.

a Wer sagt das? Kreuzen Sie an.

1 Ich muss meine Hausaufgaben machen.
☐ Lehrer ☐ Schüler ☐ Rentner

2 Ich muss oft nachts arbeiten.
☐ Arzt ☐ Lehrer ☐ Automechaniker

3 Ich muss oft E-Mails schreiben und telefonieren.
☐ Kellnerin ☐ Köchin ☐ Bürokauffrau

4 Ich muss jetzt das Mittagessen kochen.
☐ Schülerin ☐ Hausfrau ☐ Krankenschwester

	müssen ü → u
ich	muss
du	musst
er/sie/es	muss
wir	müssen
ihr	müsst
sie/Sie	müssen

b Lesen Sie die Fragen und die Antworten. Was passt zusammen?

1 Müssen die Kinder heute in die Schule?
2 Muss Christian heute früh aufstehen?
3 Machst du jetzt eine Pause?
4 Musst du manchmal nachts arbeiten?

a Nein, ich muss jetzt das Essen kochen.
b Ja, ich habe oft Nachtdienst.
c Nein, sie haben heute frei.
d Ja, er muss immer früh aufstehen.

c Was müssen Sie oft machen? Schreiben Sie.

....

....

....

5 Ein Interview mit Laura Salewska

a Martin Tillmann ist Reporter. Er arbeitet bei Radio Neustadt. Er berichtet über Menschen in der Stadt. Heute macht er ein Interview mit Laura. Lesen Sie das Interview und ergänzen Sie die Fragen.

Haben Sie oft Stress? | Was sind Sie von Beruf? | Ist die Arbeit interessant? | Bis wann müssen Sie heute arbeiten? | Arbeiten Sie auch am Samstag?

Laura Salewska

Martin: ....1..............................
Laura: Ich arbeite als Kellnerin hier im Restaurant.
Martin: ....2..............................
Laura: Es geht so. Die Arbeit ist nie langweilig. Und ich arbeite gern mit Menschen zusammen und viele Gäste sind sehr nett.
Martin: ....3..............................
Laura: Manchmal. Von 12.00 bis 14.00 Uhr haben wir immer viel zu tun. Die Leute haben dann Mittagspause und wollen ganz schnell essen.
Martin: ....4..............................
Laura: Ja, ich arbeite sehr oft am Samstag und Sonntag. Es sind immer fünf Tage in der Woche.
Martin: ....5..............................
Laura: Bis 18.00 Uhr. Aber ich kann dann noch nicht nach Hause gehen. Ich muss zuerst in die Autowerkstatt. Mein Auto ist kaputt.
Martin: Oh je!
Laura: Naja, es ist nicht so schlimm. Es ist nur eine kleine Reparatur.
Martin: Na dann, schönen Abend und danke für das Interview.
Laura: Gern. Schönen Abend.

Wir haben viel zu tun. = Wir haben viel Arbeit.

b Hören Sie und prüfen Sie. Haben Sie alles richtig? 1.34

c Arbeiten Sie zu zweit und machen Sie ein Interview.

6 Arbeit gesucht

a Lesen Sie die Anzeigen und die Texte. Was passt? Ordnen Sie zu.

Kfz = Auto (Kraftfahrzeug)

Anzeige 1

Supermarkt sucht Aushilfe (m/w)

Mo.–Fr. 8.00–12.00

Telefon: 47 93 328

Anzeige 2

SUCHE KFZ-MECHANIKER/IN

Sie haben eine Ausbildung als Kfz-Mechaniker/in und suchen eine Arbeit?

Rufen Sie an: 05423 / 7714439

Autowerkstatt Öztürk, Steinstraße 27

Anzeige 3

FAHRER/IN GESUCHT

dreimal pro Woche von 17.00 bis 21.00 Uhr.

Sie brauchen ein Auto und einen Führerschein.

Pizzeria „Roma“ Tel.: 65 65 22

Anzeige 4

Suche Aushilfe (m/w)

6–8 Stunden pro Woche. Ab 14.00 Uhr.

Fotostudio Voss,
Am Markt 14, 77218 Hofheim
Telefon: 07614 335185

Text 1

Ist das Auto kaputt? Kein Problem. Ich repariere alles. Ich bin Automechanikerin und suche eine Arbeit. Ich arbeite schnell und bin immer pünktlich.

Julia, 22 Jahre

Text 2

Ich möchte nachmittags arbeiten. Vormittags bin ich im Deutschkurs. Ich kann schon ganz gut Deutsch, aber nicht perfekt. Ich bin kreativ und fotografiere gerne.

Jerome, 31 Jahre

Text 3

Ich habe einen Führerschein und fahre gern Auto. Ich bin flexibel. Ich kann vormittags, nachmittags oder abends arbeiten.

Toni, 48 Jahre

Text 4

Ich bin im Moment Hausfrau, aber ich möchte vormittags arbeiten. Ich bin freundlich und arbeite gern mit Menschen zusammen. Am Wochenende möchte ich nicht arbeiten.

Susanne, 44 Jahre

b Wie sind die Leute? Lesen Sie die Texte noch einmal und ergänzen Sie.

kreativ | freundlich | flexibel | pünktlich

1 Julia ist ....

2 Jerome ist ....

3 Toni ist ....

4 Susanne ist ....

7 Ich kann sofort anfangen.

anfangen = beginnen

	anfangen
ich	fange an
du	fängst an
er/sie/es	fängt an
wir	fangen an
ihr	fangt an
sie/Sie	fangen an

a Toni möchte als Pizzafahrer arbeiten. Er ruft die Pizzeria „Roma“ an. Hören Sie den Dialog. Wer sagt das: Toni (T) oder Silvia (S)? 1.35

1 ▢ Ich suche eine Arbeit als Fahrer.
2 ▢ Wir suchen einen Fahrer für abends.
3 ▢ Wann können Sie anfangen?
4 ▢ Können Sie heute Nachmittag in die Pizzeria kommen?
5 ▢ Wie ist die Adresse?

Ich **kann** am Freitag **anfangen**.

b Hören Sie noch einmal. Was ist richtig? Kreuzen Sie an. 1.35

1 Wann kann Toni anfangen?
a ▢ Am Montag
b ▢ Am Dienstag
c ▢ Am Mittwoch

2 Was muss Toni machen?
a ▢ Ein Auto kaufen
b ▢ Ein Formular ausfüllen
c ▢ Noch einmal anrufen

3 Wie ist die Adresse?
a ▢ Hauptstraße 38
b ▢ Hauptstraße 89
c ▢ Hauptstraße 98

8 Vormittags? Lieber nachmittags.

gern – lieber
Ich arbeite gern vormittags. – Ich arbeite lieber nachmittags.
Arbeitest du lieber vormittags oder nachmittags? – Lieber nachmittags.

a Sie hören vier Dialoge. Was ist richtig? Kreuzen Sie an. 1.36

1 Die Frau arbeitet lieber	▢ im Büro.	▢ zu Hause.
2 Der Mann arbeitet lieber	▢ vormittags.	▢ nachmittags.
3 Er möchte lieber	▢ heute Deutsch lernen.	▢ morgen Deutsch lernen.
4 Sie möchte lieber	▢ Reis.	▢ Nudeln.

b Paula Moreno sitzt im Restaurant. Sie spricht mit Lara Benndorf. Hören Sie den Dialog. Wann möchte Paula arbeiten: vormittags oder lieber nachmittags? 1.37

Paula möchte lieber .... arbeiten.

c Fragen und antworten Sie.

Pizza / Nudeln essen?
Zeitung / Romane lesen?
allein / im Kurs lernen?
früh/spät aufstehen?

Trinken Sie lieber Kaffee oder Tee?

Ich trinke lieber Kaffee.

9 Louis Khalid sucht eine Arbeit.

a Lesen Sie die Anzeige und die Informationen über Louis Khalid.
Lesen Sie die Aussagen. Sind sie richtig oder falsch?

Restaurant „Goldene Gans"

sucht Koch mit viel Berufserfahrung.

Telefon: 02345–987654

Louis Khalid

von 2005 bis 2015 Koch im Restaurant „Salam" in Bur Sudan, Sudan

seit vier Monaten in Deutschland

	richtig	falsch
1 Louis Khalid ist Koch.	▢	▢
2 Er hat Berufserfahrung.	▢	▢

1.38

b Louis Khalid ruft im Restaurant an. Hören Sie das Telefongespräch. Was ist richtig?

1 Die Stellenanzeige war
- ▢ im Internet.
- ▢ im Restaurant.
- ▢ in der Zeitung.

2 Herr Khalid war
- ▢ fünf Jahre Koch.
- ▢ zwei Jahre im Restaurant „Salam".
- ▢ zwei Jahre Chefkoch.

3 Frau Braunwart fragt:
- ▢ „Ist Ihre Ausbildung in Deutschland anerkannt?"
- ▢ „Können Sie morgen arbeiten?"
- ▢ „Können Sie mich morgen anrufen?"

c Lesen Sie die Sätze. Was ist jetzt und was war früher?

	jetzt	früher
1 Die Anzeige war in der Zeitung.	▢	▢
2 Louis Khalid war im Restaurant „Salam".	▢	▢
3 Er ist Koch.	▢	▢
4 Herr Khalid hat ein Handy.	▢	▢
5 Er war Chefkoch.	▢	▢
6 Herr Khalid hatte fünf Küchenhilfen.	▢	▢
7 Das Restaurant sucht einen Koch.	▢	▢

jetzt | heute | im Moment |
früher | gestern | im Jahr 2005

er hat → er hatte

er ist → er war

10 Haben Sie Zeugnisse?

a Was bedeuten diese Wörter? Ordnen Sie zu.

1	die Arbeitserlaubnis	a	Ich arbeite schon lange in meinem Beruf.
2	die Berufsanerkennung	b	Ich darf in Deutschland arbeiten.
3	die Berufserfahrung	c	Meine Ausbildung ist akzeptiert. Ich darf in meinem Beruf arbeiten.
4	das Zeugnis/Zertifikat	d	Ich habe ein Dokument über meine Ausbildung.

b Und Sie? Fragen und antworten Sie.

Haben Sie ein Zeugnis?

Haben Sie Berufserfahrung?

Informationen zur Anerkennung können Sie hier lesen: www.anerkennung-in-deutschland.de

11 Wo warst du?

1.39

a Louis ist wieder zu Hause. Er trifft seinen Mitbewohner Shpendi.
Hören Sie und ergänzen Sie: habe | hat | hatte | ist | war | war | war | warst

Shpendi: Hallo Louis. Wie geht's? Wo ......1...... du? Ich ......2...... frischen Tee! Jetzt ......3...... er kalt!

Louis: Grüß dich, Shpendi. Ich ......4...... bei Manfred. Weißt du, er ......5...... immer die Allgemeine Zeitung und ich will doch arbeiten! Heute ......6...... eine Anzeige in der Zeitung. Das Restaurant „Goldene Gans" sucht einen Koch.

Shpendi: Und? Was soll man machen? Eine Bewerbung schreiben?

Louis: Nein, nur anrufen. Die Chefin ......7...... sehr nett. Vielleicht ......8...... ich Glück.

b Und Sie? Wo waren Sie? Fragen Sie und antworten Sie.

Wo waren Sie / warst du …? — am Freitag | vorgestern | gestern | heute Morgen | …

Wann waren Sie / warst du …? — am Bahnhof | beim Ausländeramt | beim Arzt | beim Anwalt | …

Wann hatten Sie / hattest du …? — viel Arbeit | eine Erkältung | Hausaufgaben | keine Zeit | …

ich	war
du	warst
er/sie/es	war
wir	waren
ihr	wart
sie/Sie	waren

ich	hatte
du	hattest
er/sie/es	hatte
wir	hatten
ihr	hattet
sie/Sie	hatten

12 Frau Braunwart hat Neuigkeiten.

Von: goldene-gans-neustadt@info.de
An: LouisKhalid2016@web.de
Betreff: Ihre Bewerbung als Koch

Sehr geehrter Herr Khalid,

vielen Dank für das nette Telefongespräch. Sie brauchen jetzt eine Arbeitserlaubnis. Kommen Sie bitte ins Restaurant und wir füllen zusammen den Antrag aus. Haben Sie am Montag um 15 Uhr Zeit?

Es gibt noch ein Problem: Sie haben keine Anerkennung von Ihrem Berufsabschluss als Koch, aber wir brauchen einen Koch mit einem Abschluss in unserem Restaurant. Ich helfe Ihnen mit dem Antrag. Dann können Sie als Koch arbeiten.

Sie können erst als Küchenhilfe arbeiten. Ist das in Ordnung für den Anfang? Ihre Aufgaben sind: Obst und Gemüse waschen und schneiden, die Küche aufräumen und putzen. Wir zahlen 8,50 € pro Stunde (brutto).

Mit freundlichen Grüßen

Sigrid Braunwart

a Lesen Sie die E-Mail von Frau Braunwart.

Was braucht Herr Khalid? .... *und* ....

Wann soll er ins Restaurant kommen? ....

b Ergänzen Sie: ein (2x) | einen | keine (3x) | nicht

Herr Khalid hat ....1.... Arbeitserlaubnis. Frau Braunwart hat ....2.... Formular für den Antrag.

Er hat noch ....3.... Berufsanerkennung. Er hat auch ....4.... Berufserfahrung in Deutschland. Frau Braunwart sucht ....5.... Koch mit Berufserfahrung. Sie will auch gerne ....6.... Zeugnis über den Berufsabschluss sehen.

Herr Khalid kann als Küchenhilfe arbeiten, aber er kann im Moment ....7.... als Koch arbeiten.

13 Wie bekommt Herr Khalid Arbeit?

Und wann kann ich endlich als Koch arbeiten?

Was kommt zuerst? Was passiert dann? Nummerieren Sie.

- [1] Antrag auf Arbeitserlaubnis
- [ ] Arbeitsvertrag
- [ ] arbeiten
- [ ] Arbeitserlaubnis

14 Der Arbeitsvertrag von Herrn Khalid

Es dauert ein paar Wochen. Dann hat Herr Khalid seine Arbeitserlaubnis. Herr Khalid darf arbeiten. Er hat einige Fragen zu seinem Arbeitsvertrag. Wo findet er die Informationen im Vertrag? Ordnen Sie zu.

1 Wie viel Geld bekomme ich? § 3
2 Wie viel Urlaub habe ich im Jahr? § ......
3 Von wann bis wann arbeite ich? § ......
4 Was mache ich? § ......
5 An welchem Tag ist mein erster Arbeitstag? § ......
6 Ich bin krank. Was muss ich machen? § ......

ARBEITSVERTRAG

Zwischen
Sigrid Braunwart
– nachfolgend „Arbeitgeber" genannt –

und
Herrn/Frau
Louis Khalid
– nachfolgend „Arbeitnehmer/-in" genannt –
wird folgender Arbeitsvertrag geschlossen:

§ 1 Beginn des Arbeitsverhältnisses
Das Arbeitsverhältnis beginnt am 1.2.20XX Es ist unbefristet.

§ 2 Tätigkeit
Der Arbeitnehmer wird als Küchenhilfe eingestellt und vor allem mit folgenden Arbeiten beschäftigt: Gemüse und Obst putzen, schälen und schneiden; die Küche aufräumen.

§ 3 Arbeitsvergütung
Der Arbeitnehmer erhält eine monatliche Bruttovergütung von 1.224 €.

1.224 € brutto
250,61 € für die Sozialversicherungen
956,81 € für den Arbeitnehmer

§ 4 Arbeitszeit
Die regelmäßige wöchentliche Arbeitszeit beträgt 36 Stunden. Dienstag bis Sonntag 10–13 Uhr und 17–20 Uhr.

§ 5 Urlaub
Der Arbeitnehmer hat Anspruch auf 22 Arbeitstage Urlaub im Kalenderjahr.

§ 6 Krankheit
Ist der Arbeitnehmer infolge Krankheit arbeitsunfähig, muss er es dem Arbeitgeber unverzüglich mitteilen. Dauert die Arbeitsunfähigkeit länger als drei Kalendertage, hat der Arbeitnehmer eine ärztliche Bescheinigung der Arbeitsunfähigkeit sowie der voraussichtlichen Dauer spätestens am vierten Kalendertag vorzulegen.

Neustadt, 24.1.20XX
Ort, Datum

Sigrid Braunwart
Unterschrift Arbeitgeber

Louis Khalid
Unterschrift Arbeitnehmer/-in

Arbeiten in Deutschland

1 Begrüßung bei der Arbeit

a Lesen Sie.

Unsere Tipps für den Berufsstart in Deutschland:

Wie begrüßt man einen deutschen Kollegen?

- die Hand geben
- lächeln
- kurz nicken
- Distanz halten

Sie oder du sagen?

Sagen Sie bei der Arbeit erst einmal „Sie“.
Das ist immer richtig.

Vom Sie zum Du – wie geht das?

Da gibt es eine einfache Frage: „Wollen wir uns duzen?“
– Aber Vorsicht: Nicht den Chef fragen!

b Lesen Sie die Beispiele und sprechen Sie ähnliche Dialoge.

Guten Tag, mein Name ist Schubert, Hans Schubert. Hier ist meine Visitenkarte.

Freut mich, mein Name ist Dr. Sara León-Fernandez. Ich leite die Personalabteilung bei Aarons Consulting.

Guten Tag. Mein Name ist Miller von der Wolf & Hamann GmbH.

Guten Tag, Herr Miller. Mein Name ist Beyersdorff. Ich arbeite bei Heyse Consulting. Und das ist Herr Horn. Er arbeitet in der Marketingabteilung.

Ich bin Chef/Chefin in der Personalabteilung.

= Ich leite die Personalabteilung.

Ich leite die Firma /
die Produktionsabteilung /
die Marketingabteilung …

Ich arbeite bei (+Name).

Ich arbeite in der …abteilung.

Guten Tag …

Freut mich…

2 Die Deutschen bei der Arbeit

a Lesen Sie.

Typisch deutsch oder ein Stereotyp?

Neu in Deutschland? Lesen Sie unsere Tipps für den Start in Deutschland.

1 Zeit planen

Deutsche mögen keine Überraschungen. Sie planen ihre Termine und sind nicht flexibel.

2 Beruf und Privatleben trennen

Deutsche trennen zwischen Arbeitszeit und Freizeit. Kollegen sind oft keine Freunde.

3 Nicht über das Gehalt sprechen

Geld ist tabu – über Geld sprechen wir nicht. Der Arbeitsvertrag sagt oft: Mit Kollegen über das Gehalt sprechen ist verboten!

4 Direkt sein

Deutsche sind sehr direkt und sprechen über Probleme und Fehler. Das ist nicht diplomatisch. Eine E-Mail beginnt ohne Small Talk. In anderen Ländern ist das ein bisschen unhöflich.

5 Wenig Lob

Deutsche Chefs loben ihre Mitarbeiter nicht sehr oft. Nicht kritisieren ist in Deutschland ein Lob.

b Entscheiden Sie: Was ist typisch bei der Arbeit in Deutschland?

	typisch deutsch?	
	ja	nein
Frage an die Kollegin: „Wie viel verdienst du?“	▢	▢
Eine typische E-Mail: „Liebe Frau Meier, wie geht es Ihnen? Wir sind alle gesund und arbeiten viel. Das Wetter ist schön …“	▢	▢
Deutsche machen einen Plan für ihre Arbeitswoche.	▢	▢
Kollegen = Arbeit; Freunde und Familie = zu Hause	▢	▢
Typisch deutscher Chef: „Das haben Sie gut gemacht!“	▢	▢

Arbeiten in Deutschland

c Und wie ist das in Ihrem Heimatland?

Wir sind nicht sehr direkt.

Wir sind sehr flexibel.

Unsere Chefs loben viel.

3 Eigenschaften bei der Arbeit

a Welche Eigenschaften sind wichtig?

direkt – indirekt
fleißig – faul
flexibel – unflexibel
höflich – unhöflich
langsam – schnell
kommunikativ – ruhig
pünktlich – unpünktlich

b Welche Eigenschaften sind nicht so wichtig?

positiv – negativ
flexibel – unflexibel
höflich – unhöflich
pünktlich – unpünktlich
systematisch – unsystematisch

c Wie möchten Sie sein? Wie sind Sie?

Ich möchte flexibel sein. Ich bin leider unflexibel. ;-(

Alltag in Deutschland

Was sehen Sie?

Wo ist Karim?

Was macht er?

Kaffee am Morgen

Es ist 10 Uhr.

Pizza am Mittag

Wir haben geöffnet!

… und abends fernsehen

6 Wann stehst du auf?

1 Was macht Olli?

a Ergänzen Sie.

kauft ein | frühstückt | kocht | steht auf | putzt | arbeitet | macht Sport | spielt ein Computerspiel | sieht fern | telefoniert

der Morgen – morgens
der Vormittag – vormittags
der Mittag – mittags
der Nachmittag – nachmittags
der Abend – abends
die Nacht – nachts

morgens

1  Olli ....

2  Er ....

3  Er ....

vormittags

4  Er ....

5  Er ....

nachmittags

6  Er ....

7  Er ....

8  Er ....

abends

9  Er ....

10  Er ....

b Fragen Sie und antworten Sie.

Beispiele:
Wann arbeitet Olli? → Er arbeitet vormittags.
Macht er nachmittags Sport? → Nein, er macht morgens Sport.

Er	arbeitet	vormittags.	
Er	macht	morgens	Sport.

1 Wann kocht Olli?
2 Putzt Olli morgens?
3 Wann telefoniert Olli?
4 Spielt er abends ein Computerspiel?
5 Wann kauft er ein?
6 Sieht er nachmittags fern?

auf | stehen	Er steht auf.
ein | kaufen	Er kauft nachmittags ein.
fern | sehen	Er sieht abends fern.

c Ordnen Sie die Wörter und schreiben Sie Sätze.

Beispiel: arbeite | ich | im Büro | vormittags → Ich arbeite vormittags im Büro.

1 das Essen | ich | mittags | koche ....
2 frühstücken | morgens | nicht | wir ....
3 abends | sehen | fern | wir | zusammen ....
4 du | nachmittags | putzt | die Wohnung ....
5 macht | Sport | morgens | er ....

2 Wer macht was?

	fernsehen (e → ie)	schlafen (a → ä)
ich	sehe fern	schlafe
du	siehst fern	schläfst
er/sie/es	sieht fern	schläft
wir	sehen fern	schlafen
ihr	seht fern	schlaft
Sie/sie	sehen fern	schlafen

a Hören Sie. Was ist richtig? Kreuzen Sie an. 1.40

1 Ana
a ist nachmittags im Deutschkurs.
b kauft vormittags im Supermarkt ein.
c sieht abends fern.

2 Thomas
a arbeitet nachmittags.
b schläft nachts nicht.
c schreibt vormittags E-Mails.

3 Miguel
a frühstückt morgens nicht.
b ist nachmittags zu Hause.
c macht abends die Hausaufgaben.

b Wie heißen die Fragen in der Du-Form? Fragen Sie Ihre Partnerin/Ihren Partner.

1 Wann sind Sie im Deutschkurs?
2 Was machen Sie vormittags?
3 Sehen Sie abends fern?
4 Wann machen Sie die Hausaufgaben?
5 Was machen Sie nachmittags?
6 Essen Sie mittags zu Hause?

3 Was machst du gern?

Lesen Sie das Beispiel.

Jan

gern = gerne

Tim Was machst du gern?
Jan Ich spiele gern Fußball und sehe gern fern. Und du?
Tim Ich spiele gern Computerspiele und ich esse gern Pizza.
Jan Und was machst du nicht gern?
Tim Ich lese nicht gern und ich stehe nicht gern früh auf.

Tim

Was machen Sie gern? Was machen Sie nicht gern? Fragen und antworten Sie.

putzen | Deutsch lernen | spazieren gehen | früh aufstehen | Sport machen | kochen | Musik hören | fernsehen | lesen | Fußball spielen | Pizza essen | lange schlafen

4 Wie spät ist es?

Es ist **drei Uhr.**

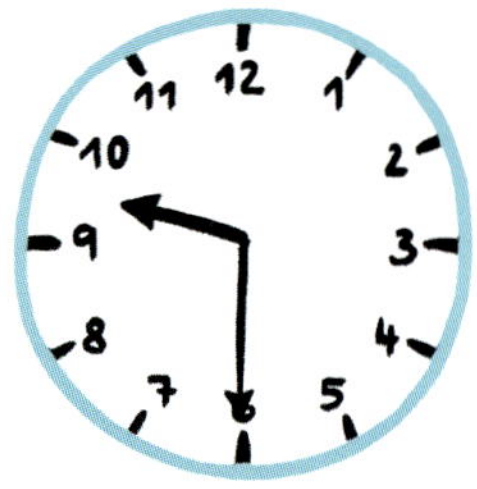

Es ist **halb zehn.**

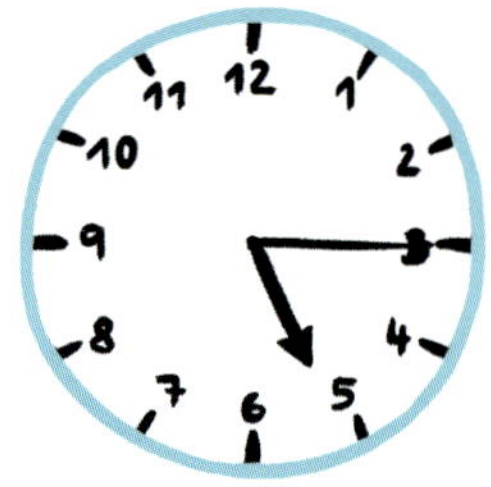

Es ist **Viertel nach fünf.**

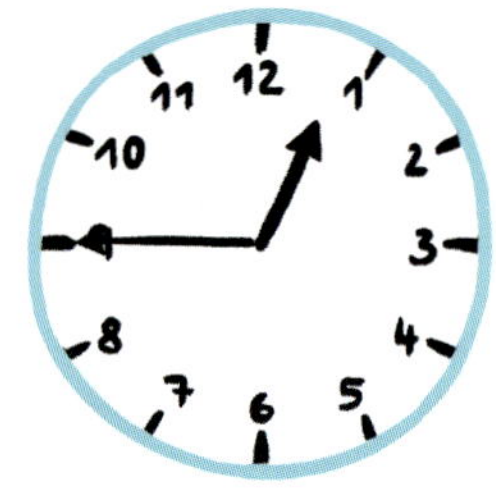

Es ist **Viertel vor eins.**

1.41 **a** Wie spät ist es? Hören Sie und zeichnen Sie.

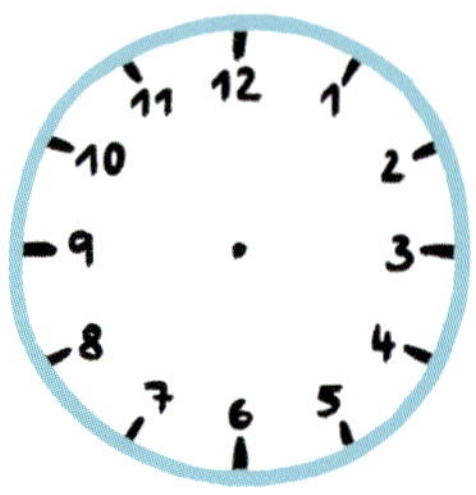

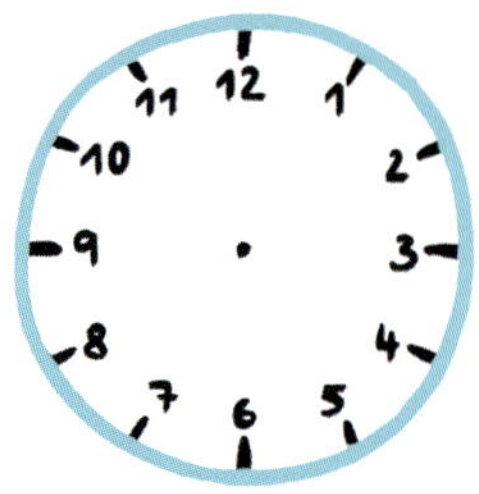

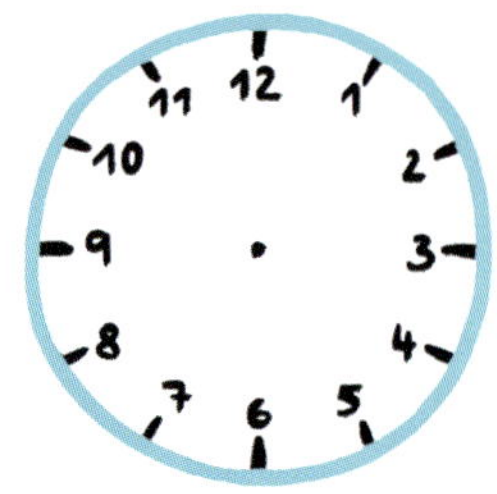

*Wir sagen „Es ist **eins**", aber „Es ist **ein** Uhr".*

1.42 **b** Hören Sie und ergänzen Sie die Uhrzeit.

1 Rabia: Wie spät ist es?
Karim: ....
Rabia: Schon .... ?
Karim: Ja. Machen wir eine Pause?
Rabia: Gute Idee.

2 Tayo: Wie viel Uhr ist es,?
Joana: ....
Tayo: Schon so spät? Dann gehe ich jetzt nach Hause.

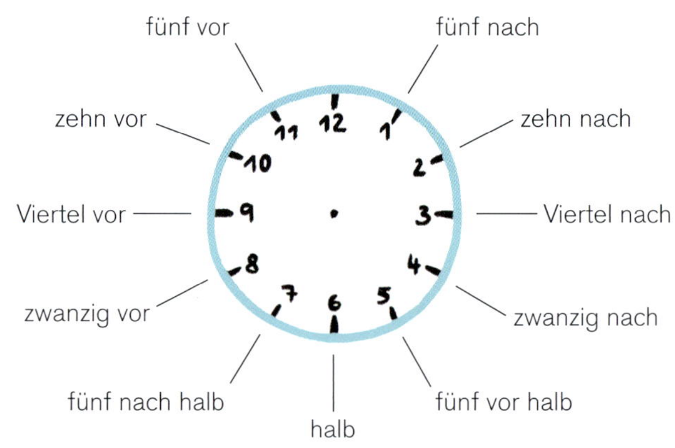

5 Von wann bis wann ist geöffnet?

Der Supermarkt ist von … Uhr bis … Uhr geöffnet.

Wie spät ist es? = Wie viel Uhr ist es?

Volkshochschule

Öffnungszeiten

Mo. – Fr. 8:00–20:00
Sa. 10:00–16:00

SUPERMARKT

Öffnungszeiten

Montag – Samstag: 8.00–22.00

Sonntag: geschlossen

Ausländerbehörde

Sprechzeiten

Mo, Di, Do: 09:00–12:00
Di u. Do: 13:30–17:30 Uhr

6 Bis 22.00 Uhr geöffnet!

Wir schreiben	Wir sagen	Wir sagen auch
8.00 Uhr | 20.00 Uhr	acht Uhr	zwanzig Uhr
8.15 Uhr | 20.15 Uhr	Viertel nach acht	acht Uhr fünfzehn | zwanzig Uhr fünfzehn
1.30 Uhr | 13.30 Uhr	halb zwei	ein Uhr dreißig | dreizehn Uhr dreißig
1.45 Uhr | 13.45 Uhr	Viertel vor zwei	ein Uhr fünfundvierzig | dreizehn Uhr fünfundvierzig

a Was passt zusammen?

9.35 Uhr	fünf nach sechs	sechzehn Uhr vierzig
11.30 Uhr	Viertel vor acht	dreiundzwanzig Uhr zehn
19.45 Uhr	fünf nach halb zehn	sechs Uhr fünf
23.10 Uhr	halb zwölf	neunzehn Uhr fünfundvierzig
6.05 Uhr	zwanzig vor fünf	neun Uhr fünfunddreißig
12.25 Uhr	fünf vor halb eins	elf Uhr dreißig
16.40 Uhr	zehn nach elf	zwölf Uhr fünfundzwanzig

kurz vor / kurz nach
7.03 *kurz nach sieben*
6.58 *kurz vor sieben*

b Fragen und antworten Sie.

Wann stehst du auf?
gehst du zum Deutschkurs?
beginnt der Deutschkurs?
gehst du nach Hause?

Wann beginnt der Kurs?	**Um** ein Uhr.
Von wann bis wann kochst du?	**Von** eins **bis** zwei.

Von wann bis wann bist du im Deutschkurs?
machst du Mittagspause?
schläfst du?
frühstückst du?

7 Wann beginnt der Fitnesskurs?

1.43

Laura möchte einen Fitnesskurs machen. Was ist richtig?

1 Wann hat Laura keine Zeit?

☐ abends ☐ nachmittags ☐ vormittags

2 Wann möchte Laura den Kurs machen?

☐ am Dienstag ☐ am Mittwoch ☐ am Donnerstag

am Montag **um** 11 Uhr

3 Wann beginnt der Kurs?

☐ um halb sieben ☐ um halb acht ☐ um acht

8 Eine Umfrage

1.44

a Sie hören ein Gespräch. Hören Sie Teil 1 und lesen Sie dann. Sind die Aussagen richtig oder falsch?

	richtig	falsch
Susanne und Christof sind nicht verheiratet.	☐	☐
Ole ist jetzt bei der Tagesmutter.	☐	☐
Susanne arbeitet 20 Stunden in der Woche.	☐	☐

Interviewer: Guten Tag, mein Name ist Herbert Klaas von Marktforschung-aktuell. Wir machen eine Umfrage zum Thema Hausarbeit und Familie. Darf ich Ihnen ein paar Fragen stellen? Es dauert nicht lange. Leben Sie alleine oder haben Sie Familie?

Susanne: Ich lebe mit meinem Freund Christof und unserem Sohn Ole zusammen.

Interviewer: Wie alt ist denn Ihr Sohn?

Susanne: Ole ist ein Jahr alt.

Interviewer: Ach, wie schön! Wer kümmert sich denn um Ihren Sohn? Sie oder Ihr Mann?

Susanne: Mein Freund. Wir sind nicht verheiratet. Ich denke, jetzt frühstücken mein Freund und Ole. Und an zwei Tagen in der Woche ist unser Sohn bei der Tagesmutter. Ich sehe Ole wenig. Wissen Sie, ich arbeite Vollzeit und mache oft auch Überstunden. Ich bin Anwältin.

1.45

b Hören Sie jetzt Teil 2 und lesen Sie dann. Sind die Aussagen richtig oder falsch?

	richtig	falsch
Christof will bald zurück zur Arbeit.	☐	☐
Christof putzt nicht.	☐	☐
Susanne kocht abends.	☐	☐

Interviewer: Interessant. Und Ihr Freund ist Hausmann?

Susanne: Ja, im Moment ist er Hausmann und bekommt Elterngeld. Aber er fängt wieder an zu arbeiten. Er ist Sachbearbeiter im Ausländeramt. Ab nächsten Monat arbeitet er Teilzeit.

Interviewer: Und ist Ihr Sohn dann jeden Tag bei der Tagesmutter?

Susanne: Ja. Jetzt ist Ole zwei Tage bei der Tagesmutter und ab nächsten Monat an fünf Tagen. Mein Freund bringt ihn morgens zur Tagesmutter und holt ihn am Nachmittag wieder ab.

Interviewer: Kommen wir jetzt zum Thema Hausarbeit. Wer macht in Ihrer Familie die Hausarbeit?

Susanne: Christof macht viel. Er kauft ein, wäscht und bügelt die Wäsche und er putzt. Aber mein Freund kann nicht kochen. Abends, wenn Ole schläft, koche ich immer für den nächsten Tag.

9 Was machen Florian und Carolin wann?

Sehen Sie sich die Kalender an und sprechen Sie.

Florian, was machst du heute Morgen? Arbeitest du?

Ja, ich fange um 8 Uhr mit der Arbeit an. Und du, Carolin?

Kalender: Tagesansicht

Freitag, 8.9.	
8.00	8.15–9.45 Englischkurs (Unigebäude 3, Raum 389)
9.00	
10.00	10.00–12.45 lernen (Bibliothek)
11.00	
12.00	
13.00	mit Cornelia Mittagessen
14.00	
15.00	15.30 zum Bahnhof fahren, Fahrkarte kaufen
16.00	16.12 nach Heidelberg fahren (Gleis 3)
17.00	17.15 Marius treffen
18.00	

GÄRTNEREI UNRUH

Freitag, 8.9.	
8.00	ab 8.00 arbeiten
9.00	
10.00	
11.00	
12.00	12.00–12.30 Pause, essen
13.00	
14.00	Termin bei „Blumen Strauß"
15.00	
16.00	16.00 Feierabend
17.00	einkaufen (Brot, Kaffee, Schokolade für Andrea!)
18.00	Andrea treffen (unser Jahrestag!)

10 Mein Tag

a Lesen Sie die Texte.

Karim

Mein Tag beginnt um halb acht. Ich stehe nicht gern früh auf und bin morgens immer müde. Ich trinke immer einen Milchkaffee. Um zwanzig vor neun gehe ich zum Deutschkurs. Der Kurs beginnt um neun Uhr. Um elf machen wir eine Pause und um eins haben wir Schluss. Nachmittags lese ich, höre Musik oder mache meine Hausaufgaben. Abends sehe ich fern. Ich sehe gern Filme auf Deutsch. So lerne ich viele neue Wörter.

Ana

Ich stehe um Viertel vor sieben auf und mache das Frühstück für meine Familie. Mein Mann geht um halb acht zur Arbeit und mein Sohn Maksim geht zur Schule. Ich arbeite nachmittags von zwei bis sechs Uhr im Supermarkt. Abends sind alle zu Hause. Maksim geht früh ins Bett. Mein Mann und ich sprechen über den Tag. Um elf Uhr sind wir dann auch müde und gehen ins Bett.

b Wer macht das? Karim, Ana oder beide? Kreuzen Sie an.

	Karim	Ana	
1			ist um elf Uhr abends müde.
2			sieht gern Filme auf Deutsch.
3			steht um 6.45 Uhr auf.
4			ist abends zu Hause.
5			steht nicht gern früh auf.
6			arbeitet von 14 bis 18 Uhr.

Ich	lese	**nachmittags**.
Nachmittags	lese	ich.

beide = 2 Personen

c Schreiben Sie drei richtige und drei falsche Sätze über Karim und Ana. Sprechen Sie dann mit Ihrer Partnerin/Ihrem Partner.

Beispiel:

Karim geht um halb neun zum Deutschkurs.

Karim geht um zwanzig vor neun zum Deutschkurs, nicht um halb neun.

Das stimmt nicht!

Das stimmt!

11 Manchmal? Immer!

1.46

a Hören Sie. Was ist richtig?

1 Karim frühstückt (manchmal/nie).
2 Er ist nachmittags (oft/immer) zu Hause.
3 Er sieht abends (manchmal/oft) fern.
4 Ana steht (oft/immer) um Viertel vor sieben auf.
5 Sie geht abends (manchmal/oft) spazieren.
6 Sie trinkt abends (manchmal/nie) ein Glas Wein.

b Und Sie? Was machen Sie? Ergänzen Sie **immer**, **oft**, **manchmal** oder **nie**.

1 Ich stehe .... früh auf.
2 Ich trinke .... Tee.
3 Ich kaufe .... im Supermarkt ein.
4 Ich gehe .... spät ins Bett.

Ich **stehe auf**.
Ich **stehe** früh **auf**.
Ich **stehe** immer früh **auf**.

Formen Sie die Sätze in Fragen um. Beispiel: Stehst du immer früh auf?

c Noch mehr Fragen: Was passt NICHT? Unterstreichen Sie.

1	Schläfst du immer	gut / lange / auf Deutsch?
2	Isst du manchmal	Pizza / Bier / Schokolade?
3	Machst du oft	eine Mittagspause / schlafen / Sport?

d Fragen Sie und antworten Sie.

Nein, ich kaufe nie …
Kaufst du manchmal …?
Ja, ich kaufe oft …

12 Hast du Zeit?

a Ergänzen Sie den Text. Hören Sie dann den Dialog.
Haben Sie alles richtig?

1.47

Ich komme gern. Dann bis Samstag. Kommst du auch? Wie geht's? Wann denn?

Karim: Hallo?
Miguel: Hallo Karim. Hier ist Miguel.
Karim: Miguel! ....
Miguel: Gut, danke. Und dir?
Karim: Sehr gut.
Miguel: Wir lernen am Samstag zusammen Deutsch: Ana, Tayo und ich. ....
Karim: ....
Miguel: Um halb fünf.
Karim: Ja, gut. Samstag habe ich Zeit. ....
Miguel: Super! Wir lernen von halb fünf bis halb sechs und dann essen wir zusammen. Ana macht Pizza.
Karim: Hmm, lecker! Aber sag mal, kommt Rabia nicht?
Miguel: Ich weiß nicht. Rabia hat nachmittags immer viel zu tun, aber ich rufe sie an.
Karim: Okay. ....

an | rufen
Miguel ruft Rabia an.

b Miguel ruft auch Laura an. Hören Sie den Dialog.
Hat Laura am Samstag Zeit?

1.48

c Arbeiten Sie zu zweit.
Schreiben Sie einen Dialog.

Hast du (am Freitag) Zeit?
Wann denn?
Ja / Nein, ich habe (keine) Zeit.
Ja, gern.
Ich komme gern.
Ich koche.
Wir grillen.
Wir sehen einen Film.
Kommst du auch?

13 Ein Handy kaufen

a Sie möchten ein Handy kaufen. Lesen Sie die beiden Anzeigen. Welches Angebot ist besser?

A

B

Unser Angebot:

Bis zum 31.1. kostet das

Smartphone XR333
bei uns **nur 750 €**.

Ratenzahlung möglich (0 % Zinsen)

Technikmarkt Nr.1
Bahnhofsstraße 12
19053 Schwerin

b Was soll man vor dem Handykauf machen? Welcher Tipp ist gut? Unterstreichen Sie.

Rechnen Sie. Wie viel müssen Sie jeden Monat bezahlen?

Online-Angebote sind immer besser.

Vergleichen Sie zwei oder mehr Angebote.

Günstige Angebote sind oft bunt.

Lesen Sie alles.

Rechnen Sie. Wie viel kostet das Handy insgesamt?

Das Angebot ist gut. (+)
Das Angebot ist besser. (++)

Das Handy ist teuer. (750 €)
Das Handy ist teurer. (800 €)

14 Ein Haustürgeschäft

1.49

a Hören Sie den Dialog und lesen Sie die Aussagen. Sind die Aussagen richtig oder falsch?

	richtig	falsch
Karim kennt den Mann.	☐	☐
Karim hat keinen Staubsauger.	☐	☐
Der Staubsauger kostet immer 298 €.	☐	☐
Der Mann möchte den Staubsauger verkaufen.	☐	☐
Karim ruft den Mann morgen an.	☐	☐
Karim kauft den Staubsauger jetzt.	☐	☐
36 Monate lang zahlt Karim 10 € im Monat.	☐	☐

b Sandro und Stefan – die Mitbewohner von Karim – sind zu Hause. Sie haben jetzt zwei Staubsauger. Was sagen Sandro und Stefan? Verbinden Sie die Sätze.

Zwei Staubsauger	sehr, sehr teuer.
289 Euro sind	nur manchmal.
360 Euro sind	nicht so teuer.
Wir staubsaugen	brauchen wir nicht.
Unser Staubsauger war	zu teuer.

c Arbeiten Sie zu zweit. Eine Person ist ein Vertreter/eine Vertreterin. Die andere Person soll etwas kaufen. Schreiben und sprechen Sie einen Dialog.

Vertreter/Vertreterin

Ich habe einen Staubsauger / ein Handy / ein Zeitungsabonnement für Sie.

Das kostet nur … € (im Monat).

Das ist sehr günstig / praktisch / neu / gut / …

Jeder braucht das!

Unterschreiben Sie jetzt!

Käufer/Käuferin

Ich habe einen Staubsauger / ein Handy / ein Zeitungsabonnement.

Nein, das ist teuer / unpraktisch / alt / nicht gut / …

Ich brauche den Staubsauger / das Handy / ein Zeitungsabonnement nicht.

Nein, ich unterschreibe nicht.

Bitte gehen Sie oder ich rufe die Polizei!

Pünktlichkeit und Schriftform

1 Behördentermine

SOZIALAMT NEUSTADT	
Mein Termin:	12.2.20.. 14.00
Sachbearbeiter:	Herr Ahle
Zimmer:	205b

a Sie haben einen Termin bei einem Sachbearbeiter.
Sie kommen zu spät. Was kann passieren?

- ☐ Es ist alles in Ordnung.
- ☐ Der Sachbearbeiter findet das nicht in Ordnung.
- ☐ Sie können nicht mit dem Sachbearbeiter sprechen.
- ☐ Sie müssen einen neuen Termin vereinbaren.
- ☐ Sie warten und können später mit dem Sachbearbeiter sprechen.

b Sie sind zu spät.
Was können Sie jetzt machen? Zeichnen oder schreiben Sie.

c Sprechen Sie mit den anderen Kursteilnehmenden über Ihre Idee.
Was kann man in der Situation tun? Was soll man nicht tun?

2 Eine Einladung

a Lesen Sie und diskutieren Sie. Kreuzen Sie an.

Zwei Freunde und Sie sind um 18 Uhr bei Familie Engel zum Abendessen eingeladen.
Wann kommen Sie?

- ☐ a Um 18 Uhr.
- ☐ b Um 18.20 Uhr.
- ☐ c Zwischen 17.30 und 18.30 Uhr.

b Das Abendessen ist zu Ende. Familie Engel ist allein. Was sagen Herr und Frau Engel zu Situation a, b, c? Welcher Dialog passt? Unterstreichen Sie. 1.50

a	Sie waren um 17.30 Uhr da.	Dialog 1 | Dialog 2 | Dialog 3
b	Sie waren um 18 Uhr da.	Dialog 1 | Dialog 2 | Dialog 3
c	Sie waren um 18.20 Uhr da.	Dialog 1 | Dialog 2 | Dialog 3

3 Wie wichtig ist Pünktlichkeit?

a Drei Personen sprechen über Pünktlichkeit. Hören Sie. Welche Person sagt was? 1.51

Eine kleine Verspätung ist OK. Aber die Busse sollen pünktlich kommen.

Person 1 | Person 2 | Person 3

Ich komme oft zu spät. Na und? Meine Freunde haben mehr Zeit zum Kochen.

Person 1 | Person 2 | Person 3

Unpünktlichkeit ist respektlos und egoistisch.

Person 1 | Person 2 | Person 3

b Und wie wichtig ist Pünktlichkeit für Sie? Sprechen Sie mit Ihrer Partnerin/Ihrem Partner.

4 Anmeldung im Kindergarten

a Familie Ahmad sucht einen Kindergartenplatz für ihre Tochter. Zahida ist 4 Jahre alt. Herr Ahmad ruft beim Kindergarten an. Ordnen Sie den Dialog.

- ☐ Ach so. Aber ich kann Ihnen die Informationen auch am Telefon geben.
- [1] Comenius-Kindergarten Neustadt, Daniela Müller am Apparat. Was kann ich für Sie tun?
- ☐ Gerne. Tschüss, Herr Ahmad.
- ☐ Guten Tag, Frau Müller. Ahmad hier. Ich möchte gerne meine Tochter bei Ihnen anmelden.
- ☐ Ja, gerne, aber das geht nicht telefonisch. Sie müssen bitte eine schriftliche Anmeldung abgeben.
- ☐ Ja, gut. Das mache ich. Vielen Dank.
- ☐ Nein, das geht leider nicht. Kommen Sie bitte bei uns vorbei. Dann bekommen Sie das Formular für die Anmeldung.

Pünktlichkeit und Schriftform

b Füllen Sie die Anmeldung für Familie Ahmad aus. Die beiden Notizzettel helfen Ihnen.

Vater: Abdila Ahmad, Techniker
Mutter: Farida Ahmad, Hausfrau
Kinder: Zahida Ahmad (*19.5.201., in Zagora), Mohammed Ahmad (*2.1. dieses Jahres, in Neustadt)
Kindergartenplatz für Zahida ab nächsten Monat, vormittags

Adresse: Hauptstraße 5,
65987 Neustadt,
Handynummer 0171-123456789
Nationalität marokkanisch
Religion: islamisch
Besonderheiten:
Alle Familienmitglieder sind allergisch gegen Nüsse und Kirschen.

COMENIUS-KINDERGARTEN NEUSTADT I Anmeldebogen

Kind

Familienname .... *Vorname* ....

Geburtsdatum .... *Geburtsort* ....

Religion .... *Taufdatum* (soweit zutreffend) ....

Nationalität .... *Muttersprache* ....

Wenn Deutsch nicht die Muttersprache ist:
Spricht das Kind Deutsch? ☐ *Ja* ☐ *Nein*

Postleitzahl, Wohnort .... *Straße, Hausnummer* ....

Welche Betreuungszeit wünschen Sie? (bitte markieren)

☐ *20 Wochenstunden* (vormittags) *7.30–11.30 Uhr*

☐ *35 Wochenstunden* *7.30–14.30 Uhr*

☐ *40 Wochenstunden* (vor- und nachmittags) *7.30–12:30 Uhr und 14.00–16.00 Uhr*

☐ *42,5 Wochenstunden* *7.30–16.00 Uhr*

Kindergartenbesuch gewünscht ab (bitte Monat und Jahr angeben) ....

Essen

☐ *keine Einschränkungen* ☐ *vegetarisch* ☐ *kein Schweinefleisch*

☐ *kein Rindfleisch* ☐ *Allergien* *Wenn ja, welche?* ....

Familien- und Vorname des Vaters ....

Religionszugehörigkeit .... *Nationalität* .... *Beruf* ....

Familien- und Vorname der Mutter ....

Religionszugehörigkeit .... *Nationalität* .... *Beruf* ....

Zahl weiterer im Haushalt lebender Kinder unter 18 Jahren ☐ *Alter der weiteren Kinder* ☐

(Mobil-)Telefon-Nummer ....

....

Unterschrift des/der Erziehungsberechtigten *Ort, Datum*

7

Einkaufen

Was sehen Sie?

Wo sind Laura und Ana?

Was machen sie?

Ich brauche eine Hose.

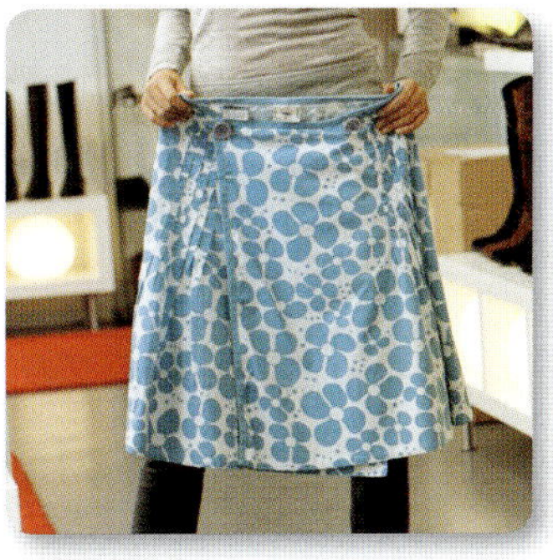

Ich brauche einen Rock.

das Kaufhaus

Ich brauche Schuhe.

der Supermarkt

Ich kaufe einen Wintermantel.

Ein Kilo Äpfel bitte.

1 Auf dem Markt

ich hätte gern = ich möchte gern

a Ordnen Sie den Dialog.

- [ ] Ja, danke. Wie viel macht es?
- [ ] Ja, ich brauche auch ein Kilo Tomaten.
- [1] Guten Tag. Was hätten Sie gern?
- [ ] Gern. Darf es sonst noch etwas sein?
- [ ] Ist das alles?
- [ ] Ich hätte gern zwei Kilo Orangen.
- [ ] Das macht 5,80 €.

100 Gramm = 100 g
ein Pfund = 500 g
ein Kilo = 1 kg
ein Liter = 1 l

b Spielen Sie den Dialog zu zweit. Variieren Sie.

2 Zwei Kilo Tomaten und eine Packung Reis

1.52

a Ergänzen Sie die Wörter. Hören Sie dann den Dialog.
Becher | Dosen | Flasche | Glas | Gramm | Kilo | Packungen | Pfund

● Haben wir noch Hackfleisch?
○ Nein, wir brauchen ein .... Hackfleisch. ● Und zwei .... Tomaten.
○ Ich kaufe auch einen .... Joghurt. ● Und zwei .... Bohnen.
○ Möchtest du Käse? ● Ja, 250 .... bitte.
○ Brauchen wir noch Milch? ● Nein, wir haben noch zwei ....
○ Aber wir brauchen noch ein .... Marmelade.
● Kaufen wir auch eine .... Wein?
○ Nein, heute nicht.

b Was passt nicht? Streichen Sie durch.

1	Eine Packung	Reis – Nudeln – Mehl – ~~Honig~~
2	Eine Flasche	Wein – Saft – Zucker – Wasser
3	Eine Dose	Salz – Bohnen – Erbsen – Tomaten
4	Ein Glas	Honig – Kaffee – Marmelade – Kirschen
5	Ein Becher	Joghurt – Sahne – Salami – Pudding

eine Packung
eine Flasche
eine Dose
ein Glas
ein Becher

3 Kombinationen

Was essen Sie gerne? Kombinieren Sie.

Zum Brot esse ich	Tomaten.
Zu den Kartoffeln nehme ich	ein Glas Milch.
Zum Käse möchte ich gerne	ein Stück Fleisch.
Zu den Nudeln …	Marmelade.
Zu …	…

Akkusativ
Ich möchte/esse/nehme …
einen Becher
ein Kilo
eine Packung
zwei Flaschen

Dativ
zum (= zu **dem**) Brot
zum (= zu **dem**) Fleisch
zur (= zu **der**) Schokolade
zu den Nudeln

4 Die Angebote der Woche

a Lesen Sie die Dialoge und schauen Sie sich die Angebote an.

Birnen, 1 Kilo	*1,99 €*	*Äpfel, 1 Kilo*	*2,49 €*	*Kartoffeln, 1 Kilo*	*2,99 €*
Orangen, 2 Kilo	*2,49 €*	*Milch, 1 Liter*	*0,89 €*	*Nudeln, Packung*	*1,19 €*
Kaffee, 1 Pfund	*5,99 €*	*Reis, 500 g*	*3,49 €*	*Melone, Stück*	*1,29 €*
Tomaten, Dose	*0,85 €*	*Salz, Packung*	*0,99 €*	*Schweinefleisch, 500 g*	*3,49 €*
Bananen, 1 Kilo	*1,59 €*	*Zucker, 1 kg*	*0,69 €*	*Apfelsaft, Flasche*	*2,59 €*
Käse, 100 g	*2,39 €*	*Marmelade, Glas*	*3,29 €*		
10 Eier	*1,29 €*	*Joghurt, Becher*	*0,49 €*		

- ● Was ist diese Woche im Angebot?
- ○ Birnen und Orangen.
- ● Was kostet denn ein Kilo Birnen?
- ○ 1,99 €.
- ● Und was kosten die Orangen?
- ○ Zwei Kilo nur 2,49 €.

- ● Was kostet ein Pfund Kaffee?
- ○ Ein Pfund kostet 5,99 €.
- ● Das ist aber teuer.
- ○ Was kostet denn eine Dose Tomaten?
- ● Eine Dose kostet 0,85 €.
- ○ Ich nehme drei Dosen.

Man schreibt: 0,85 €.
Man spricht: 85 Cent.

b Fragen Sie Ihre Partnerin/Ihren Partner.

Was **kostet** eine Dose?
Wie viel **kostet** 1 Kilo?

Was **kosten** 6 Eier?
Wie viel **kosten** 250 Gramm?

Was kosten vier Kiwis?

Vier Kiwis kosten 1,16 €.

Wie viel kostet eine Packung Kekse?

Eine Packung kostet 0,99 €.

Was kostet ein Liter Apfelsaft?

Möchten Sie einen Liter Apfelsaft?

5 Einkaufszettel

Hören Sie die Dialoge und ergänzen Sie die Einkaufszettel.

1.53

1

1 Glas ......
1 Pack. ......
1 Pack. ......
...... Eier
3 ...... Sahne
1 Pack ......

2

1 kg ......
2 kg ......
1 ...... Bohnen
1 Flasche ......
2 ...... Wasser
1 Pfund ......

3

1 Pack. ......
150 g ......
2 Becher ......
2 ......
2 kg ......
1 l ......

6 Im Kaufhaus

1.54

a Hören Sie den Dialog. Welche Kleidungsstücke hören Sie? Kreuzen Sie an.

- ☐ das Kleid 82,– €
- ☐ die Hose 59,– €
- ☐ die Jeans 99,– €
- ☐ der Pullover 39,– €
- ☐ das T-Shirt 19,– €
- ☐ der Schal 18,– €
- ☐ der Anorak 139,– €
- ☐ der Anzug 150,– €
- ☐ die Mütze 15,– €
- ☐ die Socken 6,– €
- ☐ der Mantel 109,– €
- ☐ die Bluse 48,– €
- ☐ das Hemd 53,– €
- ☐ die Jacke 76 ,– €
- ☐ der Rock 27,– €
- ☐ die Strümpfe 12,– €
- ☐ die Strickjacke 79,– €
- ☐ die Schuhe 65,– €
- ☐ die Sportschuhe 49,– €

b Welche Kleidungsstücke tragen nur Männer, welche nur Frauen?
Was tragen Männer und Frauen? Machen Sie eine Tabelle.

Männer	Frauen	Männer und Frauen
...	...	der Pullover ...

☺	☹
(sehr) schön	nicht schön
klasse	blöd
toll	langweilig
super	hässlich
günstig	teuer
perfekt	furchtbar
bequem	unbequem

c Sprechen Sie über Kleidung. Fragen Sie Ihre Partnerin/Ihren Partner.

- ● Wie findest du das Kleid?
- ○ Das Kleid finde ich hässlich.

- ● Wie findest du den Mantel?
- ○ Den Mantel finde ich sehr teuer.

- ● Wie findest du die Hose?
- ○ Die Hose finde ich günstig.

Nominativ	Akkusativ	Dativ
der/ein Mantel	den/einen Mantel	dem/einem Mantel
die/eine Hose	die/eine Hose	der/einer Hose
das/ein Hemd	das/ein Hemd	dem/einem Hemd

7 Er/Sie trägt ...

a Was tragen die Personen? Schreiben Sie.

Er trägt ***eine*** Mütze mit ***einem*** Pullover.

Sie ....

Er ....

b Beschreiben Sie eine Kursteilnehmerin/einen Kursteilnehmer. Die anderen raten.

8 Farben

a Hören Sie und schreiben Sie. 1.55

beige
blau
braun
gelb
grau
grün
lila
orange
schwarz
rosa
rot
weiß

b Hören Sie noch einmal und sprechen Sie nach. 1.55

c Sehen Sie sich die Kleidung in Aufgabe 6 an und sprechen Sie mit Ihrer Partnerin/Ihrem Partner.

Ist der **Pullover rot**?

Ja, der **Pullover** ist **rot**.

Ist die **Hose grün**?

Nein, die **Hose** ist nicht **grün**. Sie ist **schwarz**.

9 Kleidung

a Was tragen Sie …? Schreiben Sie auf.

im Sommer

im Winter

beim Sport

bei der Arbeit

in der Freizeit

zu Hause

b Was tragen Sie immer und was tragen Sie nie? Schreiben Sie auf.

immer 100 %	meistens 80 %	oft 60 %	manchmal 40 %	selten 20 %	nie 0 %

c Fragen Sie Ihre Partnerin/Ihren Partner.

Was trägst du bei der Arbeit?

Im Büro trage ich manchmal einen Rock. Und du?

10 Kleidung kaufen

1.56

a Hören Sie die Dialoge und markieren Sie die Personalpronomen.

- ● Wie gefällt dir der Rock?
- ○ Ich weiß nicht. Er gefällt mir nicht so gut.
- ● Mir gefällt er sehr gut, aber ich glaube, er passt mir nicht. Er ist zu klein.
- ○ Vielleicht kann dir die Verkäuferin helfen?
- ● Der Rock ist zu eng. Haben Sie ihn auch in Größe 38?
- ✻ Natürlich, hier bitte.

- ● Meinst du, das T-Shirt passt mir?
- ○ Die Farbe ist gut, aber das Shirt ist zu weit.
- ● Dann nehme ich es in Größe XS.
- ○ Nein, das ist zu eng.
- ✻ Größe S könnte Ihnen passen. Hier bitte.
- ● Vielen Dank.

b Ergänzen Sie.

V: Kann ich *Ihnen* helfen?
K: Ja, ich brauche ein Kleid.
V: Wie gefällt .... dieses hier?
K: Nein, die Farbe steht .... nicht.
F: Wie gefällt .... das hier in Grün?
K: Das gefällt .... sehr gut.
Aber Größe 36 passt .... nicht.
V: Ich hole es .... in Größe 38.

Personalpronomen	
Nom.	**Dat.**
ich	mir
du	dir
er, es	ihm
sie	ihr
wir	uns
ihr	euch
Sie/sie	Ihnen/ihnen

c Bringen Sie Prospekte mit und fragen Sie sich gegenseitig.

*Filiz, wie gefällt dir die **Hose**?*

*Pietro und Karim, wie gefallen euch **die Schuhe**?*

Verben mit Dativ
gefallen, stehen, passen, helfen

d Schreiben Sie Minidialoge und spielen Sie sie.

Fragen	Antworten
Wie gefällt /gefallen dir /euch /Ihnen …? Gefällt /Gefallen dir /euch /Ihnen …? Passt /Passen dir /Ihnen …?	Der /Die /Das gefällt /gefallen mir /uns gut /nicht so gut. Der /Die /Das … ist zu groß /klein /weit /eng.
Wie steht mir …?	Der /Die /Das … steht dir /Ihnen gut /nicht so gut / überhaupt nicht.
Welche Größe brauchen /haben Sie? Was kostet der /die /das…?	Größe … Der /Die /Das kostet … Euro.

11 Der Pullover ist zu eng.

a Ergänzen Sie die Adjektive.

eng | teuer | klein | kurz | günstig | weit | lang | ~~groß~~

Der Pullover ist …

zu groß

zu ……………

zu ……………

zu ……………

zu ……………

zu ……………

zu ……………

zu ……………

b Schreiben Sie Sätze. Variieren Sie.

Die Hose	ist		zu …
Das Kleid	sind		klein/…
Der Pullover	steht		nicht.
Die Schuhe	stehen		gut/…
…	passt	ihm/ihr	nicht so …
	passen	mir/dir	

c Was machen Sie, wenn eine Hose oder ein Pullover zu eng ist? Erzählen Sie!

12 Etwas umtauschen

a Lesen Sie die Sätze. Bringen Sie die Sätze in die richtige Reihenfolge. Hören Sie dann. 1.57

1 Kundin: Entschuldigung, ich möchte etwas umtauschen.
2 Verkäufer: Ja, was denn?
☐ Kundin: Ja, natürlich. Hier bitte.
☐ Verkäufer: Ist etwas nicht in Ordnung damit? Ist er kaputt?
☐ Verkäufer: Haben Sie noch den Kassenbon?
☐ Kundin: Den Mantel hier.
☐ Verkäufer: Möchten Sie das Geld zurück oder nehmen Sie einen anderen Mantel?
☐ Kundin: Nein, aber der ist zu eng. Ich habe ihn gestern gekauft, aber er passt mir doch nicht richtig.
☐ Kundin: Ich weiß nicht. Ich glaube, ich möchte jetzt doch lieber einen Anorak. Haben Sie einen in Größe 38?

b Warum wollen Sie etwas umtauschen? Spielen Sie Dialoge.

Ich möchte bitte die Jacke umtauschen.

Warum möchten Sie die Jacke umtauschen?

Sie ist zu kurz.

Verben mit Akkusativ
brauchen, nehmen, suchen, kaufen, mögen, umtauschen

13 Im Geschäft

1.58

a Hören Sie den Dialog und markieren Sie die Adjektive.

Verkäuferin: Kann ich Ihnen helfen?
Michaela: Ich brauche ein Kleid.
Verkäuferin: Kurz oder lang?
Michaela: Es soll nicht zu lang sein, aber länger als das Kleid hier und kürzer als das da.
Verkäuferin: Wie finden Sie dieses Modell?
Michaela: Das sieht aber groß aus. Gibt es das auch kleiner?
Verkäuferin: Ja, aber dann ist es auch enger.
Michaela: Nein, das ist zu eng. Dann lieber etwas größer.
Verkäuferin: Dieses Kleid ist auch sehr schön.
Michaela: Ich weiß nicht. Ich finde das andere Modell schöner.
Verkäuferin: Das andere Kleid ist aber teurer.
Michaela: Was kostet es denn?
Verkäuferin: Das kostet 119,– €. Dieses hier ist etwas günstiger. Das kostet nur 89,– €.
Michaela: Das erste Kleid finde ich am schönsten, aber es ist auch am teuersten.
Verkäuferin: Die Farbe steht Ihnen aber sehr gut.
Michaela: Ja, aber Blau steht mir besser. Und am besten stehen mir Röcke.

b Schreiben Sie die Komparativ- und die Superlativ-Formen in eine Tabelle.

klein | eng | weit | kurz | lang | teuer | günstig | hell | dunkel | schön | hässlich

Positiv	Komparativ -er	Superlativ am ...-sten
groß	größer	am größten
klein		
eng		
...	...	...

groß	größer	am größten

gut	besser	am besten
gern	lieber	am liebsten
viel	mehr	am meisten

c Welche Kleidung mögen Sie lieber/am liebsten?

Hemden finde ich schöner als T-Shirts.

Ich mag Röcke lieber als Kleider.

Hosen finde ich am praktischsten.

d Schreiben Sie Sätze.

1 Hose (59,– €) / Jogginganzug (39,– €) / teuer
2 Schuhe (48,– €) / Sportschuhe (69,– €) / günstig
3 Strickjacke (39,– €) / Pullover (29,– €) / viel kosten
4 T-Shirt / Hemd / bequem
5 Hosen / Jeans / gern tragen
6 Elif (1,70 m) / Filiz (1,60 m) / groß

schöner, besser, größer, ... } als

14 Welche Hose steht mir?

a Lesen Sie die E-Mail. Was möchte Ewa kaufen? Was sollen Sie tun?

Liebe(r) …,

ich brauche neue Klamotten. Ich habe auf „Kleidung-online“ eine grüne und eine graue Hose gesehen. Welche soll ich kaufen? Ich suche auch ein schönes Kleid. Ich weiß aber nicht, welches mir steht.

Kannst du mir helfen? Sehen wir uns zusammen die Seite „Kleidung-online“ an und du sagst mir, welche Sachen schön sind?

Hier sind zwei Bilder. Welche Schuhe findest du besser? Diese  oder diese  ?

Bis später

Ewa

b Ergänzen Sie die Frage- und Demonstrativpronomen.

1 ● *Welchen* Mantel möchtest du? ○ *Diesen* hier.

2 ● .... Rock gefällt dir? ○ .... da.

3 ● .... Jacke steht mir? ○ .... hier.

4 ● .... T-Shirt nimmst du? ○ .... dort.

5 ● .... Pullover passt dir? ○ .... hier.

6 ● .... Schuhe magst du? ○ .... da.

Frage-pronomen	**Demonstrativ-pronomen**	
Nominativ		
welcher?	dieser	der Anorak
welche?	diese	die Hose
welches?	dieses	das Kleid
welche?	diese	die Schuhe
Akkusativ		
welchen?	diesen	den Mantel
welche?	diese	die Bluse
welches?	dieses	das T-Shirt
welche?	diese	die Socken

c Sehen Sie sich die Internetseiten an. Sprechen Sie über die Kleidung.

*Welcher **Mantel** gefällt dir?*

*Dieser **hier**.*

Bankkonto und Geldautomat

1 Münzen und Scheine

Welche Euro- und Cent-Münzen gibt es? 1 Cent ....

....

Welche Euro-Scheine gibt es? ....

....

2 Bargeld oder Überweisung?

Was bezahlen Sie mit Bargeld?

Lebensmittel im Supermarkt ....

....

....

....

Überweisung:
Geld geht direkt von einem Bankkonto zu einem andern. Man braucht kein Bargeld.

Was bezahlen Sie mit einer Überweisung?

....

....

....

3 Ein neues Konto

a Welches Konto wofür? Kreuzen Sie an.

	ein Konto / ein Girokonto	**ein Sparkonto / ein Sparbuch**
Geld sparen	☐	☐
Rechnungen bezahlen	☐	☐
Gehalt bekommen	☐	☐
Miete bezahlen	☐	☐

b Welches Verb passt **nicht**? Kreuzen Sie an.

1 Ich kann ein Konto

- ☐ a ausziehen.
- ☐ b eröffnen.
- ☐ c haben.
- ☐ d kündigen.
- ☐ e überziehen.

2 Ich habe ein Konto. Ich kann Geld

- ☐ a abheben.
- ☐ b abnehmen.
- ☐ c einzahlen.
- ☐ d überweisen.

c Sie möchten ein Girokonto eröffnen. Füllen Sie das Formular aus.

„tt.mm.jjjj" heißt
„Tag. Monat. Jahr"
Zum Beispiel: 01.12.1983

RHEIN-MAIN-BANK

Ihre persönlichen Daten

Anrede	◯ Frau ◯ Herr
Titel	Bitte wählen Sie ▾
Vorname	
Nachname	
Geburtsdatum / Geburtsort	tt.mm.jjjj
Familienstand	
Staatsangehörigkeit	Bitte wählen Sie ▾
Haben Sie in Deutschland Asyl beantragt?	Bitte wählen Sie ▾
Ihr Wohnort	
Straße, Hausnummer	
Postleitzahl / Ort	
Wohnhaft seit	tt.mm.jjjj

d Jetzt haben Sie ein Girokonto. Lesen Sie den Text und die Aussagen rechts. Welche Aussage ist richtig? Unterstreichen Sie.

Herzlich willkommen bei der Rhein-Main-Bank!

Ab sofort können Sie Ihr Girokonto nutzen.

Bitte beachten Sie:

- Sie können an 10.000 Bankautomaten in Deutschland rund um die Uhr Geld abheben und einzahlen. Natürlich auch in unseren Filialen.
- Sie können mit Ihrer EC-Karte bargeldlos in Geschäften und auch im Internet bezahlen.
- Sie dürfen als Asylbewerber/Asylbewerberin Ihr Konto nicht überziehen!
- Für unseren Service zahlen Sie monatlich nur 5 €.

1 Ich habe jetzt ein Girokonto und eine EC-Karte.

2 Ich kann nur am Tag Geld abheben.

3 Ich kann im Internet einkaufen.

4 Das Girokonto ist kostenlos.

Bankkonto und Geldautomat

4 Geld abheben

Bringen Sie die Informationen in die richtige Reihenfolge.

IHRE BANK INFORMIERT:

In wenigen Schritten zum Bargeld – einfach und sicher am Geldautomaten

- ☐ Bestätigen Sie mit der grünen Taste.
- ☐ Geben Sie den Geldbetrag an.
- ☐ Geben Sie Ihre Geheimzahl ein.
- 1 Gehen Sie zu einem Geldautomaten von Ihrer Bank.
- ☐ Nehmen Sie Ihre EC-Karte heraus.
- ☐ Nicht vergessen: Nehmen Sie Ihr Geld mit!
- ☐ Stecken Sie Ihre EC-Karte ein.

5 Ergänzen Sie. Wer findet die meisten Wörter?

1 Bank ....

2 Giro ....

3 Geld ....

4 Euro ....

5 .... geld

6 .... karte

Automat
Bar
Betrag
EC
Karte
Konto
Münze
Schein

Wohnen

Was sehen Sie?

Wo ist Akono?

Was macht er?

Auf dem Balkon bin ich am liebsten.

Das ist die Küche.

Hier ist das Wohnzimmer.

Hier ist der Flur.

Das ist mein Schlafzimmer.

8 Das Bad ist ja super!

1 Die Wohnung ist klein.

breit	schmal
schön	hässlich
neu	alt
gemütlich	ungemütlich

1.59

a Hören Sie die Aussagen und kreuzen Sie an.

1

☐ groß

☐ klein

2

☐ laut

☐ ruhig

3

☐ hell

☐ dunkel

4

☐ teuer

☐ billig

b Wie ist Ihr Kursraum/Ihre Sprachschule/…? Sprechen Sie.

Der Kursraum ist klein.

Der Kursraum ist doch nicht klein. Der Raum ist groß.

Der Raum ist klein.
Der Raum ist **nicht klein**.
= Der Raum ist **groß**.

2 Die Wohnung ist ja perfekt!

a Lesen Sie den Text und unterstreichen Sie „ja" und „denn".

- ● Wir haben eine Wohnung gefunden.
- ○ Das ist ja toll! Wo denn?
- ● In der Blumenthalstraße.
- ○ Das ist ja super! Und wie groß ist sie?
- ● Sie ist 100 m² groß, und sie hat drei Zimmer. Leider ist der Flur lang und schmal.
- ○ Ist er denn hell oder dunkel?
- ● Er ist leider auch sehr dunkel. Aber das Bad ist groß und schön.
- ○ Hat es denn eine Badewanne?
- ● Ja, und auch noch eine Dusche.
- ○ Das ist ja super!
- ● Ja, und die Wohnung ist auch richtig gemütlich.

Man spricht:
100 Quadratmeter
Man schreibt:
100 m²/100 qm

der Flur	→	**er**
die Wohnung	→	**sie**
das Bad	→	**es**
die Wohnungen	→	**sie**

b Ersetzen Sie die Nomen mit den Pronomen. Ergänzen Sie „ja" und „denn".

1 Ist die Wohnung günstig?
Ist sie denn günstig?

2 Ist das Wohnzimmer hell?
……………………

3 Der Balkon ist toll!
……………………

4 Das Bad ist perfekt!
……………………

c Schreiben Sie einen kurzen Text über Ihre Wohnung.

Meine Wohnung ist klein, aber gemütlich. Sie ist 30 m² groß. …

3 Lieblingszimmer

a Wo sind die Personen am liebsten? Hören Sie und notieren Sie. 1.60

1 
Stefan Böhmer

2 
Ella Krüger

3 
Akono Okoye

4 
Rabia Navid

b Hören Sie noch einmal. Was machen die Personen in ihrem Lieblingszimmer? Schreiben Sie neben die Bilder.

c Schreiben Sie Fragen. Fragen Sie dann Ihre Partnerin/Ihren Partner.

	ich	du	sie/Sie	
der Flur	mein	dein	ihr/Ihr	Flur
die Wohnung	meine	deine	ihre/Ihre	Wohnung
das Bad	mein	dein	ihr/Ihr	Bad
die Wohnungen	meine	deine	ihre/Ihre	Wohnungen

Wie viele Zimmer hat Ihre/deine Wohnung?
Wie groß ist … ?
Wie ist die Küche/das … ?
Was ist Ihr/dein Lieblingszimmer?
Was machst du da?

Meine Wohnung hat zwei/drei/vier/… Zimmer.
… ist … groß.
Sie/Er/Es ist hell/… /groß/klein … , aber schmal/… /billig …
Mein Lieblingszimmer ist …
Da … ich.

4 Zahlen bis 10.000

1.61 **a** Hören Sie und sprechen Sie nach.

100 (ein)hundert	200 zweihundert	300 dreihundert	400 vierhundert	500 fünfhundert
600 sechshundert	700 siebenhundert	800 achthundert	900 neunhundert	1000 tausend
	5000 fünftausend	8000 achttausend	10.000 zehntausend	

1.62 **b** Welche Zahlen hören Sie? Kreuzen Sie an.

a	b	c	d
☐ 220	☐ 643	☐ 454	☐ 1678
☐ 222	☐ 634	☐ 554	☐ 1786
☐ 212	☐ 644	☐ 455	☐ 1876

e	f	g	h
☐ 3914	☐ 6131	☐ 1020	☐ 10.111
☐ 3917	☐ 6313	☐ 1012	☐ 10.011
☐ 3919	☐ 6133	☐ 1120	☐ 10.001

Man spricht:

1 2 4 3
4 7 6 5
1 viertausend | 2 siebenhundert | 3 fünf | und | 4 sechzig

c Schreiben Sie die Zahlen.

1 dreihundertvierundsiebzig 374
2 fünfhundertneunundzwanzig ....
3 achthundertachtundneunzig ....
4 siebentausenddreihunderteinundsechzig ....
5 neuntausendeinhundertsiebenundfünfzig ....

5 Wir brauchen einen Tisch.

1.63 **a** Hören Sie den Text und zeigen Sie auf die Möbel und die Elektrogeräte.

b Fragen Sie Ihre Partnerin/Ihren Partner.

Wie viel kostet das Sofa?

Was kostet der Schrank?

Der Schrank kostet 745 Euro.

Das Sofa ist teuer. Es kostet 1378 Euro.

6 Im Möbelgeschäft

a Was sagt die Verkäuferin wann? Ordnen Sie zu. Hören Sie danach den Dialog zur Kontrolle. 1.64

Verkäuferin:	[4]
Rabia:	Ich brauche einen Schrank.
Verkäuferin:	☐
Rabia:	Er soll nicht zu groß sein, aber größer als der Schrank hier und kleiner als der da.
Verkäuferin:	☐
Rabia:	Ja, der sieht praktisch aus. Wie viel kostet der Schrank denn?
Verkäuferin:	☐
Rabia:	Oh. Der ist aber teuer.
Verkäuferin:	☐
Rabia:	Den ersten Schrank finde ich am schönsten, aber er ist auch am teuersten. Welcher Schrank ist besser? Hm, ich weiß nicht.
Verkäuferin:	☐
Rabia:	Ja, das mache ich. Danke schön.

1 Wie finden Sie dieses Modell? Der Schrank ist groß und praktisch.
2 Dieser Schrank hier ist günstiger. Der kostet nur 179,– €. Und der Schrank dahinten neben den Schreibtischen kostet nur 149,– €.
3 Überlegen Sie sich das.
4 Kann ich Ihnen helfen?
5 Groß oder klein?
6 Der kostet 219,– €.

Der Schrank ist genauso gut wie der Schrank.

Der Sessel ist günstiger als das Sofa.

b Schreiben Sie Sätze.

1 Schrank (++)/Schrank (++)/gut
2 Sessel (156,– €)/Sofa (299,– €)/günstig
3 Bett (259,– €)/Bett (139,– €)/teuer
4 Sofa (169,– €)/Sofa (169,– €)/günstig
5 Teppich (529,– €)/Teppich (99,– €)/viel kosten
6 Elif (1,70 m)/Filiz (1,70 m)/groß

schöner / besser / größer / … } als

genauso { schön / gut / groß / … } wie

7 Wie Leute wohnen

a Ordnen Sie die Begriffe den Bildern zu.

Hochhaus | Altbau | Reihenhaus | Einfamilienhaus | Bauernhof | Neubau

....

....

1.65

b Hören Sie die Aussagen und kreuzen Sie an. Richtig oder falsch?

	richtig	falsch
1 Birgit, 43		
Birgit wohnt in der Stadt.	☐	☐
Sie wohnt in einem Einfamilienhaus.	☐	☐
2 Isabella, 24		
Isabella wohnt in einer Wohngemeinschaft (WG).	☐	☐
Sie wohnt am Stadtrand.	☐	☐
3 Frank, 58		
Frank wohnt in einem Hochhaus.	☐	☐
Die Wohnung ist nicht klein.	☐	☐

8 Wohnungssuche

a Lesen Sie die E-Mail und unterstreichen Sie wichtige Informationen.

Von: anditina@gmxnet.de

Hallo Freunde,

Tina und ich suchen eine Wohnung. Wir brauchen eine 3-Zimmer-Wohnung: Küche, Badezimmer, Wohnzimmer, Schlafzimmer und ein Arbeitszimmer. Sie muss mindestens 70 qm groß sein und darf maximal 800 Euro kosten. Gerne mit Balkon. Noch etwas: Sie muss unbedingt ruhig und hell sein. Wer kann uns helfen?

Vielen Dank
Tina und Andi

b Tina und Andi hängen einen Zettel im Supermarkt auf. Ergänzen Sie die Angaben.

Wir (31 und 34 Jahre) suchen eine Wohnung:

Ort: Stadtzentrum .... Miete maximal: ....

Zimmer: .... Sonstiges: ....

Größe: ....

Tel.: 0166-12345 .... E-Mail: ....

c Sie suchen eine Wohnung.
Schreiben Sie wie in Aufgabe 8b.

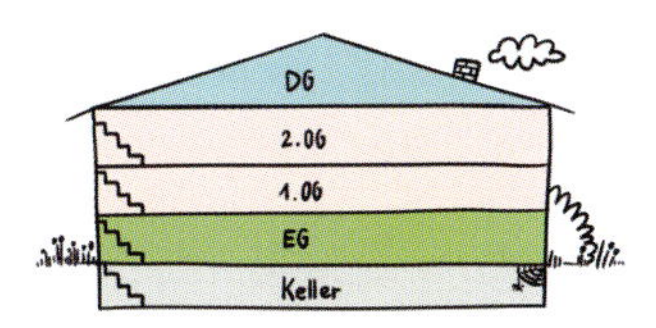

9 Wohnungsanzeigen

a Lesen Sie die Wohnungsanzeigen.
Wie viel kosten die Wohnungen im Monat?

a

Stadtzentrum: 3 ZKB, 2. OG, 70 qm, Balkon, 900 € + 150 € NK, 2 MM Kaution, ab 01.04.
Tel: 0234-56789

b

1 Zimmer möbliert, DG, 25 qm, Küche, Bad, 320 € kalt, 1 MM Kaution, ab 01.05. für 8–9 Monate
Tel: 0171-111 555

c

Altbau, gepflegt, 90 m², 4 ZKB, EG, Terrasse, 1250 € + 250 € NK, 2 MM Kaution, keine Haustiere, sofort frei
E-Mail: altbau@gmxnet.de

d

Haus mit Garten, Garage, Stadtrand, Stadtbahn 3 Min. zu Fuß, 120 qm, 2500 € + 270 € NK, 3 MM Kaution, ab sofort.
Müller Immobilien Tel: 0234-87654

ZKB = Zimmer, Küche, Bad(ezimmer)
EG = Erdgeschoss
OG = Obergeschoss
DG = Dachgeschoss
NK = Nebenkosten (Heizung, Wasser, Müll usw.)
kalt = ohne Nebenkosten
m²/qm = Quadratmeter
MM = Monatsmiete(n)

b Hören Sie die Dialoge. Welche Anzeige passt? 1.66

Dialog 1	Dialog 2	Dialog 3	Dialog 4
Anzeige ☐	Anzeige ☐	Anzeige ☐	Anzeige ☐

10 Das Traumhaus

Zeichnen Sie Ihre Traumwohnung/Ihr Traumhaus und erzählen Sie. Wie sieht die Wohnung aus? Was machen Sie da?

Meine Traumwohnung ist 120 m² groß. Sie hat drei Bäder. Die Bäder sind groß und hell. ...

Ich bade morgens immer.

Elektrogeräte und Internet

1 Joana Okoye hat eine neue Wohnung.

a Welche Geräte brauchen was? Kreuzen Sie an.

	Strom	Wasser	Internet
der Computer	☐	☐	☐
der Elektrogrill	☐	☐	☐
der Fernseher	☐	☐	☐
der Fön	☐	☐	☐
der Kühlschrank	☐	☐	☐
das Radio	☐	☐	☐
die Spülmaschine	☐	☐	☐
die Stereoanlage	☐	☐	☐
das Telefon	☐	☐	☐
der Toaster	☐	☐	☐
die Waschmaschine	☐	☐	☐
der Wäschetrockner	☐	☐	☐
der Wasserkocher	☐	☐	☐

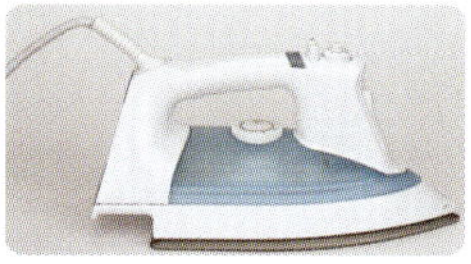

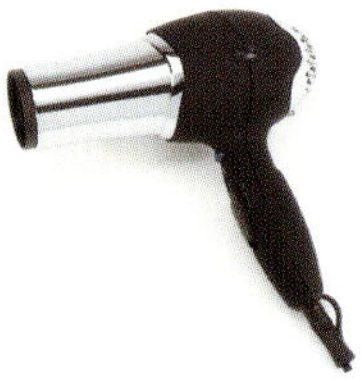

b Welches Gerät soll in welches Zimmer? Ordnen Sie zu.

Badezimmer ....

Balkon ....

Flur ....

Küche ....

Schlafzimmer ....

Wohnzimmer ....

c Sehen Sie sich die Dokumente an. Was hat Joana? Was hat Joana noch nicht?

Internet | Strom | Telefon | Wasser

Schnellstes Internet

Ein **DSL-Vertrag** für Telefon & Internet umfasst sowohl eine Internet- als auch eine Telefonflatrate ins deutsche Festnetz.

Dafür erhalten Sie direkt nach Vertragsabschluss die benötigte Hardware per Post, damit Sie sofort nach der Freischaltung verbunden sind.

Sie entscheiden selbst, wie Ihr DSL-Vertrag aussehen soll, und wählen die gewünschte Bandbreite: **16 MBit/s, 50 MBit/s** oder sogar **100 MBit/s!** Darüber hinaus erhalten

WILLKOMMEN BEI STROM 365

Sehr geehrte Frau Okoye,

herzlich willkommen bei **Strom 365**!

Entsprechend Ihrem Vertrag erhalten Sie ab dem 1.3.20XX Strom zum günstigen StromPlus-Tarif.

Willkommen bei den Wasserwerken!

Sehr geehrte Frau Okoye,

wir freuen uns, Sie als neue Kundin zu begrüßen! Ab heute, dem 01.03. 20XX, versorgen wir Sie mit Wasser.

2 Internet und Telefon

a Lesen Sie die zwei Angebote.
Vergleichen Sie: Welches Angebot ist günstiger? Wo bekommt Joana den besseren Service?
Wann darf Joana zu einem anderen Anbieter wechseln?

A^3

Tarif	Zuhause-Flatrate
Geschwindigkeit	bis zu 50.000 kBit/s
Mindestlaufzeit	24 Monate
Anschlussart	DSL

Telefonflatrate ins deutsche Festnetz
und ins Mobilfunknetz
eine Rufnummer

Internet-Flatrate
drei E-Mail-Adressen

Monatliche Grundgebühr

Monat 1–6	14,99 €
Monat 7–12	24,99 €
Monat 13–24	34,99 €

T&I

Tarif	DSL 50
Geschwindigkeit	bis zu 50.000 kBit/s
Mindestlaufzeit	36 Monate
Anschlussart	DSL

Flatrate ins deutsche Festnetz
drei Telefonnummern, drei Leitungen

Internetflatrate
zehn E-Mail-Adressen möglich
kostenlose Servicehotline
kostenlose Störungshotline

Monatliche Grundgebühr

Monat 1–12	24,99 €
Monat 13–36	34,99 €

b Welches Angebot (A^3 oder T&I) ist für Joana besser?
Lesen Sie, was Joana sagt. Wählen Sie dann das beste Angebot.

Ich telefoniere eigentlich nicht so viel. Na ja, aber mit meiner besten Freundin spreche ich schon jeden Abend. Mindestens eine halbe Stunde erzählen wir uns die Neuigkeiten. Handynummern rufe ich vom Festnetztelefon gar nicht an. Dafür benutze ich mein Smartphone.
Das Internet benutze ich öfter als das Telefon. Ich surfe im Internet, schreibe E-Mails, chatte mit meinen Freunden in meinem Heimatland und ich skype mit meinen Eltern.
Jetzt mache ich einen neuen Vertrag. Ich hoffe, alles klappt. Ich bin oft im Internet, aber die Technik verstehe ich nicht. Bei Problemen brauche ich immer Hilfe.

c Kennen Sie diese Wörter? Ordnen Sie zu.

1 chatten
2 die Flatrate
3 im Internet surfen
4 die Servicehotline
5 skypen

a Das Internet kostet 35 Euro im Monat – nicht mehr.
b Ich „spreche“ im Internet mit einer Person. Wir schreiben.
c Ich habe Fragen zu meinem Tarif. Ich rufe da an.
d Ich klicke auf eine Internetseite, dann auf eine andere.
e Ich „telefoniere“ im Internet mit einer Person. Wir sehen uns auch.

d Und Sie? Wie oft/wann/mit wem telefonieren Sie? Benutzen Sie das Internet? Was machen Sie im Internet (surfen, chatten, skypen, Informationen suchen, …)?

3 Endlich Internet!

a Was ist was? Ordnen Sie zu.

der Bildschirm | der Laptop | die Maus | das Smartphone | die Tastatur | das Tablet

b Die Waschmaschine von Joana ist kaputt. Sie möchte eine neue Waschmaschine im Internet kaufen. Was muss Joana machen? Ordnen Sie.

- ☐ die Angebote ansehen und eine Waschmaschine aussuchen
- ☐ „Waschmaschine kaufen" googlen
- ☐ auf ein Ergebnis klicken
- ☐ www.google.de in den Browser eingeben
- [1] den Browser öffnen

googlen –
etwas im Internet suchen

c Und Sie? Kaufen Sie im Internet? Warum (nicht)?
Was kaufen Sie im Internet? Was kaufen Sie lieber in einem Geschäft?

Ich kaufe Bücher immer im Geschäft.

Ich kaufe Elektrogeräte im Internet.

Schule und Unterricht

Was sehen Sie?

Wo ist Maksim?

Ich gehe
in die Schule.

der Kindergarten

ein Sprachkurs

in der Sprachschule

unsere Stadtbücherei

Und am Ende:
die Prüfung

1 Schule in Deutschland

a Sehen Sie sich das Schaubild an.

Wie viele Klassen hat die Grundschule? ....

Wie viele Klassen hat das Gymnasium? ....

Schaubild: Unser Schulsystem*

Studium		Ausbildung	
Gymnasium	Gesamtschule		Klasse 11–12
		Realschule	Klasse 5–10
Grundschule			Klasse 1–4
Kindergarten/Kita			
Kinderkrippe			

* Achtung: Das Schulsystem ist nicht überall in Deutschland gleich.

1.67

b Ana Schmidt hat viele Fragen zum deutschen Schulsystem. Hören Sie das Gespräch zwischen dem Lehrer an der Grundschule und Ana. Ana schreibt die Informationen auf, aber sie hat nicht alles gehört. Ergänzen Sie ihre Notizen.

Schule in Deutschland

- In die ....: mit 6 Jahren
- Grundschule: nur .... Jahre!!!
- Schulpflicht: .... Jahre
- Nach der Grundschule: Gymnasium oder .... oder ....
- 10. Klasse: Mittlerer Schulabschluss → danach ....
- 12. oder 13. Klasse: .... → danach ....

zur Schule gehen
(= jeden Tag)
Mein Sohn geht zur Schule.

in die Schule kommen
(= neu in der Schule sein)
Mein Sohn kommt mit 6 Jahren in die Schule.

c Sprechen Sie über Schulsysteme. Wie lange gehen die Kinder in anderen Ländern zur Schule?

In ... gehen alle Kinder ... Jahre in die Grundschule.

In Deutschland ist die Schulpflicht neun Jahre. Das ist zu viel!

Nein, das ist genau richtig!

In ... kommen die Kinder mit ... Jahren in die Schule.

2 Mein Lieblingsfach

a Ana hat einen Sohn in der Grundschule. Ihre Nachbarin hat zwei Kinder, einen Sohn und eine Tochter. Sehen Sie sich die Fotos an und lesen Sie.

Maksim besucht die Grundschule. Er geht in die Klasse 3b. Er will Arzt oder Pilot werden. Das weiß er noch nicht so genau.

Maksim geht gern zur Schule. Sein Lieblingsfach ist Mathe, aber er mag auch Musik und Kunst.

Frau Amberg ist Maksims Lieblingslehrerin. Sie ist immer nett und gar nicht streng.

Till und Sophie gehen beide zur Gesamtschule. Till geht in die Klasse 9a, Sophie in die Klasse 8c.

Sophie findet Schule ganz gut, nur Erdkunde findet sie langweilig. Ihre Lieblingsfächer sind Englisch und Biologie. Nach dem Abitur möchte sie studieren und Lehrerin werden.

Till findet die Schule blöd. Er will nach der zehnten Klasse eine Ausbildung machen – vielleicht bei der Polizei. Sein Lieblingsfach ist Sport.

Berufswünsche
Was möchtest du **werden?**
Ich möchte Pilot **werden.**

b Ergänzen Sie die Tabelle.

	Schule/Klasse	Lieblingsfächer	Berufswunsch
Maksim	*Grundschule, 3b*		
Till			
Sophie			

c Wie finden Sie diese Fächer? Schreiben Sie zuerst hinter jedes Fach zwei Adjektive. Sprechen Sie über diese und über andere Fächer.

Mathematik ....
Sport ....
Englisch ....

leicht, schwierig, interessant, langweilig, super, blöd, lustig, schrecklich, gut

Ich finde Sprachen blöd, aber Mathe ist super.

Mathe ist viel zu schwierig. Ich mag Biologie. Und ich liebe Sport!

Englisch ist manchmal langweilig und manchmal interessant.

3 In der Klasse 3b

a Was passt zusammen? Verbinden Sie.

1 Wann machen wir Pause?	a Ich will einen Kakao kaufen.
2 Hast du 50 Cent?	b Marco und ich wollen Fußball spielen.
3 Habt ihr heute Nachmittag Zeit?	c Ich will frühstücken.

ich will
du willst
er/sie/es will
wir wollen
ihr wollt
Sie/sie wollen

b Schreiben Sie die Sätze neu. Benutzen Sie „möchte/n“, nicht „wollen“.

„ich will“ = „ich möchte“
„Ich möchte“ ist höflicher.

1 ....

2 ....

3 ....

4 In der Schule

Was machen die Kinder? Fragen und antworten Sie.

Was machen die Kinder da?

Ist das ein Stuhl?

Sie schreiben etwas an die Tafel, oder?

Ja, das Mädchen steht auf einem Stuhl.

5 Hausaufgaben

Maksim soll seine Hausaufgaben machen. Können Sie ihm helfen?

+ plus	– minus
· mal	: durch
= gleich	

Brüder-Grimm-Schule
Klasse 3b

HAUSAUFGABE

1 Rechnen

$12 + 9 =$	$980 + 21 =$ ....
$15 - 3 =$	$2380 - 60 =$ ....
$4 \cdot 15 =$	$15 \cdot 11 =$ ....
$30 : 6 =$	$100 : 4 =$ ....
$23 + 14 - 3 =$	$3 \cdot 13 + 15 =$ ....
$14 : 2 - 2 =$	$12 + 114 + 398 =$ ....

Das ist doch ganz einfach! Einhundert durch vier ist fünfundzwanzig.

2 Zeit

a) Wie viele Minuten hat eine Stunde? ....

b) Wie lange dauert eine Schulstunde? ....

c) Die Schule beginnt um Viertel nach acht. Du hast fünf Stunden Unterricht und zwei Pausen. Eine Pause dauert zehn Minuten, die andere Pause 30 Minuten. Wann kannst du nach Hause gehen? ....

d) Der Schulbus fährt um 7.48 Uhr. Die Fahrt dauert 14 Minuten. Wann bist du an der Schule?

....

6 Was macht man im Unterricht?

Machen Sie Pantomime. Die anderen Teilnehmenden raten.

ankreuzen | buchstabieren | ergänzen | fragen und antworten | hören | ~~klatschen~~ | lesen | markieren | schreiben | sprechen | zeigen

Du klatschst.

Richtig!

7 Wo finde ich ...?

a Welche Anzeige passt zu welcher Person? Ordnen Sie zu.

1 Familie Rahimi braucht Hilfe bei der Wohnungssuche.
2 Herr Krasniqi möchte mehr Deutsch sprechen.
3 Frau Kanalelo hat ein Baby. Sie möchte sich mit anderen Müttern und mit Babys treffen.
4 Herr Souleyman kann seiner Tochter nicht bei den Hausaufgaben helfen.
5 Frau Wata sucht Arbeit. Sie braucht Hilfe bei der Suche und Bewerbung.
6 Familie Radic hat eine Tochter (3 Jahre alt). In welchen Kindergarten kann sie gehen?

A

Tag der offenen Tür
im
Kindergarten „Rosengarten"
am 12.6.

Informationen über alle Kindergärten und Krippen in Offenbach, Anmeldung

Nähere Informationen: 069 889977

B

Die Imam-Karim-Moschee

lädt alle (Muslime und Nicht-Muslime), die besser Deutsch sprechen wollen, zum

DEUTSCH-CAFÉ ein.

Immer donnerstags von 15 bis 17 Uhr.

Herr Nazifi, Telefon: 56 98 748

C

Stadtbibliothek Wiesbaden

Sie suchen Arbeit? Brauchen Sie Hilfe bei der Stellensuche?

Immer freitags von 10 bis 14 Uhr helfen Ihnen unsere MitarbeiterInnen bei der Jobsuche (Zeitungen, Internet) und Bewerbungsschreiben (Anschreiben, Lebenslauf).

Telefon: (0611) 30 302 58

D

Unser Krabbeltreff braucht Verstärkung!

Jeden Dienstag von 10 bis 12 Uhr frühstücken und spielen Eltern und ihre Kinder (0–2 Jahre) zusammen.

Natürlich nicht nur Mitglieder unserer Gemeinde oder Christen – alle Menschen sind willkommen!

Pastorin Waldschmidt erteilt nähere Auskünfte unter 06131–2987463.

Friedenskirche Mainz

E

BRÜDER-GRIMM-SCHULE

Für alle GrundschülerInnen in Höchst bieten wir immer dienstags und donnerstags nachmittags eine Hausaufgabenbetreuung an.

Ort und Kosten auf Anfrage.

(069) 69857432

F

SOZIALBERATUNG
der Nordend-Synagoge

Sie brauchen Hilfe bei

Antragstellungen bei Ämtern und Behörden, Kinderbetreuung, Wohnungssuche?

Wir helfen Ihnen, egal welcher Religion Sie angehören.

Vereinbaren Sie einen Termin unter 069 40 13 698.

b Und jetzt? Wo bekommen die Personen aus Aufgabe a Hilfe? Lesen Sie die Anzeigen noch einmal. Welche Informationen sind nicht da? Schreiben Sie Fragen auf.

Anzeige A: *Von wann bis wann ist der Tag der offenen Tür?*

Anzeige B: ....

Anzeige C: ....

Anzeige D: ....

Anzeige E: ....

Anzeige F: ....

c Herr Radic ruft im Kindergarten „Rosengarten" an. Hören Sie das Telefongespräch und kreuzen Sie an. 1.68

Von wann bis wann ist der „Tag der offenen Tür"?

a ☐ von 4 bis 7 Uhr b ☐ von 14 bis 17 Uhr c ☐ von 14 bis 19 Uhr

d Lesen Sie den Dialog zu zweit.

Frau Müller: Kindergarten „Rosengarten". Guten Tag, Sie sprechen mit Frau Müller.

Herr Radic: Guten Tag. Mein Name ist Radic.

Frau Müller: Was kann ich für Sie tun?

Herr Radic: Am 12.6. haben Sie in Ihrem Kindergarten den „Tag der offenen Tür".

Frau Müller: Richtig.

Herr Radic: Von wann bis wann ist der „Tag der offenen Tür"?

Frau Müller: Unser „Tag der offenen Tür" beginnt am Samstag um 14 Uhr und endet um 17 Uhr .

Herr Radic: Danke schön. Auf Wiederhören.

Frau Müller: Gern geschehen. Bis Samstag.

e Spielen Sie ähnliche Dialoge. Rufen Sie bei der Bibliothek | der Kirche | der Moschee | der Schule | der Synagoge an.

f Wobei brauchen Sie Hilfe? Welche Angebote gibt es in Ihrer Stadt?

Lebenslauf und Bewerbung

1 Lebenslauf

a Lesen Sie den Text und ergänzen Sie den Lebenslauf.

Mein Name ist Namira Sharif.
Ich bin am 5.11.1991 in Karachi, Pakistan geboren. Ich bin in Pakistan und Deutschland aufgewachsen.
Mit vier Jahren bin ich in einen Kindergarten gegangen.
Ich bin mit sechs Jahren in die Schule gekommen. Schnell habe ich viele Freunde gefunden und ich habe viel gelernt.
Meine Eltern sind im Jahr 2000 mit mir nach Deutschland gezogen.
Ich bin dann in Deutschland zur Schule gegangen. Erst zwei Jahre in die Grundschule und dann habe ich die Realschule besucht. 2008 habe ich meinen Realschulabschluss gemacht.
Danach habe ich eine Ausbildung zur Physiotherapeutin gemacht. Das hat drei Jahre gedauert. Und jetzt arbeite ich schon ein paar Jahre in einer physiotherapeutischen Praxis. Das macht mir viel Spaß.
Ein Hobby habe ich auch. Ich spiele Tischtennis. Mit elf Jahren habe ich damit begonnen und liebe es immer noch!

Lebenslauf Namira Sharif

Persönliche Daten

Name: ....

Vorname: Namira

Geburtsdatum: ....

Geburtsort: ....

Staatsangehörigkeit: pakistanisch

Schulbesuch

1998–2000 Grundschule in Karachi

..........–.......... Ott-Grundschule, Aue

..........–2008 Hylla-.........................., Aue

Ausbildung

2008–2011 ....

....

Berufserfahrung

seit .... Physiotherapeutin in der physiotherapeutischen Praxis „Wieder fit“, Aue

Hobby ....

b Lesen Sie den Text noch einmal. Unterstreichen Sie alle Verben.

c Schreiben Sie die Verben in die Tabelle. Ergänzen Sie die Infinitive.

Perfekt mit „sein“	Infinitiv	Perfekt mit „haben“	Infinitiv
ich bin aufgewachsen	aufwachsen	ich habe ... gefunden	finden

2 Was haben die Leute gemacht?

Ich **habe** die Schule **besucht**.

a Schreiben Sie Sätze im Perfekt.

1 Ich besuche die Schule. Ich habe die Schule besucht.
2 Lena macht ihr Abitur. ……………………
3 Tom und Sophie lernen Englisch. ……………………
4 Wir wohnen in Deutschland. ……………………
5 Macht ihr eine Ausbildung? ……………………
6 Du findest eine Arbeit. ……………………
7 Farida arbeitet als Bäckerin. ……………………
8 Maria geht zur Schule. (!) ……………………

b Ergänzen Sie die Sätze aus Aufgabe a wie im Beispiel.

1 Ich habe zehn Jahre die Schule besucht.
2 Lena hat …

Ich **habe zehn Jahre** die Schule **besucht**.

ein Jahr, einen Monat	vorgestern
zwei Jahre, zwei Monate	gestern
vor zwei Jahren / Monaten	am Montag
letztes Jahr, letzten Monat	

c Bilden Sie Sätze.

1 Wie | du | Arbeit | gefunden | hast | ?
2 gelesen. | Ich | die Stellenanzeigen | habe
3 Ich | habe | telefoniert. | mit dem Chef
4 eine Bewerbung und meinen Lebenslauf | Ich | geschickt. | habe | ihm
5 Ich | vor fünf Wochen | das Vorstellungsgespräch | gehabt. | habe
6 zwei Tage später | hat mir | gegeben. | den Arbeitsvertrag | Der Chef
7 Ich | seit einem Monat | arbeite | in dem Geschäft.

d Lesen Sie die Sätze von 2c noch einmal.
Was ist wichtig für die Arbeitssuche?
Ergänzen Sie den Notizzettel.

Arbeitssuche

……………………
Mit dem Chef telefonieren
Lebenslauf und Bewerbung schicken
……………………
Arbeitsvertrag unterschreiben

Lebenslauf und Bewerbung

3 Anzeigen

a Diese Personen suchen eine Stelle. Finden alle eine Stelle? Welche Anzeige passt?

1 Sie haben eine Ausbildung zur Verkäuferin/zum Verkäufer gemacht. Sie haben schon viele Jahre gearbeitet. Sie möchten halbtags arbeiten.

2 Sie haben eine Ausbildung zur Krankenpflegerin/zum Krankenpfleger gemacht. Sie suchen eine Vollzeitstelle im Krankenhaus.

3 Sie haben keine Ausbildung gemacht. Sie suchen einen Aushilfsjob.

4 Sie möchten eine Ausbildung zur Köchin/zum Koch machen.

5 Sie sind Informatiker/Informatikerin. Sie haben eine Arbeit und suchen einen Nebenjob.

a

Wir suchen
Examinierte Pflegekräfte

Vollzeit, Teilzeit, Wochenendaushilfen

Sie sind Alten-/KrankenpflegerIn?
Dann freuen wir uns auf Ihre Bewerbung!

Altenheim Meerblick
Personalleitung: Julia Schmitt-Rüss
Strandstraße 36–39, 18609 Binz

b

DER Klamottenladen!
Karmeliterplatz 5 · 55116 Mainz

Sie beraten und verkaufen mit Leidenschaft?
Sie lieben Mode?

Dann bewerben Sie sich als Verkäuferin/Verkäufer!

20 Stunden/Woche, ab 1.10.

c

Gutes Essen ist Ihre Leidenschaft?
Warum machen Sie aus Ihrem Hobby nicht Ihren Beruf?

Zum 1.9. suchen wir einen Auszubildenden/eine Auszubildende zum Koch/zur Köchin.

Traditionsrestaurant Sonnenhof
Frau Svetlana Kolesnikova
Erpfinger Straße 50
72820 Sonnenbühl

d

UNSER KRANKENHAUS BRAUCHT SIE!

ÄRZTE ALLER FACHRICHTUNGEN

Ost-West-Krankenhaus
Lessingstraße 5, 38350 Helmstedt

e

Café am Bahnhofsplatz

sucht **vier Aushilfen** (Bedienungen und Küchenhilfen) für die **Vorweihnachtszeit**

Am Bahnhofsplatz 6a, 33602 Bielefeld

f

Dringend zum nächstmöglichen Zeitpunkt gesucht:
SYSTEMADMINISTRATOREN

für unsere Büros in Hessen und Rheinland-Pfalz

Voraussetzung: Ausbildung oder Studium im IT-Bereich (z. B. Fachinformatiker/in, Diplom-Informatiker/in).
Kenntnisse in: UNIX, Linux oder Sun Solaris
Arbeitszeiten: alles möglich (stundenweise, Teilzeit, Vollzeit)

A&O Versicherungen,
Herr Peter Krämer, Osloer Str. 2, 60327 Frankfurt a. M.

g

Restaurant Domblick
Herr Leonhard Kaiser
Domstraße 3
99084 Erfurt

sucht ab sofort erfahrenen **Koch**.

Voraussetzungen: Zubereitung deutscher und russischer Speisen, Zuverlässigkeit, Belastbarkeit.
Wir bieten: Festanstellung, überdurchschnittliches Gehalt, 35 Tage Urlaub im Jahr

b Frau Yıldırım hat eine Bewerbung geschrieben. Lesen Sie die Bewerbung. Lesen Sie die Aussagen. Sind die Aussagen richtig oder falsch?

		richtig	falsch
1	Frau Yıldırım hat keine Ausbildung.	☐	☐
2	Sie hat einen Sohn.	☐	☐
3	Ihr Sohn geht in einen Kindergarten.	☐	☐
4	Sie möchte 40 Stunden in der Woche arbeiten.	☐	☐
5	Sie kommt oft zu spät zur Arbeit.	☐	☐
6	Frau Yıldırım hat ihren Lebenslauf geschrieben.	☐	☐

Konditorei Schmidt
Rheinstraße 33, 65185 Wiesbaden
sucht ab sofort eine/einen KonditorIn.
Arbeitszeiten:
Teilzeit, überwiegend vormittags

Ayşe Yıldırım
Webergasse 5
65183 Wiesbaden
Telefonnummer: 0611-968574

Konditorei Schmidt
Rheinstraße 33
65185 Wiesbaden

Wiesbaden, 15.15.2015

Sehr geehrte **Damen und Herren**,

mit großem Interesse habe ich Ihre Anzeige in **der Kleinen Zeitung vom 12.12.2015** gelesen und bewerbe mich um die Stelle.

Ich bin **Konditorin** von Beruf. Ich habe von **2010** bis **2013** in **der Konditorei Neuss in Offenburg** eine Ausbildung zur **Konditorin** gemacht. *Die Ausbildung habe ich mit der Note 1 abgeschlossen. Danach habe ich mich um meinen kleinen Sohn gekümmert. Mein Sohn besucht jetzt einen Kindergarten.* Ich möchte gerne in **Teilzeit** arbeiten. Ich kann sofort anfangen.

Selbstverständlich bin ich **zuverlässig, freundlich und pünktlich**.

Über eine Einladung zum Vorstellungsgespräch würde ich mich sehr freuen.

Mit freundlichen Grüßen

Ayşe Yıldırım

Anlagen: Lebenslauf, Zeugnisse

Frau Müller → Sehr geehrte Frau Müller,
Herr Meier → Sehr geehrter Herr Meier,
→ Sehr geehrte Damen und Herren,

c Und jetzt Sie: Suchen Sie sich ein Stellenangebot aus Aufgabe a aus. Schreiben Sie eine Bewerbung. Schreiben Sie die **fett gedruckten Angaben** neu. Passen die *kursiv gedruckten* Sätze?

Lebenslauf und Bewerbung

d Schreiben Sie Ihre Daten in das Lebenslaufformular.

LEBENSLAUF

Persönliche Daten

Name: ....

Vorname: ....

Geburtsdatum: ....

Geburtsort: ....

Staatsangehörigkeit: ....

Familienstand: ....

Kinder: ....

Straße, Hausnummer: ....

Postleitzahl, Wohnort: ....

Telefonnummer: ....

E-Mail-Adresse: ....

Schulbesuch ....

....

Ausbildung/Studium ....

....

Berufserfahrung ....

....

Sprachkenntnisse ....

Computerkenntnisse ....

Hobbys ....

e Schreiben Sie einen Text über Ihren Lebenslauf.

Ich bin am .... *in* .... *geboren.*

....

....

....

....

....

....

....

Sprachbausteine

Weitere Informationen: **www.telc.net**

Lesen Sie die beiden Texte und wählen Sie das richtige Wort für jede Lücke. Markieren Sie die richtige Antwort, a oder b, auf dem Antwortbogen.

.......1....... Karina,

kannst du bitte meine Tochter Julia vom Kindergarten abholen? Leider muss ich heute länger ....2....... . Ich habe viel zu tun. Normalerweise hole ich Julia immer ....3....... 15.30 Uhr ab. ....4....... du auch um diese Zeit? Ruf mich bitte an oder ....5....... kurz, wann du kommen kannst.

Vielen Dank! Deine Lena

1 a Liebe	**b** Sehr geehrte	**3 a** am	**b** um	**5 a** schreib	**b** schreibst
2 a arbeiten	**b** kommen	**4 a** Kannst	**b** Könnt		

Liebe Lena,

ja, ...6....... Problem! Natürlich ....7....... ich Julia abholen. Ich komme kurz nach 15 Uhr in den Kindergarten. Bis halb drei habe ich Uni. Dann fahren wir zu mir ....8....... Hause. Wir ....9....... dann auf dich.

Liebe ....10......., deine Karina

6 a kein	**b** keine	**8 a** nach	**b** zu	**10 a** Gruß	**b** Grüße
7 a darf	**b** kann	**9 a** suchen	**b** warten		

Hören, Teil A

Lesen Sie die Aufgabe. Hören Sie dann den Text. Markieren Sie die richtige Lösung, RICHTIG (+) oder FALSCH (–), auf dem Antwortbogen. Sie hören den Text zweimal.

2.41

11 Situation: Sie sind im Supermarkt und wollen Äpfel kaufen. – Äpfel gibt es wieder ab morgen Nachmittag.

12 Situation: Sie sind am Bahnhof und warten auf den Zug nach München. Sie hören eine Durchsage. – Der Zug fährt vom Gleis 7 ab.

13 Situation: Sie haben eine Nachricht von Ihrem Freund auf dem Anrufbeantworter. – Er will ein Sofa verkaufen.

14 Situation: Sie haben eine Nachricht auf dem Anrufbeantworter. Die Klassenlehrerin von Ihrer Tochter hat angerufen. – Die Lehrerin lädt zum Elternabend ein.

Hören, Teil B

2.42

Lesen Sie die Aufgabe. Hören Sie dann den Text. Markieren Sie die richtige Lösung (a oder b) auf dem Antwortbogen. Sie hören den Text zweimal.

15 Laura, wann hast du Geburtstag?

Ich habe am .... Geburtstag.

a 12.4.

b 2.4.

16 Was kostet dieses Deutschbuch?

Das kostet ....

a 25,99 Euro

b 52,99 Euro

17 Wie ist Ihr Nachname? Buchstabieren Sie bitte!

Mein Name ist …, ich buchstabiere: ....

a V-O-L-K-E-R

b V-Ö-L-K-E-R

18 Nina, wann kommst du heute nach Hause?

Ich komme heute um ....

a 22:30 Uhr

b 23:30 Uhr

19 Andrej, wann haben wir die Deutschprüfung?

Die Prüfung ist am ....

a 5.6.

b 5.7.

Hören und antworten, Teil A

2.43

Lesen Sie die Sätze a–d. Hören Sie dann drei kurze Texte. Sie hören drei Aussagen oder Fragen. Markieren Sie die richtige Lösung (a, b, c oder d) auf dem Antwortbogen. Sie hören jede Aussage oder Frage zweimal.

20 ....

21 ....

22 ....

a Am Samstag feiert mein Bruder seinen Geburtstag.

b Einen Moment noch, dann bin ich für Sie da.

c Es geht so, danke!

d Ja, vielleicht komme ich mit.

Hören und antworten, Teil B

Lesen Sie die Sätze e–i. Hören Sie dann vier kurze Texte. Sie hören vier Aussagen oder Fragen. Markieren Sie die richtige Lösung (e, f, g, h oder i) auf dem Antwortbogen. Sie hören jede Aussage oder Frage zweimal.

23 ....

24 ....

25 ....

26 ....

e Das ist schade!

f Ja, zieh dich warm an.

g Mit T-S-C-H.

h Nein, danke! Ich möchte schon zahlen.

i Nein, mit meiner Familie.

Lesen, Teil A

Lesen Sie die Überschriften a–d und die Texte 27–29. Welche Überschrift passt zu welchem Text? Markieren Sie die richtige Lösung (a, b, c oder d) auf dem Antwortbogen.

a Bleiben Sie gesund!

b Ist das warme Wochenende bald da?

c Kälte und Regen am Wochenende

d Warme Kleidung für kalte Wintertage

27 In den nächsten Tagen bleiben Sie lieber zu Hause und gehen Sie nicht spazieren. Es wird kalt und regnet den ganzen Samstag und Sonntag. Am Montag ist es sonnig und trocken und so bleibt die Woche.

28 Heute ist schönes Herbstwetter! Es regnet nicht und die Sonne scheint. Aber Vorsicht! Holen Sie sich keine Erkältung mit Schnupfen und Halsschmerzen!

29 In diesem Jahr kommt ein kalter Winter und es schneit viel. Haben Sie schon die richtige Kleidung? Warme Schuhe, Jacke, Mütze, Schal und Handschuhe sind wichtige Kleidungsstücke in diesem Winter.

Lesen, Teil B

Sie bekommen eine Einladungskarte von Ihrer Freundin.
Lesen Sie den Text.

Liebe Freunde,

am Mittwoch habe ich Geburtstag. Ich möchte aber am Wochenende feiern. Ich organisiere eine Geburtstagsparty und lade euch am Samstag um 19 Uhr zu mir nach Hause ein. Meine Adresse ist Ahornallee 14. Das ist neben dem italienischen Restaurant. Ich kümmere mich um das Essen und die Getränke! Ich freue mich sehr auf euch!

Liebe Grüße,
eure Silvia

Lesen Sie die Sätze 30–32. Markieren Sie RICHTIG (+) oder FALSCH (–) auf dem Antwortbogen.

30 Die Party ist im Restaurant.

31 Gäste müssen kein Essen mitbringen.

32 Silvia hat am Wochenende Geburtstag.

Lesen, Teil C

Sie suchen einen Arzt. Sie lesen die Zeitung. Welcher Arzt ist richtig? Lesen Sie die Texte und antworten Sie auf die Fragen. Markieren Sie a oder b auf dem Antwortbogen.

33 Ihre Tochter ist 2 Jahre alt. Welche Telefonnummer rufen Sie an?

a 069 55 37 87

b 069 13 11 45

Kinderarzt Dr. Abendroth
(für Schulkinder und Jugendliche)

Montag bis Mittwoch von 8 bis 13 Uhr

Donnerstag bis Freitag von 10 bis 16 Uhr

Termine unter 069 55 37 87

DR. STEIN, ELISABETH
Kinderärztin für Babys und Kleinkinder

Tel. 069/131145

Sprechzeiten:
Montag–Freitag von 8 bis 12 Uhr

34 Sie sind erkältet und haben hohes Fieber. Es ist Mittwoch. Welche Telefonnummer rufen Sie an?

a 0711 57443

b 071 44 56 14

Hausarztpraxis Dr. med. Stammer

Montag 08:00–12:00
Dienstag 08:00–13:00
Mittwoch geschlossen
Donnerstag 08:00–13:00
Freitag geschlossen

Telefon 0711 57443

DR. VETTER – HAUSARZT

Geöffnet von
Dienstag bis Freitag vormittags
von 9 bis 13 Uhr, Montag geschlossen.

Rufen Sie uns an: 071 44 56 14

35 Sie haben Ohren- und Halsschmerzen. Welche Telefonnummer rufen Sie an?

a 25 65 18

b 050/82563

Orthopäde Dr. Stephan Blum

Dienstag, Mittwoch und Donnerstag.
Vormittags von 9.00 bis 12.00 und
nachmittags von 13.00 bis 17.00.

Termine nur telefonisch anmelden.

Tel. 25 65 18

HERR DR. KLEIN
HNO-Arzt

Geöffnet jeden Vormittag
von Montag bis Donnerstag.

Auch ohne telefonische Anmeldung.

Tel. 050/82563

Schreiben, Teil 1

Ihre Freundin Aleksandra Kabaeva kommt aus Tatarstan. Sie ist am 11. Mai 1990 geboren. Sie wohnt in der Altonastraße 23a in 57647 Hamburg. Sie ist Praktikantin von Beruf und möchte als Krankenschwester arbeiten. Das Praktikum beginnt am 15. Oktober. Aleksandra Kabaeva braucht eine Fahrkarte für 5 Monate. Sie muss ein Formular vom Hamburger Verkehrsverbund (HVV) ausfüllen. Für weitere Fragen können Sie Ihre Freundin unter 0157 45 62 987 anrufen.

Helfen Sie ihr. Schreiben Sie die fehlenden Informationen über Ihre Freundin in das Formular.

Es fehlen noch die fünf Informationen 36–40. Schreiben Sie Ihre Lösungen auf den Antwortbogen S30.

HVV – ANMELDUNG					
Name	Kabaeva		Beruf	....	38
Vorname	Aleksandra		Telefonnummer	....	39
Geburtsdatum	....	36			
Postleitzahl/Ort	....	37			
Straße	Altonastraße		Gültigkeit	5 Monate	
Hausnummer	23a		Beginn (= 1. Tag)	....	40

Schreiben, Teil 2

Sie möchten ein günstiges Fahrrad kaufen und brauchen Hilfe. Schreiben Sie Ihrer Freundin/Ihrem Freund eine E-Mail. Sie/Er soll mitkommen. Schreiben Sie:

- Wann
- Wo
- Etwas über die Kosten

Schreiben Sie einen oder zwei kurze Sätze zu jedem Punkt (zusammen circa 30 Wörter). Unten in dem Formular und bei BEISPIELE finden Sie Hilfe. Vergessen Sie nicht die Anrede am Anfang und den Gruß am Schluss. Bitte schreiben Sie Ihre E-Mail auf den Antwortbogen S30.

...,

ich möchte ein günstiges Fahrrad kaufen.
Kannst du mir helfen?

...

BEISPIELE

Wann kannst du ...
Vielleicht können wir ...
Wo gibt es ...
Was kostet ...

Sprechen, Teil A:
Sich vorstellen, buchstabieren, Zahlen nennen

Name? Alter? Wohnort? Familie? Sprachen? Beruf? Hobby?

telc LANGUAGE TESTS

Deutsch A1 für Zuwanderer

1069

1 Sprachbausteine

1 a b 1
2 a b 2
3 a b 3
4 a b 4
5 a b 5
6 a b 6
7 a b 7
8 a b 8
9 a b 9
10 a b 10

2 Hören

Teil A

11 + – 11
12 + – 12
13 + – 13
14 + – 14

Teil B

15 a b 15
16 a b 16
17 a b 17
18 a b 18
19 a b 19

3 Hören und antworten

Teil A

20 a b c d 20
21 a b c d 21
22 a b c d 22

Teil B

23 e f g h i 23
24 e f g h i 24
25 e f g h i 25
26 e f g h i 26

4 Lesen

Teil A

27 a b c d 27
28 a b c d 28
29 a b c d 29

Teil B

30 + – 30
31 + – 31
32 + – 32

Teil C

33 a b 33
34 a b 34
35 a b 35

5 Schreiben

Teil A

36 ____________________
37 ____________________
38 ____________________
39 ____________________
40 ____________________

+ – 36
+ – 37
+ – 38
+ – 39
+ – 40

Nur für Bewerterinnen und Bewerter!

13
Code-Nr. Bewerter/in 1

13
Code-Nr. Bewerter/in 2

13
Code-Nr. telc Bewerter/in

6 Sprechen

Nur für Prüferinnen und Prüfer!

Teil A

V V
B B
Z Z

Teil B

Frage
Antwort
Frage
Antwort

Teil C

Impuls
Reaktion
Impuls
Reaktion

13
Code-Nr. Prüfer/in 1

13
Code-Nr. Prüfer/in 2

2036295658

S30 – Seite 2

Sprechen, Teil B:
Um Informationen bitten und Informationen geben

Deutsch A1 Teil B Kinder *Schule*	**Deutsch A1 Teil B** Kinder *Lehrer*	**Deutsch A1 Teil B** Kinder *Handy*
Deutsch A1 Teil B Kinder *Arbeit*	**Deutsch A1 Teil B** Kinder *Kinder-garten*	**Deutsch A1 Teil B** Kinder *Frau/ Mann*
Deutsch A1 Teil B Kino *Wochen-ende*	**Deutsch A1 Teil B** Kino *Kino-karten*	**Deutsch A1 Teil B** Kino *mit Freunden*
Deutsch A1 Teil B Kino *Geld*	**Deutsch A1 Teil B** Kino *Film*	**Deutsch A1 Teil B** Kino *Popcorn*

Thema 1 (Reihen 1–2)

Thema 2 (Reihen 3–4)

Sprechen, Teil C

Etwas anbieten, Bitten, Vorschläge und Ratschläge formulieren und darauf reagieren

Deutsch A1 Teil C

Deutsch A1 Teil C

Deutsch A1 Teil C

Deutsch A1 Teil C

Deutsch A1 Teil C

Deutsch A1 Teil C

Deutsch A1 Teil C

Deutsch A1 Teil C

Deutsch A1 Teil C

Deutsch A1 Teil C

Deutsch A1 Teil C

Deutsch A1 Teil C

Kursteil Lektion 1/Nummer 1

1 Mein Name ist …

a Ergänzen Sie die Verben aus dem Kasten.

heiße
heißen
ist

1 ● Mein Name .... Ella Krüger. Und wie .... Sie?

2 ○ Ich .... Tayo Okoye.

b Ergänzen Sie. 2.1

1 ● Guten Tag. Mein Name .... Karim Moussa. Und wer .... Sie?

2 ○ Hallo. Mein Name .... Rabia Navid.

3 ● Entschuldigung, wie .... Ihr Name?

4 ○ Ich .... Rabia Navid.

c Ergänzen Sie. 2.2

1 ● Hallo. .... bin Rachid Annaanaa.

2 ○ Guten Tag. .... heiße Maria Ionesco.

3 ● Wie heißen ...., bitte?

○ Ionesco. Maria Ionesco.

d Ergänzen Sie die Wörter aus dem Kasten.

heiße heißen
Ich Ihr ist ist
Mein Sie

1 ● Wie .... Name?

2 ○ .... Name .... Ana Schmidt.

3 ○ Entschuldigung. Wie ....?

4 ● .... Schmidt, Ana Schmidt.

e Schreiben Sie Sätze. Was schreiben Sie groß?

1 heiße | ich | Ella | Krüger | . Ich …

2 bitte | heißen | Sie | wie | , | ? ....

3 heiße | ich | Schmidt | Ana | . ...

2 Woher kommen Sie? 2

Ergänzen Sie die Endungen.

1 ● Ich heiß...... Ella Krüger und ich komm...... aus Deutschland. Woher komm...... Sie, Frau Navid?
2 ○ Ich komm...... aus dem Iran.
3 ● Und Sie, Frau Schmidt?
4 ○ Ich komm...... aus Bulgarien.
5 ● Woher komm...... Sie, Herr Moussa?
6 ○ Ich komm...... aus Syrien.

3 Ich komme aus ... 2

a Finden Sie die Wortgrenzen und schreiben Sie den Text. Schreiben Sie Namen und Länder groß (Karim, Syrien).

hallo | ich | heiße | KarimundkommeausSyrienguten TagichbinRabiaundkommeausdemIranundich heißeAliundkommeausPakistan

Schreiben Sie:

Hallo, ich heiße ...

b Lesen Sie den Text und kreuzen Sie an. Was ist richtig?

Ich bin Mitra. Mein Nachname ist Reza. Ich komme aus Teheran im Iran.
Ich wohne ein Jahr in Deutschland. In Frankfurt am Main.

1 Das ist a ☐ Frau Reza. b ☐ Reza Mitra.
2 Frau Reza a ☐ kommt aus dem Iran. b ☐ kommt aus Deutschland.
3 Frau Reza a ☐ wohnt in Teheran. b ☐ wohnt in Frankfurt am Main.

c Ergänzen Sie die Fragen und schreiben Sie die Antworten.

1 Guten ......, Frau Salewska. Woher .... ? Aus Polen.
2 Guten Tag, ... Navid. ...... kommen ...... ? Aus ......
3 ...... Tag, Herr Okoye. .... ? ...... Nigeria
4 ...., Frau Krüger. .... Sie? ......
5 Und Sie? ...... kommen Sie? Ich ......

4 Herzlich willkommen! 3

a Finden Sie die Wortgrenzen und schreiben Sie.

hallotschüssgutenabendherzlichwillkommengutentaggutenmorgen

....

....

b Was hören Sie? Unterstreichen Sie.

Guten Morgen
Hallo
Guten Abend
Herzlich willkommen
Gute Nacht
Guten Tag
Tschüss
Auf Wiedersehen

c Hören Sie und Schreiben Sie. 2.3 2.4

1 Gu...en Mor...en
2 Gu...en Ta...
3 G...ten ...bend
4 Gut... N...cht
5 Ha...o
6 Her...lich will...ommen
7 ...f W...derseh...n
8 Tsch...ss

5 Sie oder du? 4

a Ergänzen Sie.

- Woher komm**en** ...?
- Ich komme aus Eritrea.
  Und woher komm**en** ...?

- Woher komm**st** ...?
- Ich komme aus dem Irak.
  Und ...? Woher komm**st** ...?

b

- Hallo, wer ... **Sie**?
- Ich bin Frau Navid. Und wer ... **Sie**?

- Hallo, wer ... **du**?
- Ich heiße Rabia. Und wie ... **du**?

c Ergänzen Sie.

	sein	kommen	heißen
ich		komme	
du			
Sie	sind		

Kennen Sie Deutschland?

Suchen Sie Bundesländer und Großstädte auf der Deutschlandkarte.

Baden-Württemberg
Bayern
Berlin
Brandenburg
Bremen
Hamburg
Hessen
Mecklenburg-Vorpommern

Niedersachsen
Nordrhein-Westfalen
Rheinland-Pfalz
Saarland
Sachsen
Sachsen-Anhalt
Schleswig-Holstein
Thüringen

Berlin
Hamburg
München
Köln
Frankfurt am Main
Stuttgart
Düsseldorf
Dortmund

Essen
Bremen
Leipzig
Dresden
Hannover
Nürnberg
Duisburg
Bochum

1 Länder und Sprachen 1

a Suchen Sie Sprachen und Länder (9).

E	R	C	V	Ä	S	Z	I	E	N
I	S	P	A	N	I	E	N	E	P
R	Y	Z	E	N	V	R	G	T	O
A	R	A	B	I	S	C	H	U	K
N	I	S	W	G	E	S	T	B	G
W	E	R	D	E	U	T	S	C	H
Q	N	X	I	R	U	E	C	H	A
T	Ü	R	K	I	S	C	H	G	N
M	S	P	R	A	A	E	I	K	A

b Ordnen Sie zu.

Afghanistan	Arabisch
Deutschland	Tigrinya
Eritrea	Englisch
Frankreich	Somali
Marokko	Dari
Polen	Polnisch
Somalia	Französisch
USA	Deutsch

c Antworten Sie.

Welche Sprachen sprechen Sie? Ich ....

Sprechen Sie auch ein bisschen Deutsch? ....

2 Sprichst du …? 2

a Was ist richtig?

1 Rabia, sprichst du/Sie Französisch?

2 Nein, Tayo. Und du? Sprechen/Sprichst du Französisch?

3 Ja. Französisch und Englisch.

b Schreiben Sie den Dialog mit „Sie".

....

....

3 Wer ist das? 3

2.5

a Hören Sie und ordnen Sie zu.

Karim	Polen	Deutsch, Englisch, Spanisch
Tayo	Deutschland	Polnisch, Russisch, Englisch, Deutsch
Frau Krüger	Syrien	Englisch, Yoruba, Französisch, Deutsch
Laura	Nigeria	Arabisch, Türkisch, Deutsch

b Schreiben Sie Sätze mit „er“ und „sie“.

....

....

....

....

....

....

....

....

4 Er und sie 4

a Schreiben Sie *er* oder *sie*.

1 Hallo, Rabia, wo ist denn Ana? .... kommt nicht. .... ist krank.
2 Und Tayo? Wo ist ....? .... ist hier!
3 Woher kommt ....? .... kommt aus Nigeria.
4 Und Ana? .... kommt aus Bulgarien.

b Schreiben Sie die Verbformen in die Tabelle.

sind | spreche | heißt | komme | ist | spricht | kommen | bist | heißen | kommt | heißt
bin | sprechen | kommst | sprichst | heiße

	sein	heißen	kommen	sprechen
ich				
du				
er/sie/…				
sie/Sie				

5 Ergänzen Sie. 5

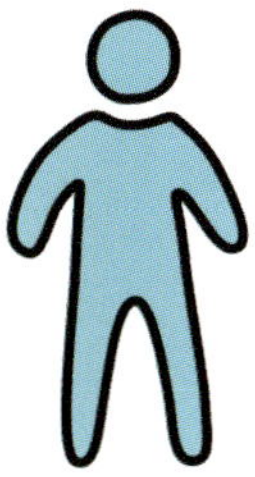

Mann

Vater

....

Bruder

Frau

....

Tochter

....

6 Meine Familie 6

a Finden Sie die Wortgrenzen und schreiben Sie den Text ab.

ich|und|meinefamiliewohneninberlinwirhabenzweikindersiesindfünfundzwölfjahrealt

Ich und ....

....

....

b Ergänzen Sie die Verben in der richtigen Form.

leben | sprechen | heißen | kommen | haben

Ich .... aus Pakistan. Ich .... zwei Kinder. Sie .... Amina und Nishaat.

Wir .... in Deutschland. Wir .... Urdu, Englisch und Deutsch.

7 Das Verb *haben* 6

a Ergänzen Sie.

ich ....

du ....

er/sie ....

wir ....

…

sie/Sie ....

b Ergänzen Sie *haben* in der richtigen Form.

1 .... du Kinder, Ana? Ja, ich .... ein Kind.

2 .... Sie Kinder, Frau Krüger? Nein, ich .... keine Kinder.

3 Mein Bruder .... eine Tochter. Sie heißt Ewa.

4 Meine Schwester .... keine Kinder.

5 Wir .... drei Kinder.

8 Interview 7

a Schreiben Sie Fragen mit Sie.

1 Woher kommst du? *Woher kommen Sie?*

2 Wo wohnst du? ....

3 Wohnst du in Deutschland? ....

4 Bist du verheiratet? ....

5 Hast du Kinder? ....

6 Sprichst du Deutsch? ....

b Welche Antwort passt? Kreuzen Sie an.

1 Bist du verheiratet?

- ☐ a Nein, ich bin geschieden.
- ☐ b Ja, ich bin geschieden.
- ☐ c Nein, ich habe eine Frau.

2 Woher kommen Sie?

- ☐ a In Deutschland.
- ☐ b Aus Peru.
- ☐ c In Deutschland und Peru.

3 Wo wohnen Sie?

- ☐ a Aus Frankfurt.
- ☐ b In Frankfurt.
- ☐ c Frankfurt.

4 Sprichst du Deutsch?

- ☐ a Ja, ein bisschen Englisch.
- ☐ b Ja, sehr gut.
- ☐ c Nein, ich spreche Deutsch.

9 Zahlen [8]

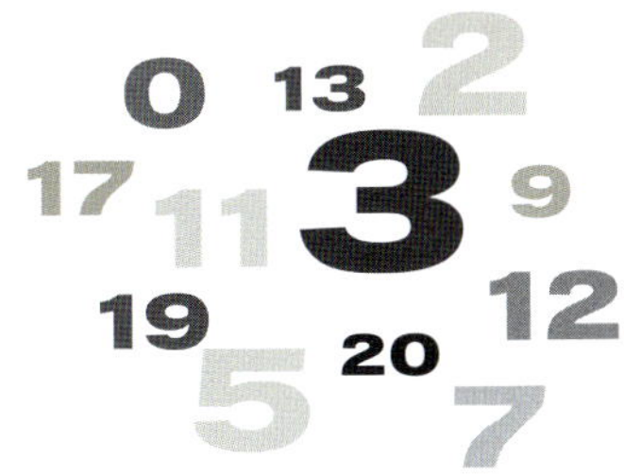

a Welche Zahlen sehen Sie? Schreiben Sie.

drei, ...

....

b Wie geht die Reihe weiter? Hören Sie und sprechen Sie nach. 2.6

1 2 – 4 – 6 – … – … – … – … – … – … – 20

2 3 – 6 – 9 – … – … – 18

3 4 – 8 – 12 – … – 20

4 5 – 10 – … – 20

c Lösen Sie das Sudoku-Rätsel. In jeder Spalte, in jeder Zeile, in jedem Kästchen dürfen die Zahlen von eins bis neun nur einmal vorkommen.

	acht		drei		eins	zwei	sechs	
sieben		drei				fünf		
			fünf					acht
sechs		vier	acht	neun		eins		
	drei	zwei			sieben			
	sieben						neun	
			sieben	fünf				
acht				zwei		vier		sechs
		fünf			acht			sieben

10 Buchstabieren Sie bitte! [9]

2.7

Was hören Sie? Kreuzen Sie an.

1 ☐ a Grossmann
☐ b Großmann

2 ☐ a Schmidt
☐ b Schmitt

3 ☐ a Eva
☐ b Ewa

4 ☐ a Maier
☐ b Meier

5 ☐ a Müller
☐ b Mühler

6 ☐ a Kehler
☐ b Köhler

11 Wie heißen die Wörter? Schreiben Sie. 10

1 meNa *Name* ....
2 ileiF ma ....
3 lEtren ....
4 dreKni ....
5 Shcewtsre ....
6 urBred ....
7 Nachmena ....
8 aeVrt ....

12 Telefonnummern 12

2.8

Was ist richtig? Kreuzen Sie an: a, b oder c. Sie hören jeden Text zweimal.

1
- ☐ a 069 – 42 35 17
- ☐ b 069 – 42 53 7
- ☐ c 069 – 42 53 17

2
- ☐ a 0161 24 35 2 88
- ☐ b 0161 42 53 2 88
- ☐ c 0161 24 53 2 88

13 Zahlen von 1 bis 100 12

a Schreiben Sie die Zahlen.

12 *zwölf* ....
45 ....
18 ....
54 ....
21 ....
80 ....
23 ....
99 ....
32 ....

2.9

b Hören Sie und sprechen Sie nach.

3 – 13 – 30 4 – 14 – 40 5 – 15 – 50 6 – 16 – 60 7 – 17 – 70 8 – 18 – 80

12 – 21 23 – 32 45 – 54 67 – 76 89 – 98 19 – 91

2.10

c Wie geht die Reihe weiter? Hören Sie und sprechen Sie nach.

10 – 20 – … – … – … – … – … – … – … – 100

11 – 22 – … –… – … – … – … – … – 99

15 – 30 – … – … – … – 90 20 – 40 – … – … – 100

14 Ana Schmidt 14

a Hören Sie und kreuzen Sie an. Was ist richtig? 2.11

1 Woher kommt Ana?
- ☐ a Aus Frankfurt.
- ☐ b Aus Italien.
- ☐ c Aus Bulgarien.

2 Wo wohnt sie?
- ☐ a Hamburger Allee 6
- ☐ b Hamburger Allee 8
- ☐ c Hamburger Allee 18

3 Hat sie Kinder?
- ☐ a Ja, ein Kind.
- ☐ b Ja, drei Kinder.
- ☐ c Nein.

b Hören Sie noch einmal und ergänzen Sie das Formular für Ana.

Nachname Schmidt ... 1 ...
Vorname ... 2 ...
Heimatland ... 3 ...
Adresse ... 4 ...
Telefonnummer ... 5 ...
Familienstand ... 6 ...
Kinder ... 7 ...

c Füllen Sie das Formular aus. Wie ist Ihr Nachname? …

Nachname ...
Vorname ...
Heimatland ...
Adresse ...
Telefonnummer ...
Familienstand ...
Kinder ...

15 Das Verb *sein* 13

a Ergänzen Sie die Tabelle.

ich bin	er/sie ...	…
du ...	wir ...	sie/Sie ...

b Ergänzen Sie *sein* in der richtigen Form.

1 Wie alt ... deine Tochter? – Sie ... 12 Jahre alt.
2 Und wie alt ... du, Raschid? – Ich ... 35.
3 Herr Kowalski, wie alt ... Sie? – Ich ... 42 Jahre alt.
4 Wie alt sind Sarah und Lea? – Sie ... 11 und 12 Jahre alt.

16 Informationen zur Person 14

a Was passt zusammen? Ordnen Sie zu.

1 Sind Sie verheiratet?
2 Haben Sie Kinder?
3 Wie alt ist Ihr Kind?
4 Wo wohnen Sie?
5 Wie ist Ihre Adresse?
6 Wie ist die Postleitzahl?
7 Wie ist Ihre Telefonnummer?

a Berliner Straße 17 in 50868 Köln.
b 50868.
c Nein, ich bin geschieden.
d 0221 673942.
e In Köln.
f Ja, ein Kind.
g Zwölf Jahre.

2.12 **b** Hören Sie zur Kontrolle.

17 Antworten Sie. 14

1 Sind Sie verheiratet?

....

2 Haben Sie Kinder? (Wie alt sind Ihre Kinder?)

....

3 Wo wohnen Sie?

....

18 Formulare 14

a Ordnen Sie zu und ergänzen Sie.

Telefonnummer | Kinder | Nachname | Heimatland | Adresse | Familienstand | Vorname

.... Naumann
.... Bettina
.... Deutschland
.... Berliner Straße 20
63456 Hanau
.... 06181 52 33 2
.... ☒ verheiratet ☐ ledig
☐ geschieden ☐ verwitwet
.... drei

b Ordnen Sie zu.

~~Straße~~ | Vorname | ledig | Hausnummer | Postleitzahl (PLZ) | geschieden | Familienname
verheiratet | Nachname | Wohnort | ~~verwitwet~~

Name: …………………………

Adresse: Straße …………………………

Familienstand: verwitwet …………………………

19 Familie Yılmaz

Herr und Frau Yılmaz ……1…… aus der Türkei (kommen).

Er ……2…… schon 12 Jahre und sie ……3…… vier Jahre in Hamburg (wohnen, leben).

Sie ……4…… einen Sohn (haben). Er ……5…… Mahmud und ……6…… drei Jahre alt (heißen, sein).

Zu Hause ……7…… sie Deutsch und Türkisch (sprechen).

20 Deutsche Vornamen

Kreuzen Sie an: Mann oder Frau?

Peter	☐	☐	Udo	☐	☐
Ben	☐	☐	Paul	☐	☐
Michael	☐	☐	Lea	☐	☐
Sophie	☐	☐	Katrin	☐	☐
Jonas	☐	☐	Alexandra	☐	☐
Paula	☐	☐	Martin	☐	☐
Ulrich	☐	☐	Louise	☐	☐

21 Das Verb *sein* 16

2.13

Ergänzen Sie die Verben. Hören Sie danach zur Kontrolle.

- Guten Tag. Mein Name ……1…… Isabella Perez.
- Hallo, ich ……2…… Surya Singla. Ich komme aus Indien. Woher ……3…… Sie, Frau Perez?
- Ich ……4…… aus Spanien. Frau Singla, haben Sie Kinder?
- Nein, und Sie?
- Ich habe zwei Kinder, Alberto und Isabella. Sie ……5…… 5 und 7 Jahre alt. … Da kommt Juan.
- Hallo Isabella. Guten Tag, Frau …
- Singla …
- Frau Singla. Ich ……6…… Juan. Sagen wir „du“?
- Ja, natürlich. Juan, ……7…… du auch aus Spanien?
- Nein, ich komme aus Peru. ……8…… ihr beide auch im Deutschkurs?
- Ja, wir ……9…… zusammen im Kurs A1.

22 Ordnen Sie die E-Mail und schreiben Sie die E-Mail neu. 17

~~Hallo Ludmila,~~

ist nett. Und was machst du? Mein Bruder sagt,

Viele Grüße

Frankfurt. Stimmt das?

wie geht es dir? Mir geht es gut. Ich wohne jetzt

Mary

in Berlin und lerne Deutsch. Die Lehrerin

du bist jetzt Englischlehrerin in

Hallo Ludmila,

23 Verben. Ergänzen Sie die richtigen Endungen. 18

1 Woher komm*en* Sie? — Ich komm*e* aus Griechenland.

2 Wo wohn...... Sie? — Wir wohn...... in Berlin.

3 Was mach...... Sie in Berlin? — Wir lern...... Deutsch.

4 Woher komm...... du? — Ich komm...... aus der Türkei.

5 Und woher komm...... Sie? — Wir komm...... aus Rumänien.

6 Was mach...... ihr jetzt? — Wir mach...... eine Pause.

7 Lern...... Joana auch Deutsch? — Sie lern...... Deutsch und Englisch.

24 Sprechen: Ergänzen Sie die richtigen Verbformen. 18

- ● Herr Gonzales, sprechen Sie Deutsch?
- ○ Ja, ich .... Deutsch, Englisch und natürlich Spanisch.
- ● Tom und Agnes, ... ihr Deutsch?
- ○ Ja, wir .... ein bisschen Deutsch.
- ● Julia, ... du auch Englisch?
- ○ Nein, ich .... kein Englisch, aber Johanna .... gut Englisch.

25 Ergänzen Sie die Verbformen. 18

Herr Neumann .... (sprechen) sehr schnell und ich .... (verstehen) nicht alles. Das ist kein Problem. Ich .... (fragen) dann und er .... (sagen) alles noch einmal. Jetzt .... (haben) wir Pause. Ich .... (schreiben) schnell eine SMS und dann .... (lernen) wir wieder Deutsch.

26 Wochentage 19

a Schreiben und ordnen Sie die Wochentage.

tagMon | Dietagsn | woMittch | Dontagners | tFreiga | gatsmaS | gatnnoS

Montag						

b Schreiben Sie die Fragen richtig. Ergänzen Sie die Antworten.

1 Sonntag | heute | ist | ? Ist heute Sonntag? — Ja, richtig.

2 Montag | heute | ist | ? ....? — Nein, heute ist ....

3 ist | übermorgen | Mittwoch | ? ....? — Nein, übermorgen ist ....

4 Samstag | gestern | war | ? ....? — ....

5 vorgestern | Donnerstag | war | ? ....? — ....

27 Was ist richtig? Kreuzen Sie an: a, b oder c? 2.14 20

1 Wann ist kein Deutschkurs?

a ☐ Am Dienstag b ☐ Am Mittwoch c ☐ Am Donnerstag

2 Wo ist der Deutschkurs?

a ☐ In Raum 103 b ☐ In Raum 113 c ☐ In Raum 131

3 Was sind die Hausaufgaben?

a ☐ Seite 9, Übung 10 b ☐ Seite 10, Übung 9 c ☐ Seite 10, Übung 19

28 Nein! 21

Was ist richtig?

1 Ana Schmidt kommt aus Deutschland. – Nein, sie kommt nicht aus Deutschland.
Sie kommt aus Bulgarien.

2 Rabia Navid kommt aus dem Irak. – Nein, sie ....
.... aus dem Iran.

3 Miguel spricht Arabisch. – Nein, er ....
.... Spanisch.

4 Frau Hesse wohnt in Düsseldorf. – Nein, sie ....
.... in Köln.

29 *Nicht* oder *kein/e*? Ergänzen Sie. 21

1 Ich verstehe .... alles. – Das ist .... Problem. Fragen Sie noch einmal.

2 Das ist .... Wörterbuch, das ist ein Übungsbuch.

3 Was ist die Hausaufgabe? Ich weiß ....

4 Das ist .... richtig.

5 Ich mache .... Pause.

6 Ich bin .... im Englischkurs.

7 Wir sprechen .... viel.

Ich habe keine Ahnung!

Lernwortschatz

Familie

die Familie
die Eltern
der Vater
die Mutter
der Sohn
die Tochter
der Bruder
die Schwester
die Frau
der Herr
der Mann
das Kind
keine Kinder
das Jahr

Formulare

das Formular ausfüllen
der Name
der Vorname
der Nachname/Familienname
die Adresse
die Straße
die Hausnummer
die Postleitzahl (PLZ)
der Wohnort
die Telefonnummer
die Handynummer
das Heimatland
zuhause
Familienstand: ledig | verheiratet | geschieden | verwitwet

nachfragen

Was heißt …?
buchstabieren

bitte – danke
ja – nein

Wann?

vorgestern
gestern
heute
morgen
übermorgen
die Woche
das Wochenende

c Ergänzen Sie die richtige Form von *fahren* und *dem* oder *der*.

1 Morgens .... ich immer mit .... Zug.

2 .... du morgen mit .... Auto?

3 Aha, Sie .... also mit .... Taxi. Gut.

4 Carlo und ich .... manchmal mit .... S-Bahn.

5 Mit .... Straßenbahn .... man 15 Minuten.

6 .... ihr auch mit .... Bus um 18.30 Uhr?

2.15 **d** Hören Sie die Sätze zur Kontrolle.

2.16

3 Ergänzen Sie 2

die richtige Form von *nehmen* und *den*, *das* oder *die*. Hören Sie die Sätze zur Kontrolle.

1 .... du morgen auch .... Zug um 6.30 Uhr?

2 Super. Dann .... wir .... Straßenbahn Nummer 12.

3 Ich .... montags immer .... Motorroller.

4 Claudia und Ralf .... Bus um 15.30 Uhr.

5 Mein Mann .... abends oft .... U-Bahn.

6 .... ihr auch .... Fahrrad?

4 Schreiben Sie Sätze. 2

1 heute / nehmen / ich / Straßenbahn — *Heute nehme ich die Straßenbahn.*

2 Die Frau / Auto / immer / fahren ....

3 du / manchmal / nehmen / Fahrrad ....

4 Klara und Hans / fahren / Bus ....

5 wir / Taxi / oft / nehmen ....

6 ihr / fahren / am Sonntag / Zug ....

7 Mann / gehen / zu Fuß ....

5 Öffentliche Gebäude 5 4

Schreiben Sie die Wörter mit dem Artikel.

Apothekekrankenkassekinobahnhofpolizeibibliothekcaféschwimmbadhotelvolkshochschulekirchebürger
büroschulebankrathauskrankenhausrestaurantjobcenterpostsupermarkt

die Apotheke, ……

……

……

6 Hören Sie drei Dialoge. 4

2.17

Schreiben Sie, wohin die Personen möchten und wie sie dorthin kommen.

1 1 Maxim möchte zur Post. Er fährt mit dem Bus.
2 Svetlana möchte …… . Sie fährt …… .
2 3 Igor möchte …… . Er nimmt …… .
4 Mia möchte …… . Sie nimmt …… .
3 5 Luis möchte …… . Er nimmt …… .
6 Clara möchte …… . Sie geht …… .

7 Wo ist …? Schauen Sie im Klassenzimmer. 6

1 Wo ist die Lehrerin? – Sie ist vor der Klasse.
2 Wo ist das Handy? – Es ist ……
3 Wo sind die Bücher? – ……
4 Wo ist der CD-Player? – ……
5 Wo ist der Stift? – ……
6 Wo bist du? – Ich bin ……

8 Wo ist was? Schreiben Sie die Antworten. 6

1 Wo ist das Auto? – Das Auto ist neben dem …… .
2 Wo ist der Bus? – Der Bus ist …… dem Auto.
3 Wo ist das Fahrrad. – Es ist …… Straßenbahn.
4 Wo ist der Zug? – Er ist …… Flugzeug.
5 Wo ist die Straßenbahn? – ……
6 Wo ist das Flugzeug? – ……

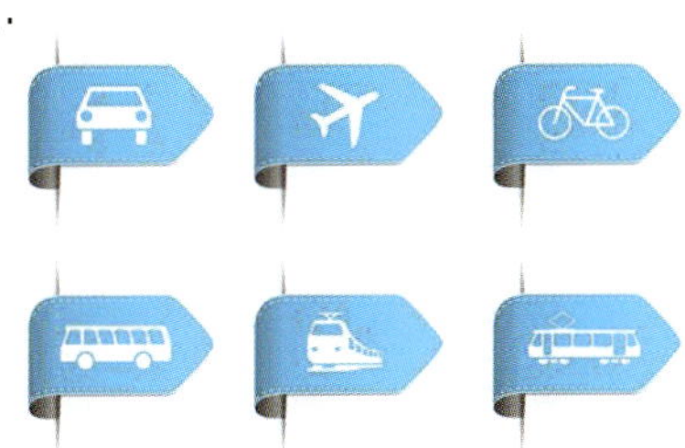

9 Wo sind die Personen? Ergänzen Sie die Sätze mit *in*. 7

1 Hans ist ....

2 Caro und Klaus sind ....

3 Anna ist ....

4 Die Kinder sind ....

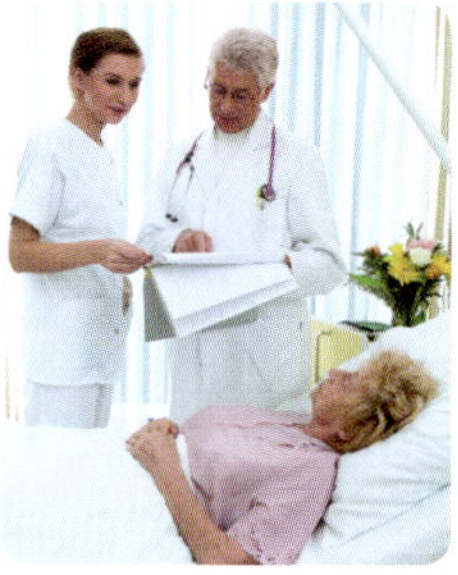

5 Die Frau ist ....

6 Die Frau und der Mann sind ....

10 Ordnen Sie zu. 9

1 Gregor ist in
2 Olivia ist im
3 Holger ist in der
4 Martin ist beim

a Jobcenter.
b Kirche.
c Arzt.
d München.

11 Wo sind die Personen? 9

Ergänzen Sie die Sätze mit einer Form von *bei*.

1 Die Ärztin ist bei der Frau.

2 Die Frau ist ....

3 Das Kind ist ....

4 Claudia ist ....

12 Wohin gehen oder fahren Sie? 10

a Ordnen Sie die Wörter.

Apotheke, Arzt, Bahnhof, Bank, Bibliothek, Bürgerbüro, Bushaltestelle, Café, Friseur, Hotel, Jobcenter, Kino, Krankenhaus, Krankenkasse, Polizei, Post, Schule, Volkshochschule

zum	zur
...	...

b Bilden Sie Sätze mit *gehen* oder *fahren* und den Wörtern aus 12a.

1 Ich gehe zur Post .
2 Du ....
3 Er ....
4 Sie ....
5 Wir ....
6 Ihr ....
7 Sie ....

13 Imperativ 11

a Ergänzen Sie die Tabelle.

Infinitiv	Imperativ: Sie
gehen	
fahren	
nehmen	
fragen	
laufen	

b Ergänzen Sie die Dialoge mit den Verben aus der Tabelle.

1 ● Entschuldigung, wie komme ich zur Post?
○ .... mit dem Bus, Linie 34.

2 ● Entschuldigung, ich suche die Bahnhofstraße.
○ .... geradeaus und die zweite Straße nach links.

3 ● Wie komme ich zur Apotheke?
○ .... den Bus, Linie 28, bis zur Lindenstraße.

14 Einen Weg beschreiben 12

a Thomas kommt mit dem Bus an. Lesen Sie die drei Texte. Wohin geht er?

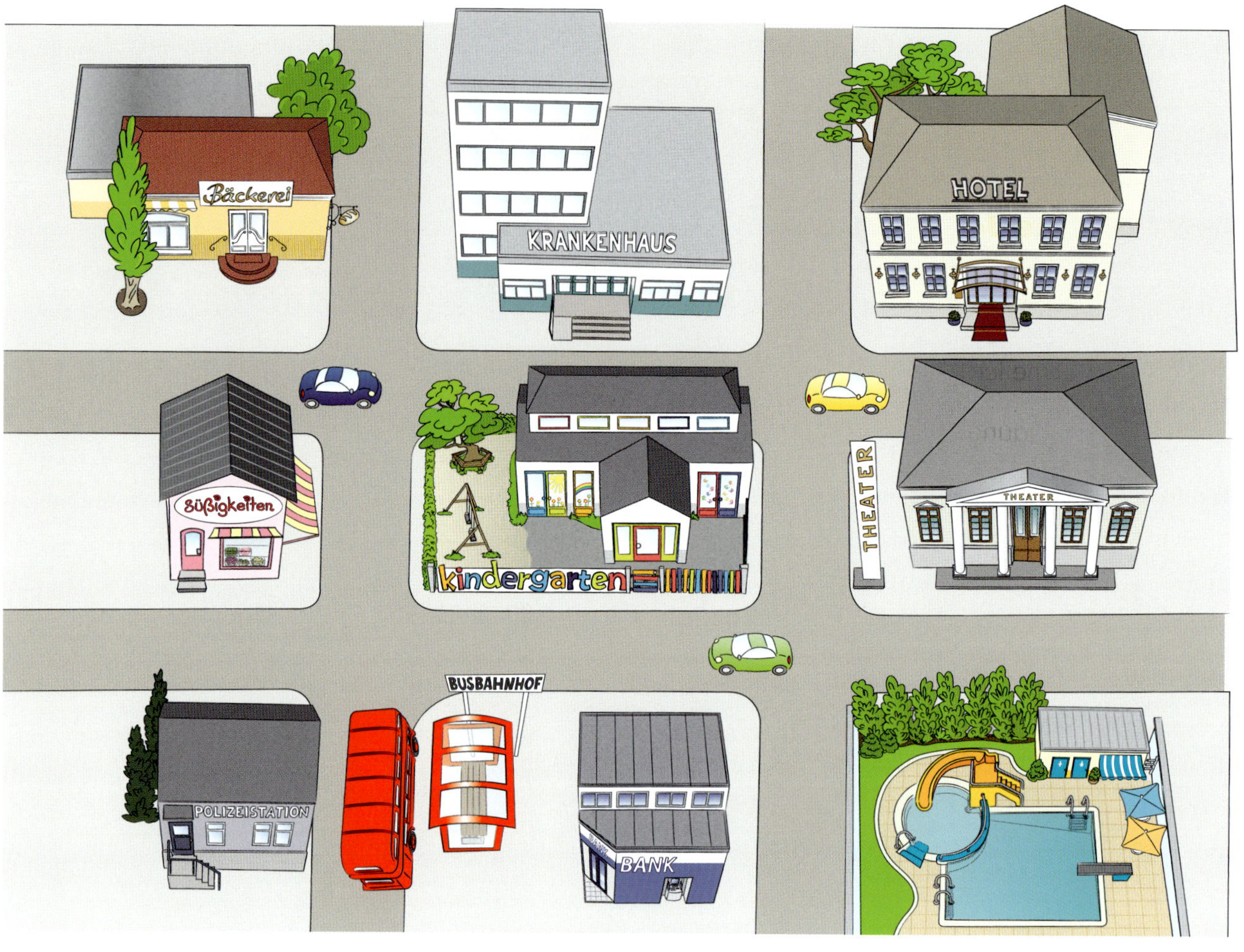

1 Gehen Sie geradeaus. Nehmen Sie die erste Straße rechts. Das ist die Friedenstraße. Gehen Sie bis zur ersten Kreuzung. Gehen Sie dann nach rechts und Sie sind gleich am Ziel. Viel Spaß! ....

2 Gehen Sie geradeaus. Nehmen Sie an der zweiten Kreuzung die Straße rechts. Das ist die Simonstraße. Gehen Sie weiter geradeaus. Gehen Sie über die Kreuzung. Das Ziel ist links. Gute Nacht! ....

3 Gehen Sie geradeaus. Nehmen Sie die zweite Straße rechts. Das ist die Simonstraße. Das Ziel ist gleich links. Gute Besserung! ....

b Beschreiben Sie die Wege. Benutzen Sie den Stadtplan aus Aufgabe 14a

1 Wie komme ich vom Theater zur Bäckerei?

....

....

....

....

2 Wie komme ich vom Schwimmbad zum Krankenhaus?

....

....

....

15 Wo ist das Jobcenter, bitte? 12

a Hören Sie den Dialog. Ordnen Sie die Sätze. 2.18

- [ ] Wie komme ich zum Jobcenter?
- [1] Entschuldigung.
- [ ] Nehmen Sie die zweite Straße rechts.
- [ ] Ja?
- [ ] Das Jobcenter ist ungefähr 300 Meter hinter der Kreuzung links.
- [ ] Gehen Sie hier geradeaus.
- [ ] Gut, vielen Dank.
- [ ] Dann gehen Sie weiter geradeaus bis zur Kreuzung und weiter über die Kreuzung.
- [ ] Gern geschehen.

b Hören Sie den Dialog noch einmal zur Kontrolle.

16 Nach dem Weg fragen. Schreiben Sie die Fragen. 12

1 Frage: *Entschuldigung. Wo ist die Post?*
Antwort: Gehen Sie immer geradeaus. Die Post ist links.

2 Frage: ....
Antwort: Fahren Sie mit der S-Bahn, Linie 6. Die Linie 6 fährt direkt zum Bahnhof.

3 Frage: ....
Antwort: Ja, hier ist ein Supermarkt. Gehen Sie geradeaus und die erste Straße rechts.

4 Frage: ....
Antwort: Die Volkshochschule ist ganz nah. Gehen Sie immer geradeaus.

5 Frage: ....
Antwort: Das Jobcenter? Keine Ahnung!

Lernwortschatz

Verkehrsmittel
das Auto ....
der Bus ....
das Fahrrad ....
die S-Bahn ....
die Straßenbahn ....
der Zug ....
zu Fuß ....

Verben
fahren ....
gehen ....
nehmen ....

Gebäude/Einrichtungen/Plätze
die Apotheke ....
der Bahnhof ....
die Bank ....
die Bibliothek ....
das Bürgerbüro ....
die Bushaltestelle ....
das Café ....
das Jobcenter ....
das Kino ....
die Kirche ....
das Krankenhaus ....
die Krankenkasse ....
der Park ....
die Polizei ....
die Post ....
das Rathaus ....
das Restaurant ....
die Schule ....
das Schwimmbad ....
der Supermarkt ....
die Volkshochschule (VHS) ....

Berufe
der Arzt, die Ärztin ....
der Friseur, die Friseurin ....

Wegbeschreibung
geradeaus ....
links ....
rechts ....
die Ampel ....
die Kreuzung ....

1 Wie heißen die Körperteile? 1

Finden Sie 20 Wörter waagerecht (→) und senkrecht (↓). Schreiben Sie die Wörter mit den Artikeln.

W	M	P	A	R	M	S	Y	Z	E	H	A	N
P	B	R	U	S	T	K	G	A	N	A	U	A
Q	E	H	A	O	H	R	E	H	M	N	G	S
R	Ü	C	K	E	N	K	E	N	U	D	E	E
B	E	I	N	V	H	A	L	S	N	O	Y	T
O	Q	H	I	M	U	N	D	T	D	Q	V	B
S	C	X	E	L	L	B	O	G	E	N	P	F
S	C	H	U	L	T	E	R	F	K	O	P	F
W	A	H	A	A	R	E	B	A	U	C	H	U
X	F	I	N	G	E	R	H	ß	Q	R	V	ß

das Auge

2 Was haben Sie einmal, zweimal …? Ergänzen Sie. 1

1 Ich habe einen Kopf, einen Bauch,

2 Ich habe zwei

3 Ich habe zehn

3 Was passt nicht? Streichen Sie durch. 1

1 das Ohr | das Auge | die Nase | ~~der Rücken~~
2 die Schulter | der Fuß | der Bauch | der Ellbogen
3 der Fuß | das Bein | der Finger | das Knie
4 die Hand | der Zeh | der Finger | der Arm
5 der Kopf | die Brust | die Haare | der Mund

4 Mir geht es nicht gut. 2

a Ergänzen Sie die Sätze.

1 Ich habe Kopfschmerzen. Mein Kopf tut weh.
2 Ich habe Halsschmerzen. Mein ……
3 Ich habe Bauchschmerzen. Mein ……
4 Ich habe Ohrenschmerzen. Meine ……
5 Ich habe Zahnschmerzen. Meine ……

2.19 **b** Hören Sie zur Kontrolle und sprechen Sie nach.

5 *Mein/meine* oder *dein/deine*. Was ist richtig? Ergänzen Sie. 3

● Hallo, Martin. Wie geht es dir? Hast du Schmerzen?
○ Ja, …… Rücken und …… Beine tun weh.
● …… Rücken tut ja sehr oft weh. Und …… Beine auch. Geh zum Arzt.

6 Ergänzen Sie die Possessivpronomen. 3

mein/meine, dein/deine, Ihr/Ihre

1 ● Herr Souda, wann ist …… Deutschkurs?
○ …… Kurs ist Montag bis Freitag, immer von 9 bis 12 Uhr.

2 ● Joana, ist das …… Wörterbuch?
○ Nein, das ist nicht …… Wörterbuch, das ist das Wörterbuch von John.

3 ● Herr Dang, wo haben Sie Schmerzen? Tut …… linke oder …… rechte Hand weh?
○ …… linke Hand.

4 ● Felix, sag mal aaah!
○ Aaah.
● Oh, …… Hals ist ganz rot!

7 Was ist richtig? Ergänzen Sie *ihr/ihre* oder *sein/seine*. 4

1 Tom ist krank. .... Kopf, ... Hals und .... Ohren tun weh.
Er geht zum Arzt. .... Arzt ist Doktor Schmidt.

2 Maria ist auch krank. .... Zähne und .... Kopf tun weh.
.... Arzt ist Doktor Schneider.

3 Haben Sie die Adresse von Herrn Doktor Schneider?
Ja, ... Adresse ist Kahlstraße 12. .... Telefonnummer ist 45 33 21.
Er arbeitet mit einer Kollegin, Frau Rausch, ... Adresse ist auch Kahlstraße 12, aber
.... Telefonnummer ist 45 33 22.

8 Beim Arzt 6

a Was passt? Verbinden Sie.

1 das Warte	a hilfe
2 das Kranken	b haus
3 die Krank	c stunde
4 die Gesundheits	d weisung
5 die Sprechstunden	e karte
6 der Haus	f zimmer
7 die Über	g arzt
8 die Sprech	h meldung

b Ergänzen Sie die Sätze mit Wörtern aus 8a.

1 Frau Pop arbeitet als .... bei Doktor Schneider.
2 Herr Schneider ist ....
3 Lola hat Rückenschmerzen. Der Hausarzt gibt eine .... zum Facharzt.
4 Beim Arzt braucht man immer die ....
5 Für die Arbeit braucht man eine ....
6 Doktor Schneider hat immer von 9 bis 12 und von 13 bis 17 Uhr ....
7 Sie müssen noch warten. Bitte gehen Sie ins ....

9 Gesundheitstipps 7

a Was sollst du machen? Was sollen Sie machen? Schreiben Sie Sätze.

1 Mein Hals tut weh.
(zum Arzt gehen) Geh zum Arzt. Gehen Sie zum Arzt.

2 Ich habe Rückenschmerzen.
(Sport machen) ....

3 Ich habe Fieber.
(eine Tablette nehmen) ....

4 Ich habe eine Erkältung.
(im Bett bleiben) ....

b Was sollt ihr machen? Schreiben Sie Sätze.

1 Wir haben ein Rezept.
(in die Apotheke gehen) Geht in die Apotheke.

2 Wir müssen zum Arzt gehen.
(einen Termin machen) ....

3 Wir sind immer müde.
(Kaffee trinken) ....

4 Wir mögen keinen Kaffee.
(einen Tee nehmen) ....

10 *Sollen* und *dürfen*. Ergänzen Sie die Tabelle. 8 9

	sollen	dürfen
ich	soll	
du		
er/sie/es		
wir		
ihr		dürft
sie/Sie		

11 Ergänzen Sie die richtigen Verbformen von *sollen*. 8

1 Ich muss in die Apotheke gehen. Der Arzt sagt, ich .... in die Apotheke gehen.

2 Ihr müsst den Verband wechseln. Der Arzt sagt, ihr .... den Verband wechseln.

3 Pepin und Jasmin müssen zum Arzt gehen. Die Lehrerin sagt, Pepin und Jasmin .... zum Arzt gehen.

4 Tomek muss im Bett bleiben. Der Arzt sagt, Tomek .... im Bett bleiben.

5 Du musst die Salbe nehmen. Der Arzt sagt, du .... die Salbe nehmen.

12 Ergänzen Sie die richtigen Verbformen von *dürfen*. 9

1 Beata und Tomek sind krank. Sie .... keinen Kaffee trinken.

2 Julia .... heute nicht arbeiten.

3 .... du Sport machen? Nein, das .... ich nicht. Ich muss im Bett bleiben.

4 Herr Schulz, ... Sie heute nach Hause?

Nein, ich .... noch nicht nach Hause. Ich muss noch zwei Tage im Krankenhaus bleiben.

5 .... wir heute fünf Minuten länger Pause machen?

13 Sätze mit Modalverben. Schreiben Sie die Sätze richtig. 9

1 Der Arzt sagt, ich | keinen Kaffee | soll | trinken | .

....

2 Was | ich | machen | soll | ? | Darf | heute | arbeiten | ich | ?

....

3 Der Arzt sagt, | sollst | du | bleiben | im Bett | .

....

14 Sie hören Nachrichten am Telefon. 11

2.20

Welche Aussage ist richtig? Kreuzen Sie an: a, b oder c.

1 Wann soll Herr Kowalski zum Arzt gehen?

- ☐ a Am Dienstag.
- ☐ b Am Mittwoch.
- ☐ c Am Montag.

2 Wann hat der Arzt keine Sprechstunde?

- ☐ a Am Freitagnachmittag.
- ☐ b Am Freitagvormittag.
- ☐ c Am Montagnachmittag.

3 Wann soll Frau Okoye beim Arzt anrufen?

- ☐ a Heute.
- ☐ b Morgen um 14.00 Uhr.
- ☐ c Morgen um 14.30 Uhr.

15 Termine [11]

2.21

Welche Reaktion ist richtig? Hören Sie und kreuzen Sie an.

1

a ☐ Ja, ich kann meinen Termin verschieben.

b ☐ Ja, ich kann leider nicht kommen.

c ☐ Ja, möchten Sie einen neuen Termin?

2

a ☐ Ja, das passt gut.

b ☐ Ja, es geht mir gut.

c ☐ Ja, um 10 Uhr.

16 Eine Krankmeldung. Ergänzen Sie die Lücken. [13]

Erkältung | Krankmeldung | freundlichen | geehrte | kann | soll | krank

KRANKMELDUNG

Leipzig, 1.10.20 . .

Sehr .... Frau Schreiber,

ich .... morgen leider nicht zum Praktikum kommen. Ich bin .... und habe eine .... und Fieber. Der Arzt sagt, ich .... im Bett bleiben.

Meine .... finden Sie anbei.

Mit .... Grüßen

....

17 Sie haben Rückenschmerzen. [13]

Sie können eine Woche nicht zum Praktikum kommen. Schreiben Sie eine Entschuldigung an Ihre Praktikumsbetreuerin Frau Schmidt. Der Brief in Übung 16 hilft.

Schreiben Sie etwas zu den folgenden Punkten:

Warum Sie nicht kommen können
Wann Sie wieder kommen können
Krankschreibung vom Arzt

Krankmeldung

Sehr ....

....

....

....

....

....

....

....

....

....

Mit ....

....

18 Bist du krank? 1|13

a Schreiben Sie die Sätze richtig. Welche Wörter schreibt man groß, welche klein? Ergänzen Sie auch Fragezeichen (?) oder Punkte (.) am Satzende.

Kursteilnehmerin:	hastduschmerzen	....
Kursteilnehmer:	jameinrückentutweh	....
Kursteilnehmerin:	undwasmachstdu	....
	nimmstdutabletten	....
Kursteilnehmer:	ichgehemorgenzumarzt	....

b Hören Sie die Sätze zur Kontrolle. 2.22

Lernwortschatz

Der Körper

der Arm ....
das Auge ....
der Bauch ....
das Bein ....
der Finger ....
der Fuß ....
das Gesicht ....
die Hand ....
der Kopf ....
der Mund ....
die Nase ....
das Ohr ....
der Rücken ....

Krankheiten

krank ....
die Erkältung ....
das Fieber ....
der Schmerz ....
der Schnupfen ....
Gute Besserung! ....

Beim Arzt

die Krankmeldung ....
die Sprechstunde ....
der Termin ....
einen Termin machen/absagen/verschieben ....
die Untersuchung ....

In der Apotheke

das Rezept ....
die Tablette ....
der Hustensaft ....
die Tropfen (Pl.) ....
die Apotheke ....

Verben

atmen ....
holen ....
bringen ....
nehmen ....
schmerzen ....
warten ....
wehtun ....
wiederkommen ....

1 Berufe

Mann oder Frau? Ergänzen Sie.

Mann	Frau
1	Bäckerin
2 Lehrer	....
3	Kellnerin
4 Automechaniker	....
5	Ärztin
6 Sänger	....
(!) 7	Krankenschwester oder Krankenpflegerin
(!) 8 Bürokaufmann	....

2 Berufe

Wer arbeitet wo? Schreiben Sie.

~~die Lehrerin~~ | der Bäcker | der Krankenpfleger | der Arzt | die Bürokauffrau | die Kellnerin | der Automechaniker

im Restaurant | im Krankenhaus | in der Schule | in der Bäckerei | in der Werkstatt | im Büro

1 Die Lehrerin arbeitet ....

2 ....

3 ....

4 ....

5 ....

6 ....

7 ....

3 Tätigkeiten im Beruf 2

Was passt zusammen? Verbinden Sie.

1 kranke Menschen	a backen
2 Autos	b telefonieren
3 Brot und Brötchen	c servieren
4 Hausaufgaben	d pflegen
5 mit Kunden	e reparieren
6 am Computer	f korrigieren
7 das Essen	g arbeiten

4 Ergänzen Sie die Sätze mit Verben aus Übung 3. 2

1 Petra arbeitet im Krankenhaus. Sie ...pflegt... kranke Menschen.

2 Herr Yildirim ist Bäcker. Er steht immer früh auf und .... in der Nacht Brot und Brötchen.

3 Julia ist Bürokauffrau. Die Arbeit ist nie langweilig, sie .... oft mit Kunden und .... viel am Computer.

4 Frau Weber arbeitet in einem Restaurant. Sie .... Essen und Getränke.

5 Murat arbeitet in einer Werkstatt. Er .... Fahrräder.

6 Herr Lohmann ist unser Kursleiter. Er unterrichtet und .... die Hausaufgaben.

5 Lesen Sie die E-Mail. 2

Sind die Aussagen 1–5 richtig oder falsch? Kreuzen Sie an.

Hallo Julia,

wie geht es dir? Du, ich habe eine neue Arbeit! Super. Du weißt, ich habe eine Ausbildung als Krankenpflegerin und jetzt arbeite ich hier im Krankenhaus Mitte als Krankenschwester. Die Arbeit ist interessant. Ich habe aber auch viel Stress. Meine Arbeitstage sind lang. Manchmal habe ich Nachtdienst und oft habe ich am Wochenende nicht frei. Aber ich mache meine Arbeit gern, ich arbeite gern mit und für Menschen und die Kollegen sind sehr nett.

Und wie geht es dir? Was macht dein Deutschkurs? Schreib doch mal wieder.

Liebe Grüße
Petra

1 Petra macht eine Ausbildung.	richtig ☐	falsch ☐
2 Petra mag ihre Arbeit.	richtig ☐	falsch ☐
3 Sie findet die Arbeit nicht langweilig.	richtig ☐	falsch ☐
4 Petra arbeitet immer nachts.	richtig ☐	falsch ☐
5 Petra lernt Deutsch.	richtig ☐	falsch ☐

6 Meine Arbeit 2

a Was passt zusammen? Verbinden Sie.

1 Ich arbeite als Koch
2 Ich habe im Moment
3 Ich gehe
4 Ich arbeite zu Hause.
5 Ich studiere
6 Ich lerne noch und mache

a eine Ausbildung im Hotel.
b Ich bin Hausfrau.
c noch zur Schule.
d in einem Restaurant.
e keine Arbeit.
f an der Universität.

b Schreiben Sie die Sätze aus 6a.

1 Ich arbeite als Koch in einem Restaurant.
2 ...
3 ...
4 ...
5 ...
6 ...

c Und Sie? Schreiben Sie Sätze wie in 6b.

...
...
...

7 *Können* und *müssen*. Ergänzen Sie die Tabelle. 3|4

	können	müssen
ich	kann	
du		
er/sie/es		
wir		
ihr		müsst
sie/Sie		

8 Ergänzen Sie die richtigen Verbformen von *können*. 3

1 .... Sie gut kochen?

Ja, ich .... kochen. Ich bin Köchin von Beruf.

2 .... du Gitarre spielen, Sara?

Nein, das .... ich nicht. Aber ich .... singen.

3 .... ihr auch Englisch sprechen?

Ja, wir .... Englisch sprechen. Pedro .... auch Spanisch und etwas Italienisch sprechen.

9 Ergänzen Sie die richtigen Verbformen von *müssen*. 4

1 .... du am Wochenende arbeiten?

Ja, am Samstag .... ich in die Werkstatt gehen. Am Sonntag habe ich frei.

2 .... ihr noch Hausaufgaben machen?

Ja, wir .... einen Text lesen.

3 .... Sie auch nachts arbeiten?

Ich nicht, aber mein Mann ist Taxifahrer. Er .... manchmal auch nachts Taxi fahren.

10 *Müssen* oder *können*? Was passt? Unterstreichen Sie. 4

1 Kannst/Musst du gut kochen? – Ja. Ich habe eine Ausbildung als Köchin.

2 Kannst/Musst du morgen früh aufstehen? – Ja, schon um 5 Uhr.

3 Können/Müssen Sie Auto fahren? – Ja, ich bin Busfahrer von Beruf.

4 Könnt/Müsst ihr am Wochenende arbeiten? – Nein, am Wochenende haben wir frei.

5 Kann/Muss Walter Gitarre spielen? – Ja. Walter spielt auch Klavier.

11 Sätze mit Modalverben. Schreiben Sie die Sätze richtig. 4 5

1 Ich | am Wochenende | oft | arbeiten | muss | .

....

2 Murat | gut | Brot | kann | backen | .

....

3 Wir | das Auto | reparieren | müssen | .

....

4 Paolo | gut | Deutsch | lesen und schreiben | kann | .

....

5 Er | leider | noch nicht | kann | sprechen | so gut | .

....

6 Wann | Sie | kommen | können | ?

....

7 Ich | bis 6 Uhr | arbeiten | . | muss | Ich | Nachtdienst | . | habe (zwei Sätze)

....

8 Der Arzt | auch | muss | arbeiten | am Wochenende | .

....

12 Ein Interview mit Frau Jankowska

5

a Welche Antworten passen zu den Fragen? Nummerieren Sie.

1 Frau Jankowska, was sind Sie von Beruf?

2 Ist die Arbeit interessant?

3 Sie haben also viel Stress.

4 Und wie sind Ihre Arbeitszeiten?

5 Und bis wann müssen Sie heute arbeiten?

☐ Ja, das ist richtig. Ich arbeite aber gern mit Menschen und die Kollegen sind alle sehr nett.

☐ Heute ist Samstag. Da kann ich schon um 14 Uhr nach Hause.

☐ Naja, langweilig ist die Arbeit nicht. Ich habe immer viel zu tun. Ich arbeite in der Küche, manchmal serviere ich Essen und Getränke, abends muss ich auch noch putzen.

[1] Ich arbeite in der Kantine in einem Büro.

☐ Ich fange morgens um 9 Uhr an und bin um 18 Uhr fertig.

b Hören Sie den Dialog zur Kontrolle.

2.23

13 Lesen Sie die Texte und die Aufgaben 1–4. 6

Welche Anzeige ist interessant für Sie? Kreuzen Sie an: a oder b

1 Sie sind Koch und suchen Arbeit.

www.restaurant-vier-jahreszeiten.de
Wir suchen einen Koch/eine Köchin
Restaurant Vier Jahreszeiten
Arbeitszeiten: Sa/So 9–21 Uhr

www.frankfurt-restaurants.de
Frankfurt Essen und Trinken.
Restaurant-Tipps. Hier finden Sie gute Restaurants.

☐ a www.restaurant-4-jahreszeiten.de ☐ b www.frankfurt-restaurants.de

2 Ihr Fahrrad ist kaputt. Sie suchen eine Werkstatt.

www.derfahrradladen.de
Sie suchen ein neues Fahrrad?
Alle Modelle finden Sie bei uns zu kleinen Preisen.

www.fahrrad-schulze.de
Fahrrad-Mechanik Schulze.
Wir reparieren alle Fahrräder schnell und zuverlässig.

☐ a www.derfahrradladen.de ☐ b www.fahrrad-schulze.de

3 Sie möchten den Führerschein machen.

www.fahrservice.de
Gesucht: Fahrer mit Führerschein für Stadtfahrten

www.Fahrschule-Mitte.de.
Sie haben noch keinen Führerschein?
Kommen Sie zu uns. Flexible Kurszeiten

☐ a www.fahrservice.de ☐ b www.Fahrschule-Mitte.de.

4 Sie möchten als Aushilfe in einem Supermarkt arbeiten.

www.eurodiscount.de
Wir suchen flexible Mitarbeiter zu flexiblen Arbeitszeiten. Sofort melden!

www.lh-supermarkt.de
Ausbildung zum Einzelhandelskaufmann/zur Einzelhandelskauffrau. Plätze ab 1.9. frei!

☐ a www.eurodiscount.de ☐ b www.lh-supermarkt.de

14 Welche Reaktion ist richtig? 7|8

2.24

Hören Sie und kreuzen Sie an.

1 [a] Ja, gern von Montag bis Freitag. [b] Lieber von Montag bis Freitag. [c] Vormittags.

2 [a] Am Montag. [b] Von 8 bis 17 Uhr. [c] Nur bis 15 Uhr.

3 [a] Zu Fuß. [b] Mit der Straßenbahn. [c] Mit dem Fahrrad.

4 [a] Bitte schön. [b] Ja, natürlich. [c] Ja, ich arbeite schnell.

15 i oder ü?

a Hören Sie und ergänzen Sie die Wörter. 2.25

1 Nachbar: Wann fr__hst__cken Sie morgens?

Nachbarin: __mmer schon um f__nf. Ich arbeite im Krankenhaus und muss sehr fr__h mit der Arbeit beg__nnen. Ich tr__nke nur einen Kaffee mit M__lch.

2 Nachbarin: Haben Sie einen F__hrerschein?

Nachbar: Ja, ich b__n Tax__fahrer.

b Hören Sie noch einmal und sprechen Sie nach.

16 e oder ö?

a Hören Sie und ergänzen Sie die Wörter. 2.26

1 K__nnen Sie als K__llnerin bei uns arbeiten?

2 Doro arbeitet als K__chin im R__staurant.

3 Ich m__chte fl__xibel arbeiten.

4 Wir k__nnen schon perf__kt Deutsch sprechen.

Noch mehr Übungen zur Aussprache finden Sie im Anhang „Phonetik“.

b Hören Sie noch einmal und sprechen Sie nach.

17 ei oder ie?

a Hören Sie und ergänzen Sie die Wörter. 2.27

Handwerker: Haben Sie am D____nstagmittag Z____t?
Ich kann dann kommen und die Tür repar____ren.

Kunde: N____n, l____der nicht. Ich arb____te bis s____ben Uhr abends.
Aber am Fr____tag habe ich schon um vier Uhr Feierabend.

b Hören Sie noch einmal und sprechen Sie nach.

18 Diktat. Hören Sie und schreiben Sie die Sätze in Ihr Heft. 2.28

19 Im Restaurant 9

Ordnen Sie zu. Was passt?

1 die Ausbildung
2 die Arbeitserlaubnis
3 die Berufserfahrung
4 der Koch
5 die Köchin
6 die Küche
7 die Küchenhilfe
8 das Restaurant
9 die Stellenanzeige

a Der Mann kocht. Das ist seine Arbeit.
b Die Person hilft dem Koch.
c Hier arbeiten Köche und Küchenhilfen.
d Ich lerne drei Jahre einen Beruf. Dann bin ich Koch.
e Jemand arbeitet viele Jahre in einem Beruf. Er/Sie hat …
f Hier kann man essen und trinken.
g Ein Dokument. Da steht „Sie dürfen in Deutschland arbeiten."
h Wo kann ich arbeiten? Das steht in der Zeitung oder im Internet.
i Die Frau kocht. Das ist ihre Arbeit.

20 ich bin – ich war, du hast – du hattest 9 10

a Ergänzen Sie die Tabelle.

	sein	
ich	*bin*	
du		*warst*
er/sie/es		*war*
wir	*sind*	
ihr		*wart*
sie/Sie	*sind*	*waren*

b Welche Form von *sein* passt in welche Lücke?

1 Im Jahr 2000 *war* Eva 10 Jahre alt. Wie alt ...1... Eva heute?

2 ● ...2... du gestern im Kino?
○ Nein, ich ...3... immer noch krank.
● Du ...4... noch nicht gesund? Gute Besserung!

3 ○ ...5... ihr gestern im Deutschkurs?
● Ja, wir ...6... da. Der Unterricht ...7... lustig. Wo ...8... ihr?
○ Wir ...9... mit unserer Tochter beim Arzt. Heute ...10... wir da.

4 ● Wo ...11... Sie gestern zwischen 15 und 18 Uhr?
○ Ich ...12... in Friedberg. Jetzt ...13... ich hier und heute Nachmittag ...14... ich in Pfungstadt.

c Ergänzen Sie die Tabelle.

haben		
ich	habe	
du		hattest
er/sie/es		hatte
wir	haben	
ihr		hattet
sie/Sie	haben	

d Welche Form von *haben* passt in welche Lücke?

1 ● ....1........ Sie momentan eine Arbeit?
○ Nein, ich ....2........ jetzt keine Arbeit. In meinem Heimatland ....3........ ich Arbeit.

2 ● ....4........ ihr eine Katze?
○ Ja, wir ....5........ seit einem Jahr eine Katze. Vor drei Jahren ....6........ wir einen Hund.

3 ● ....7........ Sergej heute Zeit?
○ Nein, Sergej und Inna ....8........ heute einen Termin beim Jobcenter.

4 ● Du ....9........ letzte Woche Geburtstag. Stimmt das?
○ Ja, letzten Donnerstag ....10........ ich Geburtstag.
● Herzlichen Glückwunsch nachträglich!

21 Arbeiten in Deutschland

12

Was passt zu welchem Satz? Verbinden Sie.

1 Ein Rechtsanwalt hilft Menschen bei
2 Herr Mahsoudi war im Iran Gärtner.
3 Haben Sie eine Arbeitserlaubnis?
4 Ein Antrag ist
5 Ihr Berufsabschluss als Krankenschwester ist anerkannt.

a ein Formular.
b Sein Berufsabschluss ist in Deutschland anerkannt.
c Sie dürfen in Deutschland als Krankenschwester arbeiten.
d Rechtsproblemen (z. B. im Gericht).
e Nein? Dann dürfen Sie nicht arbeiten.

22 Der Arbeitsvertrag 14

a Ordnen Sie zu. Welches Wort passt?

1 Von wann bis wann arbeite ich?	a der Arbeitgeber
2 Ein Dokument. Da steht, was meine Arbeit ist, wie lange ich arbeite und wie viel Geld ich bekomme.	b der Arbeitnehmer
3 Der „Chef" ist …	c der Arbeitsvertrag
4 Der Mensch, der arbeitet, ist …	d die Arbeitszeit
5 So viel Geld zahlt der Chef.	e die Aufgaben
6 So viel Geld bekomme ich.	f der Bruttolohn
7 Das muss der Chef zahlen. ————	g der Mindestlohn
8 Das muss ich machen.	h der Nettolohn
9 Ich muss nicht arbeiten.	i der Urlaub

b Lesen Sie den Text und die Aussagen. Sind die Aussagen richtig oder falsch? Kreuzen Sie an.

> Herr Khalid arbeitet 36 Stunden pro Woche und verdient 8,50 € pro Stunde. Im Monat sind das 1.224 € brutto.
>
> Von seinem Bruttolohn zahlt Herr Khalid 16,58 € Steuern monatlich. Er muss auch Sozialabgaben bezahlen. Die Sozialabgaben bezahlt er für drei Versicherungen: die Arbeitslosenversicherung, die Krankenversicherung und die Pflegeversicherung. Herr Khalid zahlt für diese drei Versicherungen zusammen 250,61 € im Monat.
>
> Der Arbeitgeber überweist Herrn Khalid jeden Monat 956,81 €. Das ist sein Nettolohn. Im Jahr verdient er 11.481,72 €.

	richtig	falsch
1 Herr Khalid hat jeden Monat 1.224 €. Das Geld kann er ausgeben.	☐	☐
2 Herr Khalid zahlt keine Steuern.	☐	☐
3 Herr Khalid bezahlt Sozialabgaben.	☐	☐
4 Für die Sozialversicherungen zahlt Herr Khalid jeden Monat 956,81 €.	☐	☐
5 Herr Khalid bekommt seinen Nettolohn jeden Monat auf sein Konto.	☐	☐

Lernwortschatz

Arbeit

der Arbeitgeber
der Arbeitnehmer
die Arbeitserlaubnis
der Antrag
den Antrag auf … ausfüllen
der Arbeitsvertrag
die Arbeitszeit
die Ausbildung
die Ausbildung anerkennen
der Berufsabschluss
die Berufserfahrung
die Bewerbung
pro Stunde
der Stundenlohn
die Tätigkeit
der Urlaub
die Stellenanzeige

brutto – netto

Zeitangaben

am Montag
vorgestern
gestern
heute Morgen

Menschen und Arbeitsplätze

die Aushilfe
der Arzt
die Ärztin
der/die Bäcker/in
der Bürokaufmann
die Bürokauffrau
der Hausmann
die Hausfrau
der/die Kellner/in
der/die Kfz-Mechaniker/in
der (Chef-)Koch
die (Chef-)Köchin
der Kollege
die Kollegin
der Krankenpfleger
die Krankenschwester
der/die Schüler/in
der/die Student/in
der/die Taxifahrer/in
der/die Techniker/in
die Bäckerei

Lernwortschatz

das Büro ....
das Krankenhaus ....
das Restaurant ....
die Schule ....
die Universität ....
die Werkstatt ....
zu Hause ....

Am Arbeitsplatz

der Arbeitstag ....
frei haben ....
Stress haben ....
flexibel ....
freundlich ....
kreativ ....
langweilig ....
interessant ....
pünktlich ....
gern – lieber ....

Verben

arbeiten ....
backen ....
organisieren ....
pflegen ....
putzen ....
reparieren ....
schneiden ....
servieren ....
studieren ....
suchen ....
telefonieren ....
unterrichten ....

1 Der Tag. Ergänzen Sie. [1]

1 morgens der Morgen

2 vormittags ....

3 mittags ....

4 nachmittags ....

5 abends ....

6 nachts ....

2 Was macht Rabia wann? [1]

a Schreiben Sie. Welche Uhrzeit passt?

frühstücken	7.30 Uhr
Hausaufgaben machen	8.00 Uhr
kochen	13.15 Uhr
Musik hören	15.00 Uhr
schlafen	17.30 Uhr
Tee trinken	20.10 Uhr
zum Unterricht gehen	22.45 Uhr

1 Rabia frühstückt morgens um halb acht.

2 ....

3 ....

4 ....

5 ....

6 ....

7 ....

b Was machen Sie morgens, mittags und abends? [1]

1 ....

2 ....

3 ....

3 Trennbare Verben. Ergänzen Sie die Tabelle. 2

	aufstehen	einkaufen	fernsehen
ich	stehe auf		
du			
er/sie/es			
wir			
ihr			
sie/Sie			

4 Schreiben Sie Sätze. 2

1 Hatice | morgens | einkaufen | .

Hatice kauft morgens ein.

2 Murat | am Samstag | spät | aufstehen | .

....

3 mittags | Er | im Supermarkt | Lebensmittel | einkaufen | .

....

4 abends | Er und Hatice | fernsehen | .

....

5 Ergänzen Sie die Verbformen. 3

schlafen Abas, ... du am Wochenende gern lang?

Ja, ich .... immer bis 10 Uhr. Und wie lange .... ihr am Wochenende?

sprechen Tatjana und Oleg. Welche Sprachen .... ihr?

Wir .... Deutsch und Russisch. Und du, Anja, ... du auch Russisch?

lesen .... du gern, Tim?

Ja, klar. Ich .... gern und höre gern Musik.

essen .... Sie mittags zu Hause?

Ja, ich .... zu Hause. Ich arbeite abends.

6 Was macht Stefan am Samstag? 3

2.29

Hören Sie und kreuzen Sie an.

- ☐ arbeiten
- ☐ putzen
- ☐ Deutsch lernen
- ☐ einkaufen
- ☐ fernsehen
- ☐ ein Computerspiel machen
- ☐ kochen
- ☐ Fußball spielen
- ☐ Sport machen

7 Wie spät ist es? 4

a Schreiben Sie die Uhrzeiten.

1 Es ist fünf nach acht. ......

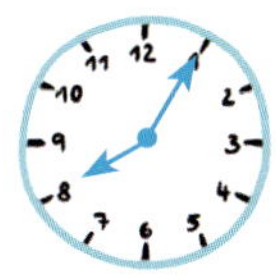

Es ist acht Uhr fünf. ......

Es ist zwanzig Uhr fünf. ......

2 ......

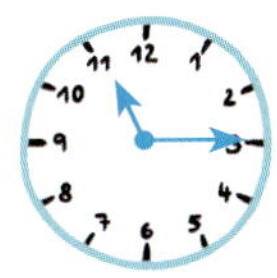

......

......

3 ......

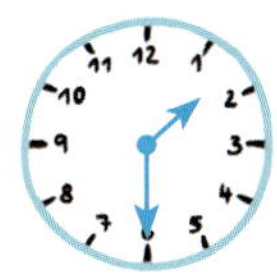

......

......

4 ......

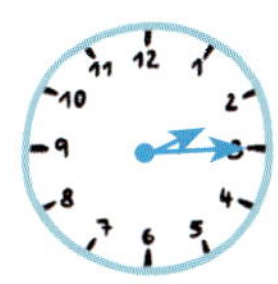

......

......

5 ......

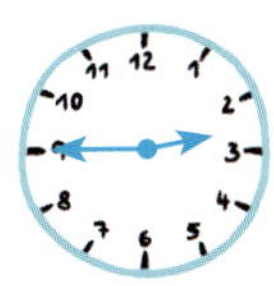

......

......

6 ......

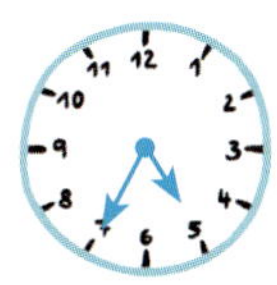

......

......

7 ......

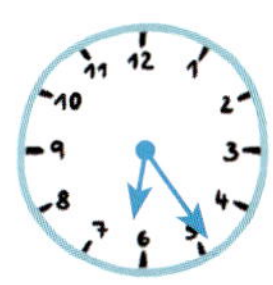

......

......

8 ......

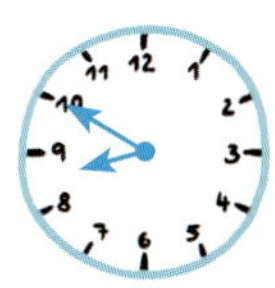

......

......

9 ......

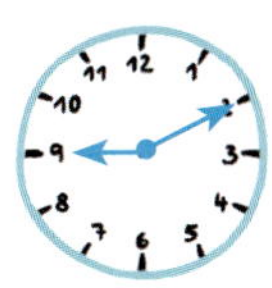

......

......

b Hören Sie zur Kontrolle und sprechen Sie nach.

2.30

8 Wie spät ist es?

Kreuzen Sie an.

1

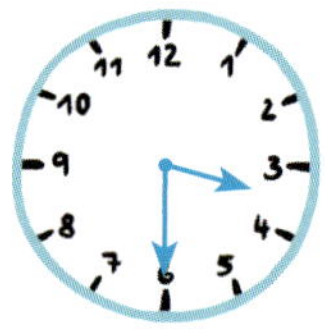

a Es ist halb vier.

b Es ist halb fünf.

2

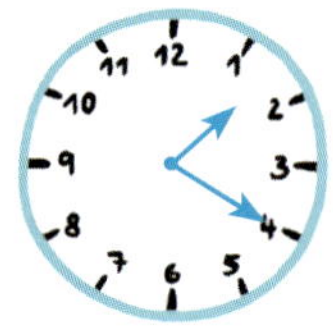

a Es ist zwanzig vor eins.

b Es ist zwanzig nach eins.

3

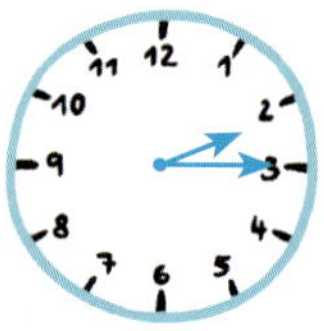

a Es ist Viertel vor zwei.

b Es ist Viertel nach zwei.

9 Uhrzeiten

2.31

Hören Sie die Dialoge und kreuzen Sie an.

1 Wie spät ist es jetzt?
- a Es ist 11 Uhr.
- b Es ist 11.30 Uhr.
- c Es ist 12.30 Uhr.

2 Wann beginnt der Kurs?
- a Um 9.15 Uhr.
- b Um 8.45 Uhr.
- c Um 9 Uhr.

10 Fragewörter

a Wie heißen die Fragen? Was passt?

1 Wer	a kommst du?
2 Wo	b ist heute im Kurs?
3 Woher	c beginnt der Kurs?
4 Wie	d heißen Sie?
5 Was	e machst du gern?
6 Wie viele	f Kinder haben Sie?
7 Wann	g wohnen Sie?

b Schreiben Sie die Fragen auf und antworten Sie.

Wer ist heute im Kurs? Ich bin heute im Kurs.

...

11 Lesen Sie die Texte. 7

Kreuzen Sie an: richtig oder falsch?

Beispiel: Am Bahnhof

> **Wir renovieren.**
> Dieser Eingang ist geschlossen.
> Bitte benutzen Sie den Haupteingang.

Der Bahnhof ist geschlossen. **richtig** ☐ **falsch** ☒

1 Am Büro in der Volkshochschule

> ***Volkshochschule***
> ***Öffnungszeiten***
> 9–12 Uhr
> mittwochs geschlossen

Die Volkshochschule ist nachmittags geschlossen. **richtig** ☐ **falsch** ☐

2 Vor dem Supermarkt

> **ASIA SUPERMARKT**
> Öffnungszeiten:
> Mo.–Fr. 9–20 Uhr
> Sa. 9–14 Uhr

Am Wochenende ist der Supermarkt geschlossen. **richtig** ☐ **falsch** ☐

12 Familie und Beruf 8

a Was passt? Ordnen Sie zu.

1

1 die Hausarbeit

2 der Hausmann

3 die Hausfrau

a Die Frau ist zu Hause. Sie kümmert sich um die Kinder und macht die Hausarbeit.

b Der Mann ist zu Hause. Er kümmert sich um die Kinder und macht die Hausarbeit.

c Die Arbeit macht man zu Hause. Putzen, kochen, staubsaugen, Wäsche waschen …

2

4 die Tagesmutter	d Jede Woche 20 Stunden arbeiten.
5 der Tagesvater	e Sie arbeitet zu Hause und kümmert sich um ein bis fünf kleine Kinder.
6 Vollzeit arbeiten	f Jede Woche 40 Stunden arbeiten.
7 Teilzeit arbeiten	g Er arbeitet zu Hause und kümmert sich um ein bis fünf kleine Kinder.

3

8 die Elternzeit	h Eltern können 14 Monate mit ihrem kleinen Kind zu Hause bleiben und bekommen Geld.
9 das Elterngeld	i Alle Eltern dürfen die ersten zwei Jahre mit ihrem Kind zu Hause bleiben. Sie bekommen kein Geld. Danach arbeiten sie wieder.

b Welches Verb passt zu welchem Bild? Ordnen Sie zu.

1 staubsaugen ....

2 Wäsche waschen ....

3 Wäsche bügeln ....

4 putzen ....

a

b

c

d

1.44

c Hören und lesen Sie den Dialog aus Aufgabe 8 in Lektion 6 noch einmal. Ergänzen Sie die Tabelle. Wer macht was?

Susanne	Christof	Ole
	Wäsche bügeln,	

d Hausarbeit. Wer macht was in Ihrem Haushalt? Schreiben Sie in die Tabelle.

ich		
Wäsche waschen		

e Schreiben Sie Sätze. Wer putzt, kocht, … wie oft?

Beispiel: Ich koche oft. Manchmal kocht mein Mann.

Und in Ihrem Haushalt? ……………………

……………………

……………………

……………………

……………………

immer
oft
manchmal
nie

13 Wer wohnt wie? Was passt? 8

1 eine Familie mit drei Kindern
2 drei Freunde
3 ein Paar
4 eine Studentin

a das Einfamilienhaus
b das Studentenwohnheim
c die Wohngemeinschaft (WG)
d die Zwei-Zimmer-Wohnung

14 Am Montag … 10

Schreiben Sie den Text richtig.

ammontagsteheichimmerfrühaufichfrühstückenichtichhabekeinezeitichtrinkenurkaffeeumhalbsiebenbeginntmeinearbeitumhalbzehnhabeichpausedannesseicheinbrötchen

15 Mein Tag 10

Lesen Sie die Texte in Lektion 6, Übung 10, noch einmal. Kreuzen Sie an: richtig oder falsch?

1 Karim hat von 9.20 bis 12.30 einen Deutschkurs. **richtig** ☐ **falsch** ☐
2 Karim ist verheiratet. **richtig** ☐ **falsch** ☐
3 Ana arbeitet nachmittags. **richtig** ☐ **falsch** ☐
4 Ana und Karim stehen beide früh auf. **richtig** ☐ **falsch** ☐

16 Wann? Wie oft? 11

Schreiben Sie die Sätze anders.

1 Anja trinkt morgens immer Kaffee.
Morgens trinkt Anja immer Kaffee.

2 Alina sieht am Wochenende immer Filme auf Deutsch.
Am Wochenende

3 Paul spielt am Sonntag gern Fußball.

4 Lara geht abends früh ins Bett.

17 Mein Samstag 11

Und Sie? Schreiben Sie.

Was? aufstehen | frühstücken | essen | trinken | arbeiten | lesen | Musik hören | fernsehen | lernen | arbeiten | schlafen | kochen | Fußball spielen | Sport machen | spazieren gehen | …

Wann? um … Uhr | von … bis

Wie oft? immer | manchmal | oft | nie

....

....

....

....

....

....

....

....

....

....

18 Keine Zeit! 12

a Ordnen Sie den Dialog.

Laura:

☐ Hallo Stefan! Hast du am Samstag Zeit? Wir grillen.

☐ Und am Sonntag?

☐ Ich weiß nicht.

☐ Super, dann bis Sonntag.

Stefan:

☐ Ja, Sonntag ist gut. Kommt Ana auch?

☐ Bis Sonntag.

☐ Ich rufe sie an und frage sie.

☐ Nein, ich habe keine Zeit. Am Samstag arbeite ich.

b Hören Sie zur Kontrolle und sprechen Sie nach. 2.32

19 Schreiben Sie einen Dialog wie in 19. 12

- Zeit? ○ Wann?
- Sonntag? ○ Was machen?
- spazieren gehen, 10 Uhr ○ Nein, keine Zeit. Aber nachmittags? Um 15 Uhr?
- Ja, super. Dann bis Sonntag, 15 Uhr. ○ Bis Sonntag, tschüss.

20 Gegenteile 14

a Ordnen Sie zu.

1 dreckig	a verkaufen
2 neu	b alt
3 kaufen	c sauber
4 günstig	d teuer

b Schreiben Sie Sätze.

1 *Der Boden ist dreckig.* – *Nein, der Boden ist ...*

2 *Der Staubsauger ist*

3 *Karim kauft.* – *Der Mann verkauft.*

4 *Der Staubsauger*

c Karim möchte den Staubsauger nicht. Er schreibt einen Brief. Ergänzen Sie den Brief.

KARIM MOUSSA

Ahornstraße 53
65933 Frankfurt am Main
Handy: 0171 45 63 21 987
E-Mail: karim.moussa@web.de

Burkl AG
Ringstraße 11–13
04860 Torgau
Kaufvertrag

Frankfurt/Main, 12.12.201 ......

Sehr geehrter Kunde, sehr geehrte Kundin,
wir freuen uns, dass Sie sich für den Kauf des Staubsaugers „Burkl 3000" zum Sparpreis von 298 € entschieden haben!

Sie möchten in Raten zahlen. Sie zahlen nur 10 € 36 Monate lang.

Karim Moussa
Ahornstraße ......1......
65933 Frankfurt ......2......

......3......
Ringstraße 11–13
04860 Torgau

Frankfurt am Main, 13.12. ......4......

Widerruf

Sehr geehrte Damen und Herren,

gestern ist Ihr Mitarbeiter in meine Wohnung gekommen. Er hat gesagt: Der Staubsauger „......5...... 3000" ist günstig und gut. Ich habe gesagt: Ich möchte überlegen. Ich rufe Sie morgen an. Aber der Mann hat gesagt, dass ich den Staubsauger gleich kaufen muss. Ich habe den Staubsauger gekauft.
Jetzt möchte ich den Staubsauger nicht mehr. Er ist zu teuer. Er kostet sogar 360 €, nicht ......6...... €!

Bitte kommen Sie und holen Sie den Staubsauger ab. Ich bin immer unter der Handynummer ......7...... erreichbar.

Mit freundlichen Grüßen
Karim Moussa

Lernwortschatz

Der Tag

der Morgen, morgens ....
der Vormittag, vormittags ....
der Mittag, mittags ....
der Nachmittag, nachmittags ....

Die Uhrzeit

Wie spät ist es?/ Wie viel Uhr ist es? ....
Viertel vor ....
Viertel nach ....
zehn vor ....
zehn nach ....
halb ....

Öffnungszeiten

geöffnet ....
geschlossen ....
Wann? am … um … ....
Von wann bis wann? von … bis … ....

Mein Tag

aufstehen ....
ins Bett gehen ....
einkaufen ....
ein Computerspiel spielen/machen ....
eine E-Mail schreiben ....
fernsehen ....
frühstücken ....
Frühstück machen ....
Fußball spielen ....
kochen ....
müde sein ....
putzen ....
Sport machen ....
spazieren gehen ....
Wäsche waschen ....

Familie

das Elterngeld ....
die Hausarbeit ....
die Hausfrau ....
der Hausmann ....
die Tagesmutter ....

Arbeit

Teilzeit arbeiten ....
Vollzeit arbeiten ....

1 Obst, Gemüse, Getränke und anderes

a Was passt nicht?

1 Birne – Melone – ~~Tee~~ – Apfel
2 Saft – Salat – Bier – Kaffee
3 Möhren – Tomaten – Honig – Kartoffeln
4 Kartoffeln – Reis – Mango – Nudeln
5 Joghurt – Fisch – Butter – Milch
6 Zwiebeln – Zucker – Honig – Schokolade

Noch mehr Übungen zur Aussprache finden Sie im Anhang „Phonetik".

b Lesen Sie laut.

Salat	Zucker	Salz	Birne	Honig	Apfel	Zwiebel	Wasser	Kartoffeln	Reis	Milch
o O	O o	O	O o	O o	O o	O o	O o	o O o	O	O

c Hören Sie die Wörter und sprechen Sie nach. 2.33

2 Finden Sie sieben Obst- und sieben Gemüsesorten.

S	A	Z	P	A	P	R	I	K	A	E	N	E	B
A	C	I	G	A	P	B	U	C	H	R	N	B	U
L	N	T	Ü	T	Y	W	C	N	L	B	V	I	L
A	L	R	M	R	E	R	K	O	B	S	V	R	I
T	K	O	R	A	N	G	E	T	I	E	T	N	W
R	I	N	F	U	D	X	A	K	C	N	E	E	O
K	W	E	D	B	I	S	C	H	G	U	R	K	E
I	I	K	T	E	Z	W	I	E	B	E	L	A	U
W	A	A	I	N	R	G	U	M	P	A	L	P	I
I	N	L	D	M	E	L	O	N	E	E	L	F	C
A	K	A	R	T	O	F	F	E	L	O	R	E	P
T	O	M	A	T	E	N	E	R	I	N	N	L	N

Obst: ……………………………………………………

……………………………………………………

Gemüse: ……………………………………………………

……………………………………………………

3 Wie viel möchten Sie? 2

Was passt zusammen? Ordnen Sie zu.

Wir schreiben	Wir sagen
1 kg	ein Pfund
1,89 €	neunundneunzig Cent
3 l	drei Liter
50 g	ein Kilo/ein Kilogramm
0,99 €	eins neunundachtzig/ein Euro neunundachtzig (Cent)
500 g	fünfzig Gramm

4 Rabia und Karim im Supermarkt 4

2.34

a Hören Sie den Dialog. Was möchte Rabia kaufen? Und was möchte Karim kaufen? Notieren Sie.

Das möchte Rabia kaufen: ....

Das möchte Karim kaufen: ....

2.35

b Hören Sie und notieren Sie die Preise.

Karim: Rabia, wie viel kostet der Kaffee?
Rabia: Der Kaffee kostet ______ €.
Karim: Und das Glas Honig?
Rabia: Das Glas kostet ______ €. Karim, wie teuer sind die Melonen?
Karim: Eine Melone kostet ______ €.
Rabia: Und der Reis?
Karim: Der kostet ______ €.

2.36

c Was hören Sie? Markieren Sie.

1 5,89 € – 5,98 € – 5,99 €
2 0,96 € – 9,60 € – 96,00 €
3 2,49 € – 2,59 € – 2,94 €
4 0,55 € – 0,56 € – 0,59 €

5 Ein Sonderangebot! 4

2.37

Markieren Sie die Wortgrenzen und schreiben Sie den Text ab.

Heutehabenwireinsuperangebotanderfleischtheke6,99€füreinkilorindfleisch!

....

....

6 Wie findest du die Jeans? 6

a Ordnen Sie die Adjektive.

schön | langweilig | nicht schön | klasse | blöd | super | hässlich | günstig | schlecht | sehr schön | teuer | perfekt | furchtbar | gut | toll

positiv	negativ

b Ergänzen Sie: *der*, *das*, *die* oder *den*.

1 Der Pullover ist schön. Wie findest du .... Mantel?

2 Die Bluse ist hässlich. Wie finden Sie .... Hose?

3 Das T-Shirt ist furchtbar. Wie findest du .... Kleid?

4 Die Schuhe sind toll. Wie findest du .... Schuhe?

7 Akkusativ. Ergänzen Sie *ein*, *eine* oder *einen*. 7

1 Bei der Arbeit trage ich .... Rock und .... Bluse.

2 Am Wochenende trage ich .... Jeans und .... T-Shirt.

3 Mein Mann trägt bei der Arbeit .... Anzug und .... Hemd.

8 Dativ. Kreuzen Sie an. 7

Paolo fährt heute mit ......1...... Bus zur Arbeit. Er trägt heute ein Hemd mit ......2...... Anzug.

Zu Hause trägt er dann ein T-Shirt mit ......3...... Jeans. Am Abend macht er noch etwas Sport.

Er fährt eine Stunde mit ......4...... Fahrrad.

1 a ☐ das
b ☐ den
c ☐ dem
d ☐ der

2 a ☐ ein
b ☐ eine
c ☐ einem
d ☐ einer

3 a ☐ ein
b ☐ eine
c ☐ einem
d ☐ einer

4 a ☐ das
b ☐ dem
c ☐ der
d ☐ die

9 Welche Farbe passt? 8

1 Zucker ist *weiß* .
2 Eine Gurke ist ....
3 Eine Tomate ist ....
4 Eine Orange ist ....
5 Milch ist ....
6 Eine Paprika ist ....
7 Eine Kartoffel ist ....
8 Eine Kiwi ist ....
9 Wasser ist *farblos* .

10 Ordnen Sie zu. 9

immer | manchmal | meistens | nie | oft | selten

100 % ....
80 % ....
60 % ....
40 % ....
20 % ....
0 % ....

11 Ergänzen Sie: *mir, dir, ihm, ihr, uns, euch, Ihnen, ihnen.* 10

1 ● Guten Tag. Was möchten Sie? Kann ich .... helfen?
○ Ja, ich suche einen Pullover.
● Wie gefällt .... der Pullover hier?
○ Der gefällt .... sehr gut. Aber ich glaube, er passt .... nicht. Er ist zu klein.
● Ich gebe .... den Pullover in Größe L.

2 ● Wie gefällt .... der Rock, Julia?
○ Der Rock gefällt .... nicht so gut. Ich suche aber noch etwas für meinen Sohn. Denkst du, das T-Shirt hier gefällt .... ?
● Ja, das glaube ich schon. Die T-Shirts sind sehr schön und günstig. Dann kaufe ich auch ein T-Shirt für Anna. Das hier gefällt .... sicher.
○ Ja, dann haben wir wieder nur für unsere Kinder Kleidung gekauft. Toll. Aber ich weiß, die T-Shirts stehen .... sehr gut.

3 ● Anna und Lola, gefallen .... die Mäntel?
○ Nein, sie gefallen .... nicht.

12 Adjektive. Finden Sie die Gegenteile. 11

weit | ~~groß~~ | schlecht | kurz | eng | hässlich | ~~klein~~ | teuer | gut | schön | günstig | lang

1 groß ≠ klein
2 .... ≠ ....
3 .... ≠ ....
4 .... ≠ ....
5 .... ≠ ....
6 .... ≠ ....

13 Einen Mantel umtauschen 12

Kreuzen Sie an: richtig oder falsch?

Hallo Yvonne,

ja, ich war heute shoppen. Und ich habe einen superschönen Mantel gekauft, nicht im Internet, sondern bei G & H, hier in der Lange Straße. Die hatten ein Super-Angebot. Nur zu Hause habe ich gesehen: Der Mantel war viel zu eng. Ich bin dann ins Geschäft zurückgegangen, aber ich hatte meinen Kassenbon nicht mehr. Ich bin also schnell nach Hause gegangen und da war er, auf dem Küchentisch. Dann bin ich wieder ins Kleidergeschäft gegangen und alles war in Ordnung. Jetzt habe ich einen tollen Mantel. Bis morgen.

Monika

1 Der Mantel kommt aus einem Internet-Shop. ☐ richtig ☐ falsch
2 Der Mantel passt Monika nicht. ☐ richtig ☐ falsch
3 Ihr Kassenbon war zu Hause. ☐ richtig ☐ falsch
4 Monika möchte den Mantel morgen umtauschen. ☐ richtig ☐ falsch

14 Umtausch 12

Ergänzen Sie den Dialog.

Kassenbon | anprobieren | passt | eng | Größe | helfen | umtauschen

- ● Guten Tag. Können Sie mir .... ? Ich habe gestern einen Pullover gekauft. Leider .... er nicht. Er ist zu .... Kann ich ihn .... ?
- ○ Ja, kein Problem. Haben Sie den .... dabei?
- ● Ja, hier ist er.
- ○ Gut, dann schauen Sie mal. Hier haben wir einen Pullover in .... L.
- ● Ja, gut. Kann ich den .... ?
- ○ Natürlich. … Und, passt er?
- ● Ja, danke. Ich nehme diesen Pullover.

15 Was gefällt Ihnen besser? 13

Ergänzen Sie *als* und den Komparativ.

1 Ich finde diese Schuhe hier schöner als .... die Schuhe dort. (schön)

2 Johannes trinkt .... Kakao .... Kaffee. (gern)

3 Ich muss am Mittwoch .... aufstehen .... am Dienstag, aber .... am Montag. (früh, spät)

4 Der Bus fährt .... zum Bahnhof .... die U-Bahn. (lang)

5 Lucy spricht .... Deutsch .... Rosa. Rosa kann aber .... schreiben .... Lucy. (gut, gut)

16 Vergleiche mit *als*. Schreiben Sie Sätze. 13

1 T-Shirt (9 Euro) / das Hemd. (19 Euro) / billig

Das T-Shirt ist billiger als das Hemd.

2 Hose (75 Euro) / Jacke (120 Euro) / teuer

....

3 Sonne / Lampe / hell

....

4 Ich: T-Shirts ☺ / Hemden ☺☺ / gern tragen

....

17 Vergleiche. Schreiben Sie Sätze. 13

1 Jacke 50 € – Anorak 70 € – Mantel 120 € / teuer

Der Anorak ist teurer als die Jacke. Am teuersten ist der Mantel.

2 Martin 1,70 m – Thomas 1,80 m – John 1,90 m / groß

....

3 Orangensaft 3,00 € – Apfelsaft 2,50 € – Wasser 1,70 € / günstig

....

4 das Wohnzimmer 30 m^2 – das Schlafzimmer 25 m^2 – die Küche 10 m^2 / klein

....

5 Tim: Spanisch ☺ – Deutsch ☺☺ – Englisch ☺☺☺ / gut sprechen

....

18 Welch… und dies…: Ergänzen Sie die Tabellen. 14

Nominativ			
der	die	das	die
welch...... Mantel?	welch...... Jacke?	welch...... Hemd?	welch...... Schuhe?
dies...... Mantel	dies...... Jacke	dies...... Hemd	dies...... Schuhe

Akkusativ			
den	die	das	die
welch...... Mantel?	welch...... Jacke?	welch...... Hemd?	welch...... Schuhe?
dies...... Mantel	dies...... Jacke	dies...... Hemd	dies...... Schuhe

19 Welch… oder dies…: Ergänzen Sie den Dialog. 14

- ● Können Sie mir helfen? Ich suche einen Pullover.
- ○ Ja, gerne. .... Pullover hier oder .... da? .... gefällt Ihnen?
- ● Am besten gefällt mir .... Pullover hier. Haben Sie auch Jacken?
- ○ .... Jacken gefallen Ihnen?
- ● .... Jacken hier sind schön.

20 Was tragen Sie am liebsten? Was tragen Sie nicht gern?

Schreiben Sie Sätze.

Am liebsten trage ich … In der Freizeit … Bei der Arbeit … Ich mag …
immer / meistens / oft / manchmal / selten / nie

....

....

....

....

....

....

....

....

....

21 Im Klamottenladen 13

Was sagt der Verkäufer wann? Ordnen Sie zu.

1 Kundin: Entschuldigung. Können Sie mir helfen?
Verkäufer:

2 Kundin: Ich suche einen Mantel.
Verkäufer:

3 Kundin: Haben Sie den Mantel auch in Größe 44?
Verkäufer:

4 Kundin: Kann ich den Mantel anprobieren?
Verkäufer:

5 Kundin: Wunderbar. Wieviel kostet er denn?
Verkäufer:

a Ja, gerne. Womit kann ich Ihnen behilflich sein?

b 599 €.

c Natürlich. Sehr schön! Gefällt er Ihnen?

d Ja, dieses Modell haben wir von Größe 34 bis 48.

e Sehen Sie: Hier haben wir die neuesten Mäntel aus der Winterkollektion. Hier der grüne zum Beispiel – sehr gute Qualität!

22 Eine Reklamation 14

Ewa bestellt ein Kleid bei „Kleidung-online". Aber das Kleid gefällt ihr nicht. Ewa schreibt eine Reklamation an „Kleidung-online".

Sehr geehrte Damen und Herren,

ich habe das Kleid mit ……1…… Nummer 15245-PTM-18131818 von ……2…… . Das Kleid ist aber nicht schön. Im Internet ist die Farbe viel ……3……! Das Kleid gefällt mir nicht, und es steht mir ……4…… .

Ich schicke Ihnen das Kleid zurück. Ich möchte mein Geld zurück.

Mit freundlichen Grüßen
Ewa Wizs

1 a ☐ das
b ☐ der
c ☐ die

2 a ☐ Ihnen
b ☐ ihnen
c ☐ Sie

3 a ☐ schön
b ☐ schöner
c ☐ schönsten

4 a ☐ gut
b ☐ nicht
c ☐ rot

Lernwortschatz

Lebensmittel

das Brot ....
die Butter ....
das Ei ....
das Fleisch ....
das Hackfleisch ....
der Honig ....
der Joghurt ....
der Käse ....
der Keks ....
der Kuchen ....
die Marmelade ....
die Sahne ....

Mengen

das Gramm ....
das Kilo ....
der Liter ....
das Pfund ....

Verpackungen

der Becher ....
die Dose ....
das Glas ....
das Netz ....
die Packung ....

der Einkaufszettel ....

Lernwortschatz

Kleidung

die Kleidung ……………………
die Klamotten ……………………
der Anorak ……………………
der Anzug ……………………
die Bluse ……………………
das Hemd ……………………
die Hose ……………………
die Jacke ……………………
die Jeans ……………………
das Kleid ……………………
der Mantel ……………………
die Mütze ……………………
der Pullover ……………………
der Rock ……………………
der Schal ……………………
das T-Shirt ……………………
die Socken (Pl.) ……………………
die Strümpfe (Pl.) ……………………
die Schuhe (Pl.) ……………………

Wie oft?

immer ……………………
meistens ……………………
oft ……………………
manchmal ……………………
selten ……………………
nie ……………………

Verben

anprobieren ……………………
finden ……………………
geben ……………………
gefallen ……………………
helfen ……………………
passen ……………………
stehen ……………………
suchen ……………………
tragen ……………………
umtauschen ……………………

1 Welches Verb passt zu welchem Zimmer? 1

Ordnen Sie zu. Manche Verben passen zu mehreren Zimmern.

1 das Arbeitszimmer → arbeiten
2 das Wohnzimmer → ...
3 das Esszimmer → ...
4 das Bad / das Badezimmer → ...
5 die Küche → ...
6 das Kinderzimmer → spielen
7 das Schlafzimmer → ...

~~arbeiten~~
backen
baden
duschen
essen
fernsehen
kochen
lesen
putzen
schlafen
~~spielen~~

2 Gegenteile 1

a Kennen Sie die Gegenteile? Ordnen Sie zu.

1	breit	a	alt
2	gemütlich	b	günstig
3	groß	c	dunkel
4	hell	d	hässlich
5	laut	e	klein
6	neu	f	ruhig
7	schön	g	schmal
8	teuer	h	ungemütlich

b Schreiben Sie.

1 Das Wohnzimmer ist nicht gemütlich. Es ist ungemütlich.
2 Der Balkon ist nicht breit. ...
3 Die Küche ist nicht klein. ...
4 Der Keller ist nicht hell. ...
5 Die Straße ist nicht leise. ...
6 Die Wohnung ist nicht neu. ...
7 Das Bad ist nicht schön. ...
8 Die Wohnung ist nicht günstig. ...

3 Wie ist die Wohnung? 2

a Ersetzen Sie die Nomen durch die Personalpronomen.

1 Wie ist die Wohnung? *Sie* ist groß und billig.

2 Wie ist das Haus? .... ist neu und schön.

3 Wie ist die Straße? .... ist schmal und ruhig.

4 Wie sind die Zimmer? .... sind hell und gemütlich.

5 Wie ist der Keller? .... ist dunkel und klein.

b Elena hat eine neue Wohnung. Wie ist die Wohnung? Schreiben Sie Fragen und Antworten.

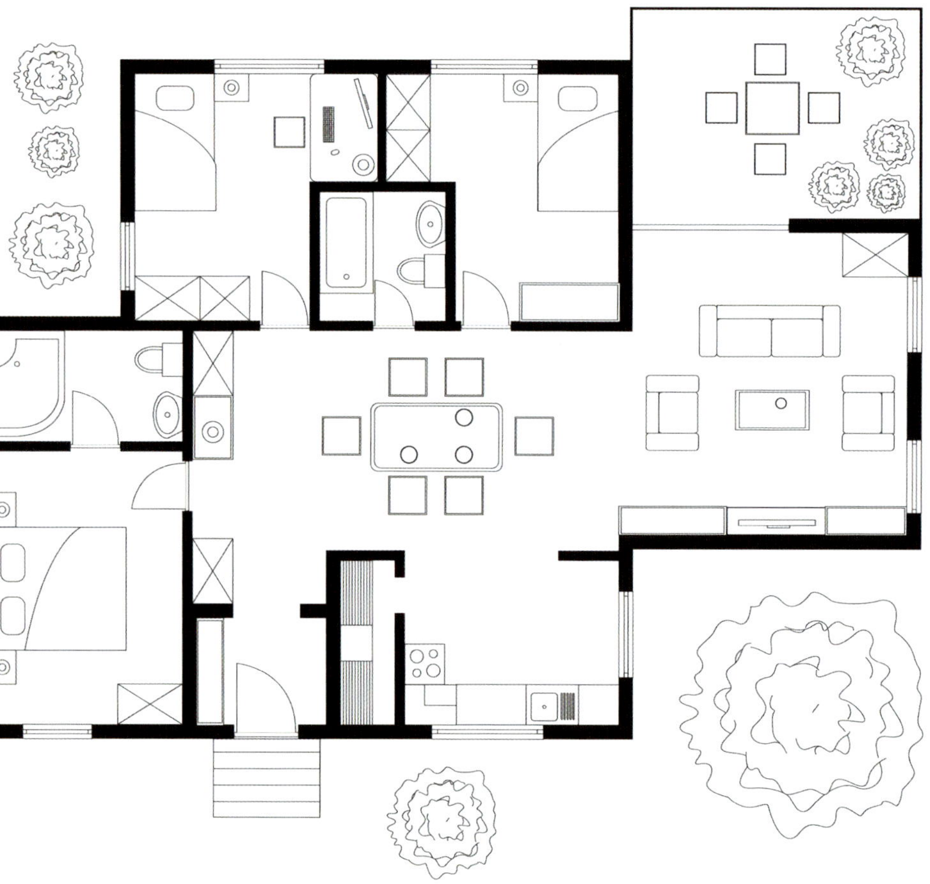

der Grundriss

1 *Wie ist die Küche? Sie ist neu und hell.*

2 ....

3 ....

4 ....

5 ....

6 ....

4 ein, dein, der, Ihr, mein [3]

a Ergänzen Sie die Tabelle.

bestimmter Artikel	unbestimmter Artikel	Possessiv-pronomen „ich"	Possessiv-pronomen „du"	Possessiv-pronomen „Sie"
der Balkon	ein Balkon	mein Balkon		Ihr Balkon
die Küche			deine Küche	
das Bad		mein Bad		
die Zimmer	- Zimmer	meine Zimmer		

b Welche Fragen und Antworten passen? Ordnen Sie zu.

1 Ist Ihr Balkon groß?
2 Ist Ihre Wohnung teuer?
3 Was ist Ihr Lieblingszimmer?
4 Was machen Sie da?
5 Ist Ihre Küche groß?
6 Wie ist Ihr Wohnzimmer?
7 Wie viele Quadratmeter hat Ihre Wohnung?
8 Wie viele Zimmer hat Ihre Wohnung?

a Nein, er ist leider klein.
b Sie hat zwei Zimmer, eine Küche und ein Bad.
c Sie hat 55 m^2.
d Ja, sie ist groß. Wir haben einen Esstisch da.
e Das Wohnzimmer.
f Es ist schön.
g Nein, sie kostet nur 200 € kalt.
h Fernsehen und wir spielen auch Spiele.

c Hören Sie danach zur Kontrolle. 2.38

d Schreiben Sie die Fragen in der „du"-Form.

1 Ist dein Balkon groß?
2 ……
3 ……

5 Welche Zahlen hören Sie? [4] 2.39

a Kreuzen Sie an.

1 ☐ 330 ☐ 333 ☐ 313
2 ☐ 765 ☐ 756 ☐ 757
3 ☐ 5454 ☐ 4554 ☐ 5455
4 ☐ 1999 ☐ 1989 ☐ 1899

b Hören und schreiben Sie.

1 sechstausendfünfundvierzig, 2 ……,
3 ……, 4 …….

6 Möbel und Haushaltsgeräte [5]

a Was steht in welchem Zimmer? Schreiben Sie auch die Artikel.

Bett | Tisch | Kleiderschrank | Sofa | Waschmaschine | Stühle | Fernseher | Sessel | Spülmaschine | Küchenschrank | Kaffeemaschine | Spielkiste | Schreibtisch | Computer

Wohnzimmer	Schlafzimmer	Kinderzimmer	Küche	Bad
		das Bett		

b Welche Möbel und Haushaltsgeräte kennen Sie noch? Ergänzen Sie die Tabelle. Schreiben Sie auch die Artikel dazu.

7 Wörter kombinieren [5]

Welche Wörter passen zusammen?

Kaffee		....
Kleider	Maschine	....
Küche	Schrank	....
Liebling	Tisch	....
schreiben	Zimmer	....
spülen		....
waschen		....

waschen + die Maschine = die Waschmaschine

spielen + die Kiste = die Spielkiste

die Kleider + der Schrank = der Kleiderschrank

die Küche + der Schrank = der Küchenschrank

8 Rabia Navid im Möbelgeschäft [6]

Lesen Sie den Dialog im Kursbuch, Aufgabe 6a, noch einmal. Lesen Sie dann die Aussagen. Sind die Aussagen richtig oder falsch?

		richtig	falsch
1	Rabia ist in einem Möbelgeschäft.	☐	☐
2	Sie möchte einen Schreibtisch kaufen.	☐	☐
3	Alle Modelle kosten mehr als 150 €.	☐	☐
4	Rabia kauft etwas.	☐	☐

9 Vergleiche 6

a Ergänzen Sie *als* und den Komparativ.

1 Der Tisch ist *günstiger als* .... der Tisch dort. (günstig)

2 Die Waschmaschine ist .... die Spülmaschine. (laut)

3 Der Flur ist .... das Bad, aber .... die Küche. (schmal, breit)

4 Das Einfamilienhaus ist .... die Wohnung. (teuer)

5 Der Tisch ist .... der Stuhl. (alt)

b Schreiben Sie Sätze.

1 Sessel (99 €) | Sofa (99 €) | günstig
Das Sofa ist genauso günstig wie der Sessel.

2 Mein Zimmer (20 m²) | dein Zimmer (20 m²) | groß
....

3 Anne (22 Jahre) | Ayşe (22 Jahre) | alt
....

4 Neubauwohnung (100 qm, 900 €) | Altbauwohnung (90 qm, 900 €) | Miete kosten
....

c Schreiben Sie Sätze mit *als* oder *genauso … wie* und Superlativ.

1 WG-Zimmer 200 € | Wohnung 350 € | Reihenhaus 900 € | teuer
Die Wohnung ist teurer als das WG-Zimmer. Das Reihenhaus ist am teuersten.

2 Tisch (1980) | Bett (2000) | Schrank (2015) | neu
....

3 Orangensaft 1 € | Apfelsaft 1 € | Wasser 1 € | günstig
....

4 Wohnzimmer (15 m²) | Schlafzimmer (15 m²) | Bad (10 m²) | klein
....

10 Wohnungssuche 8 9

Ilya Sorokin sucht eine neue Wohnung. Ilya ist verheiratet und hat eine Tochter. Er arbeitet in einer Firma in der Innenstadt und hat kein Auto. Ehefrau Alla und Tochter Julia kommen im August nach Deutschland. Die Zwei-Zimmer-Wohnung ist zu klein und liegt in der Südstadt. Er sucht eine Drei- bis Vier-Zimmer-Wohnung mit Küche, Bad, vielleicht auch Balkon, in der Innenstadt. Die neue Wohnung soll 100 m² haben. Mehr als 1.000 € warm kann Ilya nicht zahlen. Die Telefonnummer lautet:
0166 13 14 15; E-Mail: isorokin@gmx.it

a Schreiben Sie die Anzeige für ihn.

Wir suchen eine größere Wohnung:

Personen:	1		
Ort:	Innenstadt	Miete maximal:	5
Zimmer:	2	Sonstiges:	6
Größe:	3		7
Tel.:	4	E-Mail:	8

b Ilya liest die Wohnungsanzeigen in der Zeitung. Welche Anzeige passt? Kreuzen Sie an.

a
2 ZKB, Stadtmitte, 55 qm, NB, Aufzug, 2. OG, 500 € + 150 € NK, 2 MM Kaution, ab 01.09. info@heimann.immo.de

b
Stadtzentrum: 3 ZKB, Balkon, Gäste-WC 1. OG, 98 qm, 800 € + 190 € NK, Kaution, ab 01.08. Tel: 0199-34567

c
Haus am Stadtrand, 600 qm großer Garten, Wfl. 150 qm zu vermieten. Garage. 1.250,00 € KM, 210,00 € NK, Foster Immobilien, foster@t-online.de

d
Von privat: 4 ZKBB, Altbau, nahe Universität, 105 qm, auch WG möglich, 900 € + 150 € NK, 2 MM Kaution, ab Januar.

Chiffre: 11/9797 AZ

11 2 ZKBB, 450 € warm, NB? 9

a Was bedeuten die Abkürzungen? Schreiben Sie.

EG = Erdgeschoss ..... OG = Ober... ..... DG = ...

NK = ... MM = ...

ZKBB = ..., ..., ..., Balkon

KT = ... m²/qm = ...

b Schreiben Sie eine Anzeige wie im Beispiel in Ihr Heft.

1 Z, DG, 200 €, 70 € NK, 3 MM KT, ab 1.1., Tel.: 069-22332244

Beispiel:
Ich vermiete ab dem 1.1. eine Einzimmerwohnung mit Dachgeschoss ohne Badezimmer für 200 €. Die Nebenkosten sind 70 €. Ich möchte drei Monatsmieten Kaution. Meine Telefonnummer ist 069 – 22332244.

Ich vermiete eine 150 Quadratmeter große Altbauwohnung. Sie hat vier Zimmer, ein Bad, eine Küche und einen Balkon. Die Wohnung ist ab dem 15.2. frei und kostet 1000 € ohne Nebenkosten. Meine Telefonnummer ist 06131 – 5525289.

Lernwortschatz

Gebäude und Wohnformen

der Altbau ....
das Einfamilienhaus ....
das Hochhaus ....
das Reihenhaus ....
die Wohnung ....
die Wohngemeinschaft ....

Das Haus

das Dachgeschoss ....
das Obergeschoss ....
das Erdgeschoss ....
der Keller ....
das Fenster ....

Räume

das Arbeitszimmer ....
das Bad ....
der Balkon ....
der Flur ....
die Garage ....
der Garten ....
die Küche ....
das Schlafzimmer ....
die Terrasse ....
das Wohnzimmer ....
das Zimmer ....

Möbel und Einrichtung

die Badewanne ....
das Bett ....
die Dusche ....
die Lampe ....
das Regal ....
der Schrank ....
der Sessel ....
das Sofa ....
der Stuhl ....
der Teppich ....
der Tisch ....

Lernwortschatz

Haushaltsgeräte

der Herd ....
der Fernseher ....
die Kaffeemaschine ....
der Kühlschrank ....
die Spülmaschine ....
die Waschmaschine ....

mieten

die Anzeige ....
das Haustier ....
die Heizung ....
kalt – warm ....
die Kaution ....
die Miete ....
der Müll ....
die Nebenkosten ....
der Quadratmeter ....
frei ab sofort ....

Verben

brauchen ....
suchen – finden ....

Adjektive

breit	schmal	....
gemütlich	ungemütlich	....
groß	klein	....
hell	dunkel	....
laut	ruhig	....
neu	alt	....
schön	hässlich	....
teuer	billig	....
gut		....
gern		....
viel		....

1 Vom Kindergarten zur Universität 1

Was passt? Unterstreichen Sie.

1 Kindergarten: lernen | spielen | studieren

2 Schule: besuchen | lernen | studieren

3 Ausbildung: arbeiten | lernen | studieren

4 Universität: besuchen | spielen | studieren

2 Das Schulsystem 1

Welche Antwort passt? Ordnen Sie zu.

1 Müssen oder dürfen kleine Kinder in die Krippe gehen?

2 Ist der Kindergarten Pflicht?

3 Wie lange müssen Kinder in Deutschland zur Schule gehen?

4 Wann können Schülerinnen und Schüler das Abitur machen?

5 Welchen Schulabschluss braucht man für eine Ausbildung?

6 Gibt es in Deutschland Schuluniformen?

7 Müssen die Eltern für die Schule bezahlen?

a Nein, Kinder können in den Kindergarten gehen.

b Mindestens neun Jahre.

c Nach Klasse 12 oder 13.

d Nein, sie zahlen kein Schulgeld.

e Den Mittleren Schulabschluss.

f Nein, die Kleidung ist individuell.

g Babys und Kleinkinder müssen nicht in die Krippe gehen. Die Eltern entscheiden das.

3 Schulfächer 2

a Welches Fach passt in welche Lücke? Ergänzen Sie.

Biologie | Deutsch | Englisch | Erdkunde | Ethik | Mathematik | Musik | Kunst | Religion | Sport

1 .... haben alle Schülerinnen und Schüler. Hier lernen sie rechnen.

2 Alle Kinder in Deutschland lernen diese Fremdsprache: ....

3 Wie funktioniert unser Körper? Wie und wo leben Tiere?
Das lernt man im ....-Unterricht.

4 Zwei oder drei Stunden in der Woche haben Schülerinnen und Schüler ....
Sie spielen zum Beispiel Fußball und Basketball.

5 Die meisten Kinder finden dieses Fach toll. Im ....-Unterricht zeichnen und malen sie.

6 Dieses Fach haben nicht alle Kinder. Aber viele Kinder gehen zum christlichen oder islamischen ....-sUnterricht.

7 Manche Eltern wollen keinen Religionsunterricht für ihr Kind. Dann hat das Kind ....

8 Lesen und schreiben lernen die Grundschüler im Fach ....

9 Wo sind in Deutschland und der Welt Flüsse und große Städte? Das lernen Schülerinnen und Schüler in ....

10 Zu den beliebtesten Fächern gehört .... Hier singen die Kinder oder spielen Musikinstrumente.

b Finden Sie den Komparativ und den Superlativ!

1 Ich finde Kunst .... als Musik, aber Sport finde ich am interessantesten.
(interessant)

2 Ich finde Mathematik langweiliger als Deutsch und Chemie finde ich ....
(langweilig)

3 Geschichte mache ich ...., aber Biologie mache ich ....
und .... mache ich Physik. (gern)

4 Deutsch haben wir .... in der Woche als Sport. (oft)

5 Englisch spreche ich ...., Deutsch spreche ich .... und .... spreche ich meine Muttersprache. (gut)

4 Wollen 3

a Ergänzen Sie die Tabelle.

wollen	
	will
du	
	will
wir	
	wollt
sie/Sie	

b Schreiben Sie Sätze.

1 Er | ein Glas Wasser | wollen | trinken | .

Er will ein Glas Wasser trinken.

2 Ich | schwimmen gehen | heute | wollen | .

3 Wir | sprechen | wollen | mit dem Chef | .

4 Ich | wollen | bezahlen | .

c Schreiben Sie die Sätze aus Aufgabe 4b höflicher. Verwenden Sie *möchte/n* statt *wollen*.

1 Er möchte ein Glas Wasser trinken.

2

3

4

5 Müssen 3

a Ergänzen Sie die Tabelle.

müssen	
	muss
	musst
er/sie/es	
wir	
	müsst
sie/Sie	

b *Müssen* oder *wollen*. Was passt wo?

1 A: .... du mit mir in die Stadt gehen?
B: Ich .... mit dir in die Stadt gehen. Aber ich .... leider zum Zahnarzt.

2 C: .... ihr mit uns in die Disko gehen?
D: Wir .... in die Disko gehen. Aber heute geht es nicht. Wir .... morgen früh aufstehen.

3 E: .... wir heute zusammen fernsehen?
F: Nein, ich .... nicht fernsehen. Ich .... lieber spazieren gehen.

c Setzen Sie die richtigen Formen von *müssen* ein.

Von Montag bis Freitag müssen wir zum Deutschkurs gehen. Wir ....1.... immer pünktlich sein. Am Montag ....2.... ich etwas über mein Heimatland erzählen. Am Dienstag kommt Ali nicht zum Unterricht. Er ....3.... zum Arzt gehen. Ayse ....4.... immer fünf Minuten früher gehen. Sie ....5.... ihre Tochter vom Kindergarten abholen. Unsere Lehrerin fragt uns immer: „....6.... Sie immer die Handys benutzen?" Sie mag das nicht. Und wie ist das in eurem Deutschkurs? ....7.... ihr eure Handys im Unterricht ausschalten oder dürft ihr sie benutzen?

d Was wollen/möchten/müssen Sie diese Woche machen? Schreiben Sie in Ihr Heft.

6 Im Kursraum [4]

Finden Sie 20 Wörter. Schreiben Sie die Wörter mit den Artikeln auf.

T	W	W	Ö	R	T	E	R	B	U	C	H	E	K
I	C	D	G	A	P	B	U	C	H	D	N	F	U
R	N	T	Ü	R	Y	W	C	N	L	I	V	E	L
Y	L	A	M	P	E	R	K	O	B	R	V	N	I
P	K	F	B	L	E	I	S	T	I	F	T	S	W
R	H	E	F	T	D	T	A	S	C	H	E	T	O
B	I	L	D	T	I	S	C	H	J	I	W	E	B
C	A	S	T	U	H	L	K	P	W	S	U	R	U
R	A	D	I	E	R	G	U	M	M	I	A	N	H
S	N	C	D	M	O	Z	E	T	T	E	L	D	C
A	N	S	P	A	P	I	E	R	K	O	R	B	P
S	U	L	L	E	H	R	E	R	I	N	N	I	N

7 Ich habe eine Frage. 4

a Ordnen Sie den Dialog und schreiben Sie.

A Ist das ein Wörterbuch?	A Entschuldigung. Ich habe eine Frage.
A Entschuldigung. Ich habe eine Frage.	B ....
A Und wie heißt das auf Deutsch?	A ....
B Ja, bitte?	B ....
B Das ist eine CD.	A ....
B Nein, das ist doch kein Wörterbuch. Das ist ein Kursbuch.	B ....

b Hören Sie das Gespräch zur Kontrolle.

2.40

8 Perfekt 0

Schreiben Sie Sätze im Perfekt.

1 arbeiten — Ich habe heute gearbeitet.

2 besuchen ....

3 gehen ....

4 kaufen ....

5 lernen ....

6 machen ....

7 telefonieren ....

8 wohnen ....

9 spielen ....

10 kochen ....

Lernwortschatz

Schule

die Hausaufgabe ....
die Klasse ....
die Pause ....
das Schulsystem ....
der (erste) Schultag ....
das Schulfach ....

Bildungseinrichtungen

die Gesamtschule ....
die Grundschule ....
das Gymnasium ....
die Krippe ....
der Kindergarten ....
die Realschule ....
die Universität ....
die Schule ....

Verben

eine Ausbildung machen ....
beginnen ....
dauern ....
enden ....
finden ....
lernen ....
rechnen ....
schreiben ....
spielen ....
die Schule besuchen ....
in die Schule kommen ....
zur Schule gehen ....
studieren ....
wollen ....

Adjektive

gut – blöd ....
interessant – langweilig ....
leicht – schwierig ....

Grammatik und Wortschatz

1 Wortarten

	Beispiel
Verb	haben, heißen, sein, kommen
Modalverb	dürfen, wollen, sollen, können
Trennbares Verb	aus|sehen, fern|sehen, ein|kaufen
Nomen (= Substantiv)	Lehrerin, Buch, Tisch
Pronomen	ich, du, er, sie
Possessivpronomen	mein, dein, sein, ihr
Bestimmter Artikel	der, die, das
Unbestimmter Artikel	ein, eine
Adjektiv	groß, schön, alt, jung
Adverb	jetzt, heute, oft, nie
Konjunktion	und, aber, dann, oder
Präposition	mit, nach, aus, zu
Fragewort	was, wo, woher, wie

Aussage	**.**
Frage	**?**

2 Aussage und Frage

Aussage Verb Position 2	**W-Frage** Fragewort Position 1	**Ja-/Nein-Frage** Verb Position 1
Rabia spricht Arabisch.	Was spricht sie?	Spricht sie Deutsch?
Das ist mein Bruder.	Wer ist das?	Ist das dein Bruder?
Ich heiße Karim.	Wie heißt du?	Heißt er Karim?
Sie ist im Deutschkurs.	Wo ist Laura?	Ist Laura im Deutschkurs?
Ana kommt aus Bulgarien.	Woher kommt sie?	Kommt Ana aus Bulgarien?

3 Verben

1 Konjugation im Präsens

Verb = Verbstamm + Endung — machen = mach + en
Verb = trennbare Vorsilbe + Verbstamm + Endung — aussehen = aus + seh + en
Verb = untrennbare Vorsilbe + Verbstamm + Endung — beschreiben = beschreib + en

Endungen:

ich -e	wir -en
du -st	ihr -t
er/sie/es -t	Sie/sie -en

	kommen	machen	brauchen	schreiben
ich	komme	mache	brauche	schreibe
du	kommst	machst	brauchst	schreibst
er/sie/es	kommt	macht	braucht	schreibt
wir	kommen	machen	brauchen	schreiben
ihr	kommt	macht	braucht	schreibt
Sie/sie	kommen	machen	brauchen	schreiben

Auch so:
backen, beginnen, beschreiben, erklären, fragen, frühstücken, gehen, grillen, gucken, hören, kaufen, kennen, kochen, leben, lernen, malen, packen, pflegen, rauchen, singen, spielen, stehen, streichen, suchen, trinken, verdienen, verstehen, wohnen, zeigen.

haben	
ich habe	wir haben
du hast	ihr habt
er/sie/es hat	Sie/sie haben

sein	
ich bin	wir sind
du bist	ihr seid
er/sie/es ist	Sie/sie sind

e → i	sprechen	nehmen	essen	helfen	treffen
ich	spreche	nehme	esse	helfe	treffe
du	sprichst	nimmst	isst	hilfst	triffst
er/sie/es	spricht	nimmt	isst	hilft	trifft
wir	sprechen	nehmen	essen	helfen	treffen
ihr	sprecht	nehmt	esst	helft	trefft
Sie/sie	sprechen	nehmen	essen	helfen	treffen

e → ie	lesen	sehen
ich	lese	sehe
du	liest	siehst
er/sie/es	liest	sieht
wir	lesen	sehen
ihr	lest	seht
Sie/sie	lesen	sehen

i → ei	wissen
ich	weiß
du	weißt
er/sie/es	weiß
wir	wissen
ihr	wisst
Sie/sie	wissen

a → ä	schlafen	fahren	gefallen	laufen	tragen
ich	schlafe	fahre	gefalle	laufe	trage
du	schläfst	fährst	gefällst	läufst	trägst
er/sie/es	schläft	fährt	gefällt	läuft	trägt
wir	schlafen	fahren	gefallen	laufen	tragen
ihr	schlaft	fahrt	gefallt	lauft	tragt
Sie/sie	schlafen	fahren	gefallen	laufen	tragen

Verbstamm auf -s, -ß, -z, -tz

	heißen	tanzen	benutzen
ich	heiße	tanze	benutze
du	heißt	tanzt	benutzt
er/sie/es	heißt	tanzt	benutzt
wir	heißen	tanzen	benutzen
ihr	heißt	tanzt	benutzt
Sie/sie	heißen	tanzen	benutzen

Auch so: passen, putzen.

Verbstamm auf -t, -d, -tm, -chn, -ffn

	arbeiten	finden	atmen
ich	arbeite	finde	atme
du	arbeitest	findest	atmest
er/sie/es	arbeitet	findet	atmet
wir	arbeiten	finden	atmen
ihr	arbeitet	findet	atmet
Sie/sie	arbeiten	finden	atmen

Auch so: antworten, baden, berichten, kosten, öffnen, rechnen, unterrichten, warten, zeichnen.

Verbstamm auf -eln

	klingeln	sammeln
ich	klingle	sammle
du	klingelst	sammelst
er/sie/es	klingelt	sammelt
wir	klingeln	sammeln
ihr	klingelt	sammelt
Sie/sie	klingeln	sammeln

2 Trennbare Verben

	ausfüllen	einkaufen
ich	fülle aus	kaufe ein
du	füllst aus	kaufst ein
er/sie/es	füllt aus	kauft ein
wir	füllen aus	kaufen ein
ihr	füllt aus	kauft ein
Sie/sie	füllen aus	kaufen ein

Aussage:
Er kauft im Supermarkt ein.
Ich rufe meine Freundin an.

Frage:
Füllst du das Formular aus?
Räumst du heute auf?

Auch so: anmelden, anrufen, aufhängen, aufmachen, aufräumen, aufstehen, aussteigen, fernsehen, nachfragen, umsteigen, umtauschen, vorstellen.

3 werden

Das Verb **werden** für Berufswünsche.

Beispiele:
Ich möchte Ärztin werden.
Du willst Schauspieler werden. Er wird Musiker.

	werden
ich	werde
du	wirst
er/sie/es	wird
wir	werden
ihr	werdet
Sie/sie	werden

4 Modalverben

	mögen	„möchten“	können	dürfen	wollen	müssen	sollen
ich	mag	möchte	kann	darf	will	muss	soll
du	magst	möchtest	kannst	darfst	willst	musst	sollst
er/sie/es	mag	möchte	kann	darf	will	muss	soll
wir	mögen	möchten	können	dürfen	wollen	müssen	sollen
ihr	mögt	möchtet	könnt	dürft	wollt	müsst	sollt
Sie/sie	mögen	möchten	können	dürfen	wollen	müssen	sollen

Aussage:
Ich kann es machen.
Ich möchte eine Tasse Kaffee trinken.
Ich muss Hausaufgaben machen.
Ich darf keinen Kaffee trinken.

Frage:
Darf ich hier rauchen?
Kann ich das Fenster aufmachen?

5 Imperativ

	du	Sie	ihr
trinken	Du trinkst Tee. → **Trink Tee!**	Sie trinken Tee. → **Trinken Sie Tee!**	Ihr trinkt Tee. → **Trinkt Tee!**
nehmen	nimm	nehmen Sie	nehmt
sagen	sag	sagen Sie	sagt
essen	iss	essen Sie	esst

6 Präteritum von *haben* und *sein*

	haben	sein
ich	hatte	war
du	hattest	warst
er/sie/es	hatte	war
wir	hatten	waren
ihr	hattet	wart
Sie/sie	hatten	waren

Vergangenheit von ***haben*** *und* ***sein****:*
im Präteritum, nicht im Perfekt

7 Das Perfekt

Perfekt = Hilfsverb „haben"/„sein" + Partizip II

Infinitiv	Perfekt: *haben* + Partizip II
	ge + Verbstamm + t/et
arbeiten kaufen lernen machen wohnen	ich habe gearbeitet ich habe gekauft ich habe gelernt ich habe gemacht ich habe gewohnt

	Verbstamm + t/et
besuchen telefonieren	ich habe besucht ich habe telefoniert
	ge + Verbstamm + en
finden geben	ich habe gefunden ich habe gegeben

Infinitiv	Perfekt: *sein* + Partizip II
fahren gehen	ich bin gefahren ich bin gegangen

Perfekt mit ***sein****:*
Bewegung, neuer Zustand
Perfekt mit ***haben****: alle anderen Verben*

4 Nomen und Artikel

1 Bestimmter und unbestimmter Artikel

bestimmter Artikel	unbestimmter Artikel
der Tisch	ein Tisch
die Lampe	eine Lampe
das Bett	ein Bett
die Stühle.	– Stühle
	(kein Artikel im Plural)

2 Singular und Plural

Singular	Plural
der/ein Becher	die/– Becher
die/eine Packung	die/– Packungen
das/ein Glas	die/– Gläser

5 Nominativ, Akkusativ und Dativ

1 Deklination von Nomen

Nominativ	Akkusativ	Dativ
der/ein Tisch die/eine Lampe das/ein Bett die/– Stühle	den/einen Tisch die/eine Lampe das/ein Bett die/– Packungen	dem/einem Arzt der/einer Freundin dem/einem Auto den/– Freunden
Beispiele		
Das ist der/ein Tisch. Dies ist die/eine Lampe. Da ist das/ein Bett. Da sind die/– Stühle.	Ich habe den/einen Tisch. Ich brauche die/eine Lampe. Ich kaufe das/ein Bett. Ich nehme die/– Stühle.	Ich gehe zu dem (=zum)/einem Arzt. Ich telefoniere mit der/einer Freundin. Ich fahre mit dem Auto. Ich gehe zu den/– Freunden.

Demonstrativpronomen dieser/diese/dieses/diese wie der/die/das/die.

2 Präpositionen mit Akkusativ und Dativ

mit Dativ	aus, bei, gegenüber, mit, nach, von, zu
mit Akkusativ	bis, durch, für, um
mit Akkusativ (wohin?) oder Dativ (wo?)	an, auf, hinter, in, neben, über, unter, vor, zwischen

zu + dem = zum | zu + der = zur | in + dem = im | an + dem = am | bei + dem = beim

3 Verben mit Akkusativ und Dativ

Verben mit Akkusativ			
abholen	einladen	markieren	tragen
anerkennen	essen	mieten	treffen
ankreuzen	fahren	mögen	trinken
anmelden	finden	nehmen	umarmen
anprobieren	fragen	planen	umtauschen
anrufen	gehen	putzen	unterrichten
ausfüllen	haben	rechnen	unterschreiben
backen	hören	reparieren	vergleichen
bekommen	kennen	sehen	verschieben
benutzen	kochen	servieren	verstehen
beschreiben	kommen	sich freuen über/auf	warten auf
brauchen	korrigieren	singen	wissen
bringen	lernen	sprechen	zeichnen
buchstabieren	lesen	studieren	
(ein)kaufen	machen	suchen	

Verben mit Dativ und Akkusativ		Verben mit Dativ
einer Person etwas ...		einer Person ...
absagen	sagen	antworten
bringen	schreiben	helfen
erklären	verkaufen	mit einer Person sprechen
geben	zeigen	mit einer Person telefonieren

6 Pronomen

1 Personalpronomen

Nominativ	Akkusativ	Dativ
ich	mich	mir
du	dich	dir
er/sie/es	ihn/sie/es	ihm/ihr/ihm
wir	uns	uns
ihr	euch	euch
Sie/sie	Sie/sie	Ihnen/ihnen

Possessivpronomen wie unbestimmte Artikel: ein/mein, eine/meine …

2 Possessivpronomen

ich	mein/meine/mein
du	dein/deine/dein
er	sein/seine/sein
sie	ihr/ihre/ihr
wir	unser/unsere/unser
ihr	euer/eure/euer
Sie/sie	Ihr/Ihre/Ihr und ihr/ihre/ihr

	Nominativ	Akkusativ	Dativ
der	Das ist mein Vater.	Ich frage meinen Vater.	Ich helfe meinem Vater.
die	Hier ist meine Mutter.	Ich treffe meine Mutter.	Ich gehe zu meiner Mutter.
das	Das ist mein Buch.	Ich lese mein Buch.	Ich lerne aus meinem Buch.
die	Das sind meine Geschwister.	Ich rufe meine Geschwister an.	Ich telefoniere mit meinen Geschwistern.

7 Negation mit *nicht* und *kein/keine*

Mit Verben und Adjektiven: nicht	Mit Nomen: kein/keine
Ich weiß nicht. Das ist nicht richtig. Der Raum ist nicht groß.	Ich habe keine Fragen. Ich habe keinen Stift. Das ist kein Problem.

8 Komparation

	Positiv	Komparativ	Superlativ
Endung	**–**	**-er**	**am …-sten**
Beispiel	schön	schöner	am schönsten
a → ä	alt	älter	am ältesten
u → ü	jung	jünger	am jüngsten
o → ö	groß	größer	am größten
spezielle Formen	breit	breiter	am breitesten
	gern	lieber	am liebsten
	gut	besser	am besten
	viel	mehr	am meisten

Vergleiche

als + Komparativ für unterschiedliche Dinge Beispiel: Paul (1,90 m) ist **größer als** Stefan (1,85 m).

so/genauso … wie + Positiv (Grundform) für gleiche Dinge
Beispiel: Stefan (1,70 m) ist **genauso groß wie** Marianne (1,70 m).

Länder

Afghanistan
Äthiopien
Bolivien
Brasilien
Bulgarien
China
Deutschland
Irak, der
Iran, der
Eritrea
Griechenland
Italien
Kanada
Kenia
Nigeria
Pakistan
Polen
Rumänien
Spanien
Sudan, der
Syrien
Tunesien
Türkei, die
Ukraine, die

Sprachen

Arabisch
Bulgarisch
Chinesisch
Dari
Deutsch
Englisch
Farsi
Französisch
Griechisch
Italienisch
Koreanisch
Paschtu
Polnisch
Portugiesisch
Russisch
Spanisch
Tigrinya
Türkisch
Urdu

Zahlen

null
eins
zwei
drei
vier
fünf
sechs
sieben
acht
neun
zehn
elf
zwölf
dreizehn
vierzehn
fünfzehn
sechzehn
siebzehn
achtzehn
neunzehn
zwanzig
einundzwanzig
zweiundzwanzig
dreiundzwanzig
vierundzwanzig
fünfundzwanzig
sechsundzwanzig
siebenundzwanzig
achtundzwanzig
neunundzwanzig
dreißig
vierzig
fünfzig
sechzig
siebzig
achtzig
neunzig
(ein)hundert
zweihundert
dreihundert
vierhundert
fünfhundert
sechshundert
siebenhundert
achthundert
neunhundert
(ein)tausend
fünftausend
achttausend
zehntausend

Im Kurs

Antwort
antworten Sie
Aussage
Aussagesatz
Baustein
Dialog
Endung
ergänzen Sie
erzählen Sie
finden Sie
Frage
fragen Sie
füllen Sie die Lücken
Groß oder klein?
Hinweis
hören Sie
hören Sie zur Kontrolle
Imperativ
kreuzen Sie an
kreuzen Sie die richtige Lösung an
lesen Sie
markieren Sie
notieren Sie
ordnen Sie zu
richtig – falsch
Satz
schreiben Sie die Dialoge
spielen Sie
sprechen Sie nach
Teilnehmer (TN)
Text
unterstreichen Sie
Verb
Vorteile und Nachteile
Was passt?
Welches Bild passt?
W-Frage
Wortgrenze

Phonetik

Die richtige Technik zum Sprechen

1 Kennen Sie die Wörter?

2.44

Hören Sie. Wie heißen die Wörter in Ihrer Sprache?

Deutsch	Ihre Sprache
Zucker	
Berlin	
Kaffee	
Deutschland	
Marzipan	
Wasser	
Mütze	

2 Das ABC

2.45

a Das deutsche Alphabet

Großbuchstabe	A	B	C	D	E	F
Kleinbuchstabe	a	b	c	d	e	f
Aussprache	[a:]	[be:]	[tse:]	[de:]	[e:]	[ɛf]
Beispiel	Apfel	Brot	Computer	Deutschland	Erdbeere	Fußball

Großbuchstabe	G	H	I	J	K	L
Kleinbuchstabe	g	h	i	j	k	l
Aussprache	[ge:]	[ha:]	[i:]	[jɔt]	[ka:]	[ɛl]
Beispiel	Gemüse	Herz	Igel	Jacke	Kind	Lampe

Großbuchstabe	M	N	O	P	Q	R
Kleinbuchstabe	m	n	o	p	q	r
Aussprache	[ɛm]	[ɛn]	[o:]	[pe:]	[ku:]	[ɛr]
Beispiel	Milch	Nudeln	Obst	Polizist	Quark	Reis

Großbuchstabe	S	T	U	V	W	X
Kleinbuchstabe	s	t	u	v	w	x
Aussprache	[ɛs]	[te:]	[u:]	[faʊ̯]	[ve:]	[ɪks]
Beispiel	Salat	Telefon	U-Bahn	Vater	Wo?	Xylophon

Großbuchstabe	Y	Z
Kleinbuchstabe	y	z
Aussprache	[ˈʏpsilɔn]	[tsɛt]
Beispiel	Yoga	Zug

b Besondere Buchstaben: Umlaute und Zwielaute (Diphthonge)

Großbuchstabe	Ä	Ö	Ü	Au	Ei	Eu, Äu
Kleinbuchstabe	ä	ö	ü	au	ei	eu, äu
Aussprache	[ɛ:]	[ø:]	[y:]	[aɔ̯]	[ae̯]	[ɔœ̯]
Beispiel	Käse	Öl	Übung	Auge	nein	heute, träumen

c Buchstabenverbindungen und ß

Großbuchstabe	Ch	Sch	Sp	St	Qu	Pf	
Kleinbuchstabe	ch	sch	sp	st	qu	pf	ß
Aussprache	[ç] / [x]	[ʃ]	[ʃp]	[ʃt]	[kv̥]	[ɔœ̯]	[ɛsts'ɛt]
Beispiel	ich / acht	Schule	Sport	Stuhl	Quiz	Pfanne	Straße

3 Buchstabieren

a Schreiben Sie alle Vokale und alle Konsonanten auf.

Vokale: A, E, ...

Konsonanten: B, C, D, ...

b Lesen Sie alle Vokale vor. Lesen Sie dann alle Konsonanten vor.

A B C D E F G H I J K L M N O P Q R S T U V W X Y Z

c Hören und sprechen Sie den Dialog. 2.46

- Guten Tag. Wer sind Sie?
- Guten Tag. Ich heiße Mia Schulze-Behrend und komme aus Mannheim.
- Buchstabieren Sie bitte den Nachnamen.
- S – C – H – U – L — Z – E Bindestrich B –E – H – R – E – N – D.
- Vielen Dank. Und Sie kommen aus …?
- Mannheim. M – A – N – N – H – E – I – M.

d Variieren Sie den Dialog.

Hans-Peter Schwarz aus Berlin

Begüm Kaya aus Köln

Louise Neumann aus Wuppertal

4 Laute und Buchstaben

2.47

Hören Sie die Wörter.

Vokale

i-Laute		
[iː]	I / i	Igel, Familie
	ie	geschieden
	ih	ihr
	Y	Handy
[ɪ]	I / i	Insel, Kind

ü-Laute		
[yː]	Ü / ü	Übung, üben
	üh	fühlen
	Y	Syrien
	Ü / ü	fünf
[ʏ]	Y / y	Ägypten

e-Laute		
[eː]	E / e	Esel, geben
	ee	Tee
	eh	sehr
[ɛː]	Ä / ä	Käse
	äh	zählen
[ɛ]	E / e	sechs
	Ä / ä	Männer
[ə]	-e	Frage
	-e-	fragen
[ɐ]	-er	Bruder
	-er-	verstehen
	-r	ihr

ö-Laute		
[øː]	Ö / ö	Öl, schön
	öh	Söhne
[œ]	ö	zwölf

a-Laute		
[aː]	A / a	Arzt, Vater
	aa	Staat
	ah	Zahl
[a]	A / a	Apfel, Land

u-Laute		
[uː]	U / u	gut
	Uh / uh	Uhr, Stuhl
[ʊ]	U / u	Nummer

Diphthonge		
[aɪ̯]	Ei / ei	Ei, drei
	Ai / ai	Mai
	ey	Meyer
[aʊ̯]	Au / au	Auto, brauchen
[ɔɪ̯]	Eu / eu	Eule, heute
	Äu / äu	Häuser

Konsonanten

Plosive		
[p]	P / p	Paprika
	pp	Pappe
	b	gelb
[b]	B / b	Bruder
	bb	Hobby
[t]	T / t	Tüte
	tt	Wetter
	dt	Stadt
	Th / th	Theater
	d	Kind
[d]	D / d	Danke
	dd	Addition
[k]	K/k	krank
	ck	Zucker
	C / c	Computer
	-g	Tag
[g]	G / g	Gemüse
	gg	einloggen

Nasale		
[m]	M / m	Mutter
	mm	immer
[n]	N / n	Nacht
	nn	Donnerstag
[ŋ]	ng	anfangen
[ŋk]	nk	danke

Hauchlaut		
[h]	H / h	Haus

L-Laut		
[l]	L / l	Lied
	ll	hell

Frikative		
[f]	F / f	Fahrrad
	ff	Kartoffel
	V / v	Vater
	ph	Alphabet
[v]	V / v	Visum
	W / w	wohnen
[s] *	s	Haus
	ss	Wasser
	ß	Straße
[z]	S	Salat
	s	sein
[ʃ]	Sch / sch	Schlüssel
[ʃp]	Sp / sp	Sport
[ʃt]	St / st	Stuhl
[ç]	Ch / ch	China, ich
	-ig	zwanzig
[x] *	ch	acht
[j]	J / j	Jahr
[ʒ]**	J / j	Journalist
	G / -g-	Garage
[ʁ]	R / r	Reis
	rr	Herr
	rh	Rhein
[ɐ]	r	ihr

*nie am Wortanfang
**nur bei Fremdwörtern

Lautverbindungen		
[ks]	chs	sechs
	ks	links
	gs	montags
	x	Taxi
[ts]	Z / z	Zahl
	zz	Pizza
	tz	Satz
	ts	rechts
	-tion	Situation

5 Lange und kurze Vokale I

2.48

a Hören Sie. Welche Vokale sind lang? Welche Vokale sind kurz?

Beispiel: Frau Böhler – Herr Bö̤ller

1 Frau Mahler – Herr Maller
2 Herr Hebbel – Frau Hebel
3 Herr Schiefer – Frau Schiffer
4 Frau Holland – Frau Holand
5 Frau Schmuhler – Frau Schmuller

b Kreuzen Sie an. Welche Vokale sind kurz? Welche lang?

	lang	kurz	Beispiel
Vokal + Vokal ist immer	☐	☐	Staat
Vokal + h ist immer	☐	☐	Sohn
i + e ist immer	☐	☐	Lied
Vokal + doppelter Konsonant ist immer	☐	☐	Sonne
Vokal + ck ist immer	☐	☐	Zucker

6 Silbe und Wortakzent

2.49

a Hören Sie die Wörter. Wie viele Silben hören Sie?

Zucker | Salat | Marmelade | Kartoffeln | Brot | Ananas | Mango | Sahnetorte | Käse | Saft | Supermarkt | Schokolade | Fleischerei | Kiwi

1 Silbe	2 Silben	3 Silben	4 Silben
	Kiwi		Marmelade

b Hören Sie noch einmal. Welche Silbe ist betont? Ordnen Sie zu und sprechen Sie mit.

Akzentmuster	Wörter
●	
●•	Zucker
•●	
●••	
•●•	
••●	
●•••	
••●•	

c Was mögen Sie? Was mögen Sie nicht? Summen oder klatschen Sie die Wörter.

A: Ich mag ●•

B: Du magst Zucker!

7 Lange und kurze Vokale II

Wer kauft was? Vokal im Nachnamen = Vokal im Produkt
Schreiben Sie Sätze.

Frau Lasse	Butter
Frau Miele	eine Dose
Herr Miller	eine Tasse
Frau Sohn	Fleisch
Frau Schubert	Gemüse
Herr Schulze	Käse
Herr Träger	Mäuse
Frau Köhler	Milch
Frau Mühle	Möhren
Frau Sauer	Nudeln
Herr Meier	Trauben
Frau Schäuble	Zwiebeln

Beispiel: Frau Lasse kauft eine Tasse.

8 Die Vokale e und i

2.50

a Hören Sie den Dialog. Wo hören Sie ein langes e und wo ein langes i? [e:] oder [i:]?

- ● Hallo Marlies! Lange nicht gesehen! Wie geht es dir?
- ○ Mir geht es gut. Danke. Und dir? Alles ok?
- ● Nee. Irgendwie nicht.
- ○ Herrje! Warum das denn?
- ● Hier schmeckt der Kaffee nicht. Und der Tee schmeckt auch nicht!
- ○ Kein Problem. Komm! Wir gehen ein Eis essen. Viel Eis!

b Lesen Sie den Dialog mit Ihrer Partnerin/Ihrem Partner.

c Ordnen Sie die Wörter in die richtige Spalte.

lang	
e-Laute	i-Laute
ges**eh**en	Marl**ie**s

kurz	
e-Laute	i-Laute
lang**e**	n**i**cht

9 Satzakzent

2.51

a Hören Sie die Sätze. Vergleichen Sie die Akzentmuster und sprechen Sie nach.

Satzakzentmuster	Sätze
1 ●••	Schläfst Du schon? / Hörst Du mich? / ....
2 •●••	Entschuldigung! / Wie spät ist es? / ....
3 ••●•	Es ist 11 Uhr. / Das ist gut so. / ....
4 •••●	Es ist halb fünf. / Das kann nicht sein! / ....
5 ••●••	Ich versteh das nicht! / Bitte hör auf mich! / ....
6 •••●•	Werd jetzt nicht müde! / ...., wo jeder mit muss.
7 ••••●	Das ist doch nicht schwer! / ....

b Was passt? Ergänzen Sie die Sätze bei den richtigen Akzentmustern.

Das weiß ich nicht. | Wo kommst du her? | Ich bin pünktlich. | Sprich mit mir! | Hast du Zeit für mich? | Gleich ist es vorbei! | Das ist der Rhythmus ...

c Wann steht Hakim auf?
Welche Frage passt zu welcher Antwort? Hören Sie und achten Sie auf die Betonung.

2.52

1 **Wer** steht am Wochenende um 10 Uhr auf?

2 **Wann** steht Hakim um 10 Uhr auf?

3 **Was macht** Hakim am Wochenende um 10 Uhr?

4 **Um wie viel Uhr** steht Hakim am Wochenende auf?

a Hakim steht am Wochenende um **10 Uhr** auf.

b **Hakim** steht am Wochenende um 10 Uhr auf.

c Hakim steht **am Wochenende** um 10 Uhr auf.

d Hakim **steht** am Wochenende um 10 Uhr **auf**.

d Bilden Sie Fragen zu folgenden Sätzen und antworten Sie mit der richtigen Betonung.

1 Hatice isst donnerstags immer Spaghetti mit Tomatensoße.

2 Der Deutschkurs beginnt am Dienstag um 8.45 Uhr.

10 Auslautverhärtung

a Hören Sie den Dialog und sprechen Sie nach.

2.53

__d__, __g__ und __b__ am Wortende wie __t__, __k__ und __p__

- Guten Ta**g**, Frau Schmidt!
- Guten Ta**g**, Herr Schmie**d**!
- Können Sie mir sagen, wie spät es ist?
- Ja, gern! Es ist hal**b** drei.
- Was? Schon hal**b** drei? Ich muss mein Kin**d** vom Kindergarten a**b**holen! Sie hat heute Geburtsta**g**!
- Oh! Dann alles Gute und viele Grüße an Ihren Mann und Ihren Hun**d**!

b Sprechen Sie Wörter mit t, k und p:

Papier | Kater | Butter | Guten Tag | Bett

11 Der Sch-Laut

2.54

a Hören Sie das Gedicht. Wo hören Sie den Sch-Laut [ʃ]? Unterstreichen Sie.

Der Schnupfen

Ein Schnupfen hockt auf der Terrasse,
auf dass er sich ein Opfer fasse

– und stürzt alsbald mit großem Grimm
auf einen Menschen namens Schrimm.

Paul Schrimm erwidert prompt: »Pitschü!«
und hat ihn drauf bis Montag früh.

Christian Morgenstern

<sch>: schön, Schule, Schlafzimmer
<st>: Stadt, Stuhl, verstehen
<sp>: Sprache, Spaß

2.55

b Hören Sie den Dialog und achten Sie auf die Sch-Laute. Sprechen Sie den Dialog mit Ihrer Partnerin/Ihrem Partner.

- ● Steffi, schau mal! Da steht ein tolles Schuhregal.
- ○ Wo denn? Das schwarze da? Ich finde das nicht so schön. Es ist sehr dunkel und auch etwas schmal. Findest du nicht?
- ● Naja, schon möglich. Aber es passt gut ins Schlafzimmer.
- ○ Wie viele Paar Schuhe hast du denn?
- ● Oh! Schwer zu sagen … Vielleicht so 26 Paar?
- ○ Was? So viele? Dann brauchst du keinen Schuhschrank, sondern ein Schuhzimmer!

c Sprechen Sie den Dialog mit Ihrer Partnerin oder Ihrem Partner.

2.56

d Hören Sie die Sätze und schreiben Sie.

Der Stuhl ……………………………………

……………………………………

……………………………………

……………………………………

……………………………………

12 Die Endung -ieren

Finden Sie Verben auf -ieren. Wo liegt der Wortakzent?

Ich gehe heute im Park spazieren.

Mit dem Handy kann ich ....

Können Sie bitte Ihren Namen ....

An der Universität kann ich ....

Ich möchte die Hose ....

Meine Fehler will ich ....

Bei Verben auf -ieren liegt der Akzent auf: ....

13 Die Umlaute ä, ö, ü

a Hören Sie die Wörter und ergänzen Sie die Vokale. 2.57

1 kochen, der K...ch, die K...chin, die K...che, der K...chk...rs

2 b...cken, der B...cker, die B...ckerin, die Bäcker..., das B...ckblech

3 spülen, die Sp...lung, die Sp...lmasch...ne, die Sp...luhr, das Sp...lmittel

4 z...hen, der Z...hnarzt , die Zahn...rztin, die Z...hne, die Z...hnb...rste

b Welches Wort hören Sie? 2.58

- [ ] Bruder   - [ ] Brüder
- [ ] Ziege   - [ ] Züge
- [ ] Sonne   - [ ] Söhne
- [ ] schon   - [ ] schön
- [ ] Flüsse   - [ ] Füße
- [ ] Kissen   - [ ] küssen
- [ ] Apfel   - [ ] Äpfel
- [ ] Garten   - [ ] Gärten

Im Deutschen gibt es zwei ö-Laute und zwei ü-Laute.

lang
[øː] Söhne, Brötchen, schön, ...
[yː] Brüder, Bücher, müde, ...

kurz
[œ] können, zwölf, Köln, ...
[ʏ] müssen, fünf, Brüssel, ...

14 Die reduzierten e-Laute [ə] und [ɐ]

Der Akzent liegt nicht auf dem e: Wir sprechen das e nur ganz kurz. – [ə]

2.59

a Hören Sie die Wörter und achten Sie auf die Markierungen.

bitte	vielen Dank	Sonne	gesund	fahren	gehen	Besuch	Gefahr
● •	● • ●	● •	• ●	● •	● •	• ●	• ●

Das r sprechen wir oft nicht deutlich. – [ɐ]

2.60

b Hören Sie die Wörter. Wo hören Sie ein **r**?

Mutter	Rose	Sommer	schwarz	verstehen	Ohr	Arm	Herr

2.61

c Hören Sie den Text und markieren Sie. Wo hören Sie [ə] und wo [ɐ]?

Ein schöner Herbsttag im Oktober

Heute ist Donnerstag. Die Sonne scheint und Herr Meyer geht mit seinem Hund spazieren. Er läuft quer durch den Park, am Ententeich vorbei und entlang der Hauptstraße zurück. Kurz vor seinem Haus fängt es an zu regnen. Oh nein! Er hat doch keinen Regenschirm dabei! Aber das ist kein Problem. Er rennt ein kurzes Stück und schon ist er wieder zu Hause, im Trockenen. Sein Hund will draußen bleiben und mit den Regentropfen spielen.

Hören Sie noch einmal und sprechen Sie nach.

15 Die ü-Laute

2.62

a Hören Sie den Dialog und markieren Sie die ü-Laute.

- ● Praxis Frau Dr. Mücke. Guten Tag.
- ○ Guten Tag. Mühler am Apparat.
- ● Ah, Herr Müller. Was kann ich für Sie tun?
- ○ Nein, hier ist Mühler, wie die Mühle.
- ● Oh, das tut mir leid, Herr Mühle.
- ○ Nein, nein. Mühler, nicht Mühle. Mit r am Ende wie bei Müller.
- ● Jetzt wird es aber kompliziert. Was kann ich für Sie tun, Herr Mühler?
- ○ Ich hätte gern einen Termin bei Frau Dr. Mücke, bitte. Morgen früh um neun.
- ● Warten Sie … – ja, das geht. Morgen früh, um neun, bei Frau Dr. Mücke. Auf Wiederhören!
- ○ Auf Wiederhören. Und danke für Ihre Mühe!

b Sprechen Sie den Dialog mit Ihrer Partnerin oder Ihrem Partner.

16 Die Diphthonge

a Hören Sie die Sätze und ergänzen Sie die Diphthonge.

2.63

1 Au! M_ _n B_ _ch tut weh!

2 N_ _n, das kann nicht s_ _n, Fr_ _ Schmidt!

3 Was für ein tr_ _mhaftes H_ _s! Ich k_ _fe es!

4 Das _ _to kostet h_ _te nur zehnt_ _send _ _ro.

b Hören Sie noch einmal und sprechen Sie nach.

> ***Diphthonge = Doppelvokale***
> *[aɪ̯] in <drei>, <Mai> oder <Meyer>*
> *[aʊ̯] in <Auto>*
> *[ɔɪ̯] in <heute> oder <Häuser>*

17 „Grün, grün, grün sind alle meine Kleider"

a Lesen Sie das Lied und erraten Sie die Berufe oder die Farben.

b Suchen Sie das Lied im Internet, überprüfen Sie die Lösung – und singen Sie das Lied.

1

Grün, grün, grün sind alle meine Kleider,
grün, grün, grün ist alles, was ich hab'.
Darum lieb' ich alles, was so grün ist,
weil mein Schatz ein Jäger.................... ist.

2

.........., ..., ... sind alle meine Kleider,
.........., ..., ... ist alles, was ich hab'.
Darum lieb' ich alles, was so .... ist,
weil mein Schatz ein Feuerwehrmann ist.

3

Blau, blau, blau sind alle meine Kleider,
blau, blau, blau ist alles, was ich hab'.
Darum lieb' ich alles was, so blau ist,
weil mein Schatz ein .... ist.

4

.........., ..., ... sind alle meine Kleider,
.........., ..., ... ist alles, was ich hab'.
Darum lieb' ich alles, was so .... ist,
weil mein Schatz ein Bäcker ist.

5

Schwarz, schwarz, schwarz sind alle meine Kleider,
schwarz, schwarz, schwarz ist alles, was ich hab'.
Darum lieb' ich alles, was so schwarz ist,
weil mein Schatz ein .... ist.

6

.........., ..., ... sind alle meine Kleider,
.........., ..., ... ist alles was ich hab'.
Darum lieb ich alles, was so .... ist,
Weil mein Schatz ein Maler ist.

Fällt Ihnen noch eine Strophe ein?

7

.........., ..., ... sind alle meine Kleider,
.........., ..., ... ist alles was ich hab'.
Darum lieb ich alles, was so .... ist,
Weil mein Schatz ein .... ist.

Lektion 1

1a 1 ist, heißen, 2 heiße

1b 1 ist, sind, 2 ist, 3 ist, 4 heiße

1c 1 Ich, 2 Ich, 3 Sie

1d 1 ist Ihr, 2 Mein, ist, 3 heißen Sie, 4 Ich heiße

1e 1 Ich heiße Ella Krüger. 2 Wie heißen Sie, bitte? 3 Ich heiße Ana Schmidt.

2 1 heiße, komme, kommen, 2 komme, 4 komme, 5 kommen, 6 komme

3a Hallo, ich heiße Karim und komme aus Syrien. Guten Tag, ich bin Rabia und komme aus dem Iran. Und ich heiße Ali und komme aus Pakistan.

3b 1a, 2a, 3b

3c 1 Tag, kommen Sie, 2 Frau, Woher, Sie, Aus dem Iran, 3 Guten, Woher kommen Sie? Aus Nigeria, 4 Guten Tag, Und, Aus Deutschland, 5 Woher

4a Hallo, Tschüss, Guten Abend, Herzlich willkommen, Guten Tag, Guten Morgen

4b Guten Abend, Guten Tag, Auf Wiedersehen

4c 1 Guten Morgen, 2 Guten Tag, 3 Guten Abend, 4 Gute Nacht, 5 Hallo, 6 Herzlich willkommen, 7 Auf Wiedersehen, 8 Tschüss

5a Sie, Sie, du, du, du

5b sind, sind, bist, heißt

5c bin, bist, sind, komme, kommst, kommen, heiße, heißt, heißen

6a 100 % Sehr gut. 80 % Gut. 60 % Es geht so. 40 % Nicht so gut.

6b 1 Ihnen, Ihnen, 2 dir, dir, Mir, 3 Ihnen

7 1 Woher kommen Sie?/Woher kommst du? 2 Wie heißt du? 3 Wie geht es dir?

Lektion 2

1a Iran, Syrien, Nigeria, USA, Ghana, Spanien, Arabisch, Deutsch, Türkisch

1b Afghanistan – Dari, Deutschland – Deutsch, Eritrea – Tigrinya, Frankreich – Französisch, Marokko – Arabisch, Polen – Polnisch, Somalia – Somali, USA – Englisch

2a sprichst du, Sprichst du

2b Frau Navid, sprechen Sie Französisch? – Nein, Herr Okoye. Und Sie? Sprechen Sie Französisch? – Ja. Französisch und Englisch.

3a Karim – Syrien – Arabisch, Türkisch, Deutsch, Tayo – Nigeria – Englisch, Yoruba, Französisch, Deutsch, Frau Krüger – Deutschland – Deutsch, Englisch, Spanisch, Laura – Polen, Polnisch, Russisch, Englisch, Deutsch

3b Er heißt Karim. Er kommt aus Syrien. Er spricht Arabisch, Türkisch und Deutsch. Er heißt Tayo. Er kommt aus Nigeria. Er spricht Englisch, Yoruba, Französisch und Deutsch. Sie heißt Frau Krüger. Sie kommt aus Deutschland. Sie spricht Deutsch, Englisch und Spanisch. Sie heißt Laura. Sie kommt aus Polen. Sie spricht Polnisch, Russisch, Englisch und Deutsch.

4a 1 Sie, Sie, 2 er, Er, 3 er, Er, 4 Sie

5 Sohn, Mutter, Schwester

6a Ich und meine Familie wohnen in Berlin. Wir haben zwei Kinder. Sie sind fünf und zwölf Jahre alt.

6b komme, habe, heißen, leben, sprechen

7a ich habe, du hast, er/sie/es hat, wir haben, sie/Sie haben

7b 1 Hast, habe, 2 Haben, habe, 3 hat, 4 hat, 5 haben

8a 2 Wo wohnen Sie? 3 Wohnen Sie in Deutschland? 4 Sind Sie verheiratet? 5 Haben Sie Kinder? 6 Sprechen Sie Deutsch?

8b 1a, 2b, 3b, 4b

9a null, zwei, drei, fünf, sieben, neun, elf, zwölf, dreizehn, siebzehn, neunzehn, zwanzig

9b 1 2-4-6-8-10-12-14-16-18-20; 2 3-6-9-12-15-18; 3 4-8-12-16-20; 4 5-10-15-20

9c

5	8	9	3	7	1	2	6	4
7	4	3	2	8	6	5	1	9
2	6	1	5	4	9	7	3	8
6	5	4	8	9	2	1	7	3
9	3	2	6	1	7	8	4	5
1	7	8	4	3	5	6	9	2
3	2	6	7	5	4	9	8	1
8	1	7	9	2	3	4	5	6
4	9	5	1	6	8	3	2	7

10 1b, 2a, 3b, 4a, 5a, 6a

11 2 Familie, 3 Eltern, 4 Kinder, 5 Schwester, 6 Bruder, 7 Nachname, 8 Vater

12 1c, 2c

13a zwölf, achtzehn, einundzwanzig, dreiundzwanzig, zweiunddreißig, fünfundvierzig, vierundfünfzig, achtzig, neunundneunzig

13c 10-20-30-40-50-60-70-80-90-100; 11-22-33-44-55-66-77-88-99; 15-30-45-60-75-90; 20-40-60-80-100

14a 1c, 2c, 3a

14b Schmidt, Ana, Bulgarien, Hamburger Allee 18 in 60487 Frankfurt, 0171 22 35 64 98, verheiratet, 1 Kind/Maksim

15a Ich bin, du bist, er/sie/… ist, wir sind, sie/Sie sind

15b 1 ist, ist, 2 bist, bin, 3 sind, bin, 4 sind

16a 1c, 2f, 3g, 4e, 5a, 6b, 7d

18a Nachname, Vorname, Heimatland, Adresse, Telefonnummer, Familienstand, Kinder

18b Name: Familienname, Nachname, Vorname, Adresse: Straße, Hausnummer, Postleitzahl, Wohnort, Familienstand: verwitwet, ledig, geschieden, verheiratet

19 1 kommen, 2 wohnt, 3 lebt, 4 haben, 5 heißt, 6 ist, 7 sprechen

20 Männernamen: Peter, Ben, Michael, Jonas, Ulrich, Udo, Paul, Martin; Frauennamen: Sophie, Paula, Lea, Katrin, Alexandra, Louise

21 1 ist, 2 bin, 3 sind, 4 bin, 5 sind, 6 bin, 7 bist, 8 Seid, 9 sind

22 Hallo Ludmila, wie geht es dir? Mir geht es gut. Ich wohne jetzt in Berlin und lerne Deutsch. Die Lehrerin ist nett. Und was machst du? Mein Bruder sagt, du bist jetzt Englischlehrerin in Frankfurt. Stimmt das? Viele Grüße Mary

23 2 wohnen, wohnen, 3 machen, lernen, 4 kommst, komme, 5 kommen, kommen, 6 macht, machen, 7 Lernt, lernt

24 spreche, sprecht, sprechen, sprichst, spreche, spricht

25 spricht, verstehe, frage, sagt, haben, schreibe, lernen

26a Montag, Dienstag, Mittwoch, Donnerstag, Freitag, Samstag, Sonntag

26b 2 Ist heute Montag? 3 Ist übermorgen Mittwoch? 4 War gestern Samstag? 5 War vorgestern Donnerstag?

27 1b, 2b, 3c

28 2 Nein, sie kommt nicht aus dem Irak. Sie kommt …, 3 Nein, er spricht kein Arabisch. Er spricht … 4 Nein, sie wohnt nicht in Düsseldorf. Sie wohnt …

29 1 nicht, kein, 2 kein, 3 nicht, 4 nicht, 5 keine, 6 nicht, 7 nicht

Lektion 3

1a den, die, das, die

1b 1 das 2 nimmt den, 3 nehmen das, 4 nimmst die, 5 nehmt das, 6 nehmen die, 7 nimmt den

2a ich fahre, du fährst, er/sie/es fährt, wir fahren, ihr fahrt, Sie/sie fahren.

2b dem, der, dem, den

2c 1 fahre, dem, 2 Fährst, dem, 3 fahren, dem, 4 fahren, der, 5 der, fährt, 6 Fahrt, dem

3 1 Nimmst, den, 2 nehmen, die, 3 nehme, den, 4 nehmen, den, 5 nimmt, die, 6 Nehmt, das

4 2 Die Frau fährt immer mit dem Auto. 3 Du nimmst manchmal das Fahrrad. 4 Klara und Hans fahren mit dem Bus. 5 Wir nehmen oft das Taxi. 6 Ihr fahrt am Sonntag Zug. 7 Der Mann geht zu Fuß.

5 die Apotheke, die Krankenkasse, das Kino, der Bahnhof, die Polizei, die Bibliothek, das Café, das Schwimmbad, das Hotel, die Volkshochschule, die Kirche, das Bürgerbüro, die Schule, die Bank, das Rathaus, das Krankenhaus, das Restaurant, das Jobcenter, die Post, der Supermarkt

6 2 zum Bürgerbüro – mit dem Fahrrad, 3 zur Apotheke – das Taxi, 4 zum Wochenmarkt – das Auto, 5 zum Schwimmbad – die U-Bahn, 6 zum Bahnhof – zu Fuß

8 1 Flugzeug, 2 unter, 3 über der, 4 unter dem, 5 Sie ist neben dem Zug/unter dem Fahrrad. 6 Es ist neben dem Auto/Fahrrad/über dem Zug.

9 1 in der Bibliothek, 2 im Supermarkt, 3 in der Apotheke, 4 in der Schule, 5 im Krankenhaus, 6 im Restaurant

10 1d, 2a, 3b 4c

11 2 beim Friseur, 3 bei den Eltern, 4 beim Lehrer

12a zum: Arzt, Bahnhof, Bürgerbüro, Café, Friseur, Hotel, Jobcenter, Kino, Krankenhaus, zur: Apotheke, Bank, Bibliothek, Bushaltestelle, Krankenkasse, Polizei, Post, Schule, Volkshochschule

13a Gehen Sie! Fahren Sie! Nehmen Sie! Fragen Sie! Laufen Sie!

13b 1 Fahren Sie, 2 Gehen/Fahren/Laufen Sie, 3 Nehmen Sie

14a 1 Schwimmbad, 2 Hotel, 3 Krankenhaus

14b 1 Gehen Sie nach rechts. Gehen Sie die zweite Straße rechts. Gehen Sie dann über die Kreuzung. Da ist die Bäckerei. 2 Gehen Sie über die Straße, geradeaus am Theater vorbei und gehen Sie über die Kreuzung. Da ist das Krankenhaus.

15a 1 Entschuldigung. 2 Ja? 3 Wie komme ich zum Jobcenter? 4 Gehen Sie hier geradeaus. 5 Nehmen Sie die zweite Straße rechts. 6 Dann gehen Sie weiter geradeaus bis zur Kreuzung und weiter über die Kreuzung. 7 Das Jobcenter ist ungefähr 300 Meter hinter der Kreuzung links. 8 Gut, vielen Dank. 9 Gern geschehen.

16 *zum Beispiel:* 2 Entschuldigen Sie, wo ist der Bahnhof? 3 Entschuldigung, ist hier ein Supermarkt? 4 Entschuldigen Sie, wo ist die Volkshochschule? 5 Entschuldigung, wo ist das Jobcenter? Wie komme ich zum Jobcenter?

Lektion 4

1 waagerecht: der Arm, der Zeh, die Brust, das Ohr, der Rücken, das Bein, der Hals, der Mund, der Ellbogen, die Schulter, der Kopf, die Haare, der Bauch, der/die Finger, senkrecht: das Knie, der Zahn, die Hand, das Auge, die Nase, der Fuß

2 1 eine Nase, einen Mund, einen Hals, einen Rücken, 2 Arme, Beine, Ellbogen, Knie, Hände, Füße, Augen, Ohren, Schultern, 3 Finger, Zehen

3 2 der Bauch, 3 der Finger, 4 der Zeh, 5 die Brust

4 2 Mein Hals tut weh. 3 Mein Bauch tut weh. 4 Mein Ohr tut weh. Meine Ohren tun weh. 5 Mein Zahn tut weh. Meine Zähne tun weh.

5 mein, meine, Dein, deine

6 1 Ihr, Mein, 2 dein, mein, 3 Ihre, Ihre, Meine, 4 dein

7 1 Sein, sein, seine, Sein, 2 Ihre, ihr, Ihr, 3 seine, Seine, ihre, ihre

8a 1f, 2b, 3h, 4e, 5a, 6g, 7d, 8c

8b 1 Sprechstundenhilfe, 2 Hausarzt, 3 Überweisung, 4 Gesundheitskarte, 5 Krankmeldung, 6 Sprechstunde, 7 Wartezimmer

9a 2 Mach Sport. Machen Sie Sport. 3 Nimm eine Tablette. Nehmen Sie eine Tablette. 4 Bleib im Bett. Bleiben Sie im Bett.

9b 2 Macht einen Termin. 3 Trinkt Kaffee. 4 Nehmt einen Tee.

10 sollen: ich soll, du sollst, er/sie/es soll, wir sollen, ihr sollt, sie/Sie sollen, dürfen: ich darf, du darfst, er/sie/es darf, wir dürfen, ihr dürft, sie/Sie dürfen.

11 1 soll, 2 sollt, 3 sollen, 4 soll, 5 sollst

12 1 dürfen, 2 darf, 3 Darfst, darf, 4 dürfen, darf, 5 Dürfen

13 1 Der Arzt sagt, ich soll keinen Kaffee trinken. 2 Was soll ich machen? Darf ich heute arbeiten? 3 Der Arzt sagt, du sollst im Bett bleiben.

14 1b, 2a, 3a

15 1c, 2a

16 geehrte, kann, krank, Erkältung, soll, Krankmeldung, freundlichen

18 Hast du Schmerzen? – Ja, mein Rücken tut weh. – Und was machst du? Nimmst du Tabletten? – Ich gehe morgen zum Arzt.

Lektion 5

1 Mann: 1 Bäcker, 3 Kellner, 5 Arzt, 7 Krankenpfleger, Frau: 2 Lehrerin, 4 Automechanikerin, 6 Sängerin, 8 Bürokauffrau

2 1 Die Lehrerin arbeitet in der Schule. 2 Der Bäcker arbeitet in der Bäckerei. 3 Der Krankenpfleger arbeitet im Krankenhaus. 4 Der Arzt arbeitet im Krankenhaus. 5 Die Bürokauffrau arbeitet im Büro. 6 Die Kellnerin arbeitet im Restaurant. 7 Der Automechaniker arbeitet in der Werkstatt.

3 1d, 2e, 3a, 4f, 5b, 6g, 7c

4 2 backt, 3 telefoniert, arbeitet, 4 serviert, 5 repariert, 6 korrigiert

5 1 falsch, 2 richtig, 3 richtig, 4 falsch, 5 falsch

6a 1d, 2e, 3c, 4b, 5f, 6a

7 können: ich kann, du kannst, er/sie/es kann, wir können, ihr könnt, sie/Sie können, müssen: ich muss, du musst, er/sie/es muss, wir müssen, ihr müsst, sie/Sie müssen

8 1 Können, kann, 2 Kannst, kann, kann, 3 Könnt, können, kann

9 1 Musst, muss, 2 Müsst, müssen, 3 Müssen, muss

10 1 Kannst, 2 Musst, 3 Können, 4 Müsst, 5 Kann

11 1 Ich muss am Wochenende oft arbeiten. 2 Murat kann gut Brot backen. 3 Wir müssen das Auto reparieren. 4 Paolo kann gut Deutsch lesen und schreiben. 5 Er kann leider noch nicht so gut sprechen. 6 Wann können Sie kommen? 7 Ich muss bis 6 Uhr arbeiten. Ich habe Nachtdienst. 8 Der Arzt muss auch am Wochenende arbeiten.

12a 3, 5, 2, 1, 4

13 1a, 2b, 3b, 4a

14 1b, 2a, 3c, 4b

15a 1 Wann frühstücken Sie am Montag? – Immer schon um fünf. Ich arbeite im Krankenhaus und muss sehr früh mit der Arbeit beginnen. Ich trinke nur einen Kaffee mit Milch. 2 Haben Sie einen Führerschein? – Ja, ich bin Taxifahrer.

16 1 Können Sie als Kellnerin bei uns arbeiten? 2 Doro arbeitet als Köchin im Restaurant. 3 Ich möchte flexibel arbeiten. 4 Wir können schon perfekt Deutsch sprechen.

17 Haben Sie am Dienstagmittag Zeit? Ich kann dann kommen und die Tür reparieren. – Nein, leider nicht. Ich arbeite bis sieben Uhr abends. Aber am Freitag habe ich schon um vier Uhr Feierabend.

18 Ich suche eine Arbeit als Köchin. Ich habe viel Zeit und kann flexibel arbeiten, auch am Abend oder am Wochenende.

19 1d, 2g, 3e, 4a, 5i, 6c, 7b, 8f, 9h

20a ich bin, du bist, er/sie/es ist, wir sind, ihr seid, sie/Sie sind, ich war, du warst, er/sie/es war, wir waren, ihr wart, sie/Sie waren

20b 1 ist, 2 Warst, 3 bin, 4 bist, 5 Wart, 6 waren, 7 war, 8 wart, 9 waren, 10 sind, 11 waren, 12 war, 13 bin, 14 bin

20c ich habe, du hast, er/sie/es hat, wir haben, ihr habt, sie/Sie haben, ich hatte, du hattest, er/sie/es hatte, wir hatten, ihr hattet, sie/Sie hatten

20d 1 Haben, 2 habe, 3 hatte, 4 Habt, 5 haben, 6 hatten, 7 Hat, 8 haben, 9 hattest, 10 hatte

21 1d, 2b, 3e, 4a, 5c

22a 1d, 2c, 3a, 4b, 5f, 6h, 7g, 8e, 9i

22b 1 falsch, 2 falsch, 3 richtig, 4 falsch, 5 richtig

Lektion 6

1 2 der Vormittag, 3 der Mittag, 4 der Nachmittag, 5 der Abend, 6 die Nacht

2a *zum Beispiel:* 2 Rabia geht morgens um 8 Uhr zum Unterricht. 3 Sie kocht um Viertel nach eins. 4 Rabia macht um drei Uhr nachmittags Hausaufgaben. 5 Sie trinkt um halb sechs Tee. 6 Rabia hört abends um zehn nach acht Musik. 7 Sie geht um Viertel vor elf schlafen.

3 aufstehen: ich stehe auf, du stehst auf, er/sie/es steht auf, wir stehen auf, ihr steht auf, sie/Sie stehen auf, einkaufen: ich kaufe ein, du kaufst ein, er/sie/es kauft ein, wir kaufen ein, ihr kauft ein, sie/Sie kaufen ein, fernsehen: ich sehe fern, du siehst fern, er/sie/es sieht fern, wir sehen fern, ihr seht fern, sie/Sie sehen fern.

4 2 Murat steht am Samstag spät auf. 3 Er kauft mittags im Supermarkt Lebensmittel ein. 4 Er und Hatice sehen abends fern.

5 schlafen: schläfst, schlafe, schlaft, sprechen: sprecht, sprechen, sprichst, lesen: Liest, lese, essen: Essen, esse

6 einkaufen, kochen, fernsehen

7 2 Es ist Viertel nach elf. Es ist elf Uhr fünfzehn. Es ist dreiundzwanzig Uhr fünfzehn. 3 Es ist halb zwei. Es ist ein Uhr dreißig. Es ist dreizehn Uhr dreißig. 4 Es ist Viertel nach zwei. Es ist zwei Uhr fünfzehn. Es ist vierzehn Uhr fünfzehn. 5 Es ist Viertel vor drei. Es ist zwei Uhr fünfundvierzig. Es ist vierzehn Uhr fünfundvierzig. 6 Es ist fünf nach halb sechs. Es ist fünf Uhr fünfunddreißig. Es ist siebzehn Uhr fünfunddreißig. 7 Es ist fünf vor halb sieben. Es ist sechs Uhr fünfundzwanzig. Es ist achtzehn Uhr fünfundzwanzig. 8 Es ist zehn vor neun. Es ist acht Uhr fünfzig. Es ist zwanzig Uhr fünfzig. 9 Es ist zehn nach neun. Es ist neun Uhr zehn. Es ist einundzwanzig Uhr zehn.

8 1a, 2b, 3b

9 1b, 2c

10a 1b, 2g, 3a, 4d, 5e, 6f, 7c

11 1 richtig, 2 falsch

12a 1 1c, 2b, 3a, 2 4e, 5g, 6f, 7d, 3 8i, 9h

12b 1d, 2b, 3a, 4c

12c Susanne: kocht, arbeitet Vollzeit, Christof: kauft ein, wäscht und bügelt die Wäsche, putzt, Ole: ist bei der Tagesmutter

13 1a, 2c, 3d, 4b

14 Am Montag stehe ich immer früh auf. Ich frühstücke nicht. Ich habe keine Zeit. Ich trinke nur Kaffee. Um halb sieben beginnt meine Arbeit. Um halb zehn habe ich Pause. Dann esse ich ein Brötchen.

15 1 falsch, 2 falsch, 3 richtig, 4 richtig

16 2 Am Wochenende sieht Alina immer Filme auf Deutsch. 3 Am Sonntag spielt Paul gern Fußball. 4 Abends geht Lara früh ins Bett.

18a Laura: 1, 3, 5, 7, Stefan: 4, 8, 6, 2

20a 1c, 2b, 3a, 4d

20b 1 Nein, der Boden ist sauber. 2 Der Staubsauger ist alt. – Nein, der Staubsauger ist neu. 4 Der Staubsauger ist teuer. – Nein, der Staubsauger ist günstig.

20c 1 53, 2 am Main, 3 Burkl AG, 4 20.., 5 Burkl, 6 298, 7 0171 456321987

Lektion 7

1 a Tee, b Salat, c Honig, d Mango, e Fisch, f Zwiebeln

2 Obst: die Kiwi, die Zitrone, die Trauben, die Birne, der Apfel, die Orange, die Melone; Gemüse: der Salat, die Erbsen, die/der Paprika, die Zwiebel, die Kartoffel, die Tomaten, die Gurke

3 1,89 €: eins neunundachtzig/ein Euro neunundachtzig (Cent), 3l: drei Liter, 50 g: fünfzig Gramm, 0,99 €: neunundneunzig Cent, 500 g: ein Pfund

4a Rabia: alles zum Frühstück; Tee, Marmelade, Brot, Käse, Butter; Karim: Kaffee; Gemüse und Fleisch für das Abendessen

4b Kaffee 5,99 €, Honig 3,90 €, Melone 1,29 €, Reis 3,49 €

4c 1 5,99 €, 2 0,96 €, 3 2,49 €, 4 0,59 €

5 Heute haben wir ein Super-Angebot an der Fleischtheke. 6,99 € für ein Kilo Rindfleisch!

6a positiv: schön, klasse, super, günstig, sehr schön, perfekt, gut, toll – negativ: langweilig, nicht schön, blöd, hässlich, schlecht, teuer, furchtbar

6b 1 den, 2 die, 3 das, 4 die

7 1 einen, eine, 2 eine, ein, 3 einen, ein

8 1c, 2c, 3d, 4b

9 1 weiß, 2 grün, 3 rot, 4 orange, 5 weiß, 6 grün/gelb/rot/orange, 7 braun, 8 braun, 9 farblos

10 immer, meistens, oft, manchmal, selten, nie

11 1 Ihnen, Ihnen, mir, mir, Ihnen, 2 dir, mir, ihm, ihr, ihnen, 3 euch, uns

12 2 weit, eng, 3 schlecht, gut, 4 kurz, lang, 5 hässlich, schön, 6 teuer, günstig

13 1 falsch, 2 richtig, 3 richtig, 4 falsch

14 1 helfen, 2 passt, 3 eng, 4 umtauschen, 5 Kassenbon, 6 Größe, 7 anprobieren

15 2 lieber … als, 3 früher … als … später als, 4 länger … als, 5 besser … als … besser … als

16 2 Die Jacke ist teurer als die Hose. 3 Die Sonne ist heller als die Lampe. 4 Ich trage lieber Hemden als T-Shirts.

17 2 Thomas ist größer als Martin. John ist am größten. 3 Der Apfelsaft ist günstiger als der Orangensaft. Das Wasser ist am günstigsten. 4 Das Schlafzimmer ist kleiner als das Wohnzimmer. Die Küche ist am kleinsten. 5 Tim spricht besser Deutsch als Spanisch. Er spricht am besten Englisch.

18 Nominativ: der/welcher/dieser Mantel, die/welche/diese Jacke, das/welches/dieses Hemd, die/welche/diese Schuhe, Akkusativ: den/welchen/diesen Mantel, die/welche/diese Jacke, das/welches/dieses Hemd, die/welche/diese Schuhe

19 1 Dieser, 2 dieser, 3 Welcher, 4 dieser, 5 Welche, 6 Diese

21 1a, 2e, 3d, 4c, 5b

22 1b, 2a, 3b, 4b

Lektion 8

1 1 arbeiten, lesen, putzen 2 fernsehen, lesen, putzen 3 essen, putzen 4 baden, duschen, putzen 5 kochen, essen, putzen 6 spielen, schlafen, lesen, putzen 7 schlafen, lesen, putzen

2a 1g, 2h, 3e, 4c, 5f, 6a, 7d, 8b

2b 2 Er ist schmal. 3 Sie ist groß. Er ist dunkel. 5 Sie ist laut. 6 Sie ist alt. 7 Es ist hässlich. 8 Sie ist teuer.

3a 2 Es, 3 Sie, 4 Sie, 5 Er

3b *zum Beispiel:* Wie ist das Wohnzimmer? Es ist sehr groß. – Wie viele Kinderzimmer hat die Wohnung? Zwei. – Ist das Bad hell? Ein Bad ist hell und ein Bad ist dunkel.

4a der Balkon: ein, mein, dein, Ihr, die Küche: eine, meine, deine, Ihre, das Bad: ein, mein, dein, Ihr, die Zimmer: –, meine, deine, Ihre

4b 1a, 2g, 3e, 4h, 5d, 6f, 7c, 8b

4c 1 Ist dein Balkon groß? 2 Ist deine Wohnung teuer? 3 Was ist dein Lieblingszimmer? 4 Was machst du da? 5 Ist deine Küche groß? 6 Wie ist dein Wohnzimmer? 7 Wie viele Quadratmeter hat deine Wohnung? 8 Wie viele Zimmer hat deine Wohnung?

5a 313, 765, 4.554, 1.989

5b 2 neuntausendachthundertsechsundzwanzig, 3 zehntausendeins, 4 zweitausendsechzehn

6a *zum Beispiel:* Wohnzimmer: der Tisch, das Sofa, der Fernseher, der Sessel, der Computer; Schlafzimmer: das Bett, der Kleiderschrank; Kinderzimmer: der Kleiderschrank, die Stühle, die Spielkiste, der Schreibtisch; Küche: der Tisch, die Stühle, die Spülmaschine, der Küchenschrank, die Kaffeemaschine; Bad: die Waschmaschine

7 die Kaffeemaschine, der Kleiderschrank, die Küchenmaschine, der Küchenschrank, der Küchentisch, das Lieblingszimmer, der Schreibtisch, die Spülmaschine, die Waschmaschine

8 1 richtig, 2 falsch, 3 falsch, 4 falsch

9a 2 lauter als, 3 schmaler als, breiter als, 4 teurer als, 5 älter als

9b 2 Mein Zimmer ist genauso groß wie dein Zimmer. 3 Anne ist genauso alt wie Ayşe. 4 Die Neubauwohnung kostet genauso viel Miete wie die Altbauwohnung.

9c 2 Das Bett ist neuer als der Tisch. Der Schrank ist am neuesten. 3 Der Orangensaft ist genauso günstig wie der Apfelsaft und das Wasser. 4 Das Wohnzimmer ist genauso klein wie das Schlafzimmer. Das Bad ist am kleinsten.

10a 1 3, 2 3–4, 3 100m², 4 0166 131415, 5 1000 € warm, 6 gerne mit Balkon, 7 ab 1.7./1.8., 8 isorokin@gmx.it

10b b

11a EG = Erdgeschoss, OG = Obergeschoss, DG = Dachgeschoss, NK = Nebenkosten, MM = Monatsmiete, ZKBB = Zimmer, Küche, Bad, Balkon, KT = Kaution, m²/qm = Quadratmeter

11b 4ZKBB, 150 m², AB, 1000 € + NK, ab 15.2., Tel.: 06131 5525289

Lektion 9

1 2 besuchen, lernen, 3 arbeiten, lernen, 4 besuchen, studieren

2 1g, 2a, 3b, 4c, 5e, 6f, 7d

3a 1 Mathematik, 2 Englisch, 3 Biologie, 4 Sport, 5 Kunst, 6 Religion, 7 Ethik, 8 Deutsch, 9 Erdkunde, 10 Musik

3b 1 interessanter, 2 am langweiligsten, 3 gern, lieber, am liebsten, 4 öfter, 5 gut, besser, am besten

4a ich will, du willst, er/sie/es will, wir wollen, ihr wollt, sie/Sie wollen

4b 2 Ich will heute schwimmen gehen. 3 Wir wollen mit dem Chef sprechen. 4 Ich will bezahlen.

4c 2 Ich möchte heute schwimmen gehen. 3 Wir möchten mit dem Chef sprechen. 4 Ich möchte bezahlen.

5a ich muss, du musst, er/sie/es muss, wir müssen, ihr müsst, sie/Sie müssen

5b 1 Willst, will, muss 2 Wollt, wollen, müssen, 3 Wollen, will, will

5c 1 müssen, 2 muss, 3 muss, 4 muss, 5 muss, 6 Müssen, 7 Müsst

6a waagerecht: das Wörterbuch, das Buch, die Tür, die Lampe, der Bleistift, das Heft, die Tasche, das Bild, der Tisch, der Stuhl, der Radiergummi, die CD, der Zettel, das Papier, der Papierkorb, der Lehrer, die Lehrerin, senkrecht: die Tafel, der Rucksack, das Fenster, der Kuli

7a A: Entschuldigung. Ich habe eine Frage. B: Ja, bitte? A: Ist das ein Wörterbuch? B: Nein, das ist doch kein Wörterbuch. Das ist ein Kursbuch. A: Und wie heißt das auf Deutsch? B: Das ist eine CD.

8 *zum Beispiel:* Ich habe dich heute besucht. Ich bin gestern zur Post gegangen. Ich habe ein Kleid gekauft. Wir haben Englisch gelernt. Du hast die Aufgabe gemacht. Wir haben am Dienstag telefoniert. Ich habe 1998 in Berlin gewohnt. Er hat mit mir gespielt. Wir haben Essen gekocht.

Phonetik

3 Vokale: A, E, I, O, U, Konsonanten: B, C, D, F, G, H, J, K, L, M, N, P, Q, R, S, T, V, W, X, Y, Z

5a lang: Mahler, Hebel, Schiefer, Holand, Schmuhler, kurz: Maller, Hebbel, Schiffer, Holland, Schmuller

5b lang, lang, lang, kurz, kurz

6a 1 Silbe: Brot, Saft, 2 Silben: Zucker, Salat, Mango, Käse, 3 Silben: Kartoffeln, Ananas, Supermarkt, Fleischerei, 4 Silben: Sahnetorte, Schokolade

6b 1 Brot, Saft, 2 Mango, Käse, 3 Salat, 4 Ananas, Supermarkt, 5 Kartoffeln, 6 Fleischerei, 7 Sahnetorte, 8 Marmelade, Schokolade

7 Miele – Zwiebeln, Miller – Milch, Sohn – Dose, Schubert – Nudeln, Schulze – Butter, Träger – Käse, Köhler – Möhren, Mühle – Gemüse, Sauer – Trauben, Meier – Fleisch, Schäuble – Mäuse

8c lange e-Laute: geht, Nee, Herrje, Kaffee, Tee, Problem, gehen; lange i-Laute: dir, irgendwie, Hier, Viel; kurze e-Laute: gesehen, es, Herrje, denn, schmeckt, essen; kurze i-Laute: irgendwie, nicht

9b 1 Sprich mit mir! 2 Das weiß ich nicht. 3 Ich bin pünktlich. 4 Wo kommst du her? 5 Hast du Zeit für mich? 6 Das ist der Rhythmus 7 Gleich ist es vorbei!

9c 1b, 2c, 3d, 4a

11a Schnupfen, stürzt, Schrimm, Pitschü

11d Der Stuhl ist schwer. Es ist schon sehr spät. Ich verstehe viele Sprachen. Ich habe starke Schulterschmerzen.

12 telefonieren, buchstabieren, studieren, reklamieren, korrigieren; Akzent auf –ieren

13a kochen, der Koch, die Köchin, die Küche, der Kochkurs, backen, der Bäcker, die Bäckerin, die Bäckerei, das Backblech, spülen, die Spülung, die Spülmaschine, die Spieluhr, das Spülmittel, ziehen, der Zahnarzt, die Zahnärztin, die Zähne, die Zahnbürste

13b Bruder, Züge, Söhne, schon, Füße, Kissen, Äpfel, Garten

14b Rose, schwarz, verstehen, Arm, Herr

15a Mücke, Mühler, Müller, Mühle, früh, Mühe

16 1 Au! Mein Bauch tut weh! 2 Nein, das kann nicht sein, Frau Schmidt! 3 Was für ein traumhaftes Haus. Ich kaufe es! 4 Das Auto kostet heute nur zehntausend Euro.

17 2 rot, 3 Matrose, 4 weiß, 5 Schornsteinfeger, 6 bunt

Übungstest

Sprachbausteine
1a, 2a, 3b, 4a, 5a , 6a, 7b, 8a, 9b, 10b

Hören, Teil A
11 falsch, 12 richtig, 13 falsch, 14 richtig

Teil B
15a, 16b, 17b, 18a, 19b

Hören und antworten, Teil A
20d, 21b, 22a

Teil B
23h, 24g, 25i, 26f

Lesen, Teil A
27c, 28a, 29d

Teil B
30 –, 31 +, 32 –

Teil C
33b, 34b, 35b

Schreiben, Teil 1
36 11. Mai 1990/11.05.1990 und andere Datumsformate
37 57647 Hamburg
38 Praktikantin
39 0157 45 62 987
40 15. Oktober/15.10.

Hörverstehen CD2

Lektion 1

1b Mein Name ist … (Track 1)
● Guten Tag. Mein Name ist Karim Moussa. Und wer sind Sie?
○ Hallo. Mein Name ist Rabia Navid.
● Entschuldigung, wie ist Ihr Name?
○ Ich heiße Rabia Navid.

1c (Track 2)
● Hallo. Ich bin Rachid Annaanaa.
○ Guten Tag. Ich heiße Maria Ionesco.
● Wie heißen Sie, bitte?
○ Ionesco. Maria Ionesco.

4b Herzlich willkommen! (Track 3)
Guten Morgen, Guten Abend, Guten Tag, Auf Wiedersehen

4c (Track 4)
Guten Morgen, Guten Tag, Guten Abend, Gute Nacht, Hallo, Herzlich willkommen, Auf Wiedersehen, Tschüss

Lektion 2

3 Wer ist das? (Track 5)
● Hallo, ich heiße Karim, Karim Moussa. Ich komme aus Syrien. Ich spreche Arabisch. Und ich spreche Türkisch und ein bisschen Deutsch. Und du?
○ Guten Tag. Mein Name ist Tayo Okoye.
● Woher kommst du?
○ Ich komme aus Nigeria. Und ich spreche Englisch und Yoruba. Französisch auch – und Deutsch. Na ja, ein bisschen Deutsch.
● Und wer sind Sie?
○ Ich bin die Deutschlehrerin, und ich spreche Deutsch – na klar! Mein Name ist Ella Krüger. Ach ja, ich spreche auch Englisch und Spanisch. Und ich komme aus Deutschland.
● Danke, Frau Krüger. Und wie heißt du?
○ Ich heiße Laura und ich komme aus Polen.
● Und welche Sprachen sprichst du?
○ Ich spreche Polnisch, Russisch und Englisch. Deutsch spreche ich auch, aber nicht gut.
● Vielen Dank.

9 Zahlen (Track 6)
2 – 4 – 6 – 8 – 10 – 12 – 14 – 16 – 18 – 20, 3 – 6 – 9 – 12 – 15 – 18, 4 – 8 – 12 – 16 – 20, 5 – 10 – 15 – 20

10 Buchstabieren Sie bitte (Track 7)
● Wie ist Ihr Name?
○ Großmann. Großmann mit szett.
● Wie bitte?
○ Ich buchstabiere: G – R – O – ß – M – A – N – N
● Danke.

● Mein Name ist Schmidt.
○ Buchstabieren Sie bitte.
● S – C – H – M – I – D – T.
○ Also Schmidt mit dt, nicht mit Doppel-t.
● Ja, genau.

● Und Ihr Vorname?
○ Ewa. Aber mit w. Ich buchstabiere: E – w – a.

● Ich heiße Maier mit ai.
○ Mein Name ist Müller.
● Entschuldigen Sie? Mühler?
○ Nein, Müller: M – ü – l – l – e – r.

● Ich heiße Thomas Kehler.
○ Entschuldigung: Kehler oder Köhler?
● Kehler, mit eh. Ich buchstabiere: K – e – h – l – e – r.
○ Danke.

12 Telefonnummern (Track 8)
● Haben Sie Telefon?
○ Ja natürlich.
● Und wie ist Ihre Telefonnummer?
○ 069 42 53 17.

● Guten Tag, Frau Brand. Wie ist Ihre Telefonnummer?
○ Ich habe nur ein Handy. Meine Handynummer ist 0161 24 53 288.

13b Zahlen von 1 bis 100 (Track 9)
3–13–30, 4–14–40, 5–15–50, 6–16–60, 7–17–70, 8–18–80, 12–21 23–32, 45–54, 67–76, 89–98, 19–91

13c (Track 10)
10–20–30–40–50–60–70–80–90–100, 11–22–33–44–55–66–77–88–99, 15–30–45–60–75–90, 20–40–60–80–100

14 Ana Schmidt (Track 11)
● Guten Tag.
○ Guten Tag. Sind Sie Frau Schmidt?
● Ja, richtig. Ana Schmidt.
○ Woher kommen Sie, Frau Schmidt?
● Aus Bulgarien, aber ich wohne in Deutschland.
○ Wie ist Ihre Adresse?
● Hamburger Allee 18 in 60487 Frankfurt.
○ Haben Sie Telefon?
● Natürlich. Meine Nummer ist 0171 22 35 64 98.
○ Sind Sie verheiratet?
● Ja, mein Mann heißt Christian.
○ Haben Sie Kinder?
● Ja, ein Kind.
○ Ein Sohn oder eine Tochter?
● Ein Sohn.
○ Und wie alt ist er?
● Mein Sohn Maksim ist neun.
○ Gut. Danke, Frau Schmidt.

16 Informationen zur Person (Track 12)
● Sind Sie verheiratet?
○ Nein, ich bin geschieden.
● Haben Sie Kinder?
○ Ja, ein Kind.
● Wie alt ist Ihr Kind?
○ Zwölf Jahre.
● Wo wohnen Sie?
○ In Köln.
● Wie ist Ihre Adresse?
○ Berliner Straße 17 in 50868 Köln.
● Wie ist die Postleitzahl?
○ 50868.
● Wie ist Ihre Telefonnummer?
○ 0221 673942.

21 Das Verb sein (Track 13)
● Guten Tag. Mein Name ist Isabella Perez.
○ Hallo, ich bin Surya Singla. Ich komme aus Indien. Woher sind Sie, Frau Perez?
● Ich bin aus Spanien. Frau Singla, haben Sie Kinder?
○ Nein, und Sie?
● Ich habe zwei Kinder, Alberto und Isabella. Sie sind 5 und 7 Jahre alt. … Da kommt Juan.
○ Hallo Isabella. Guten Tag, Frau ….
● Singla …
○ Frau Singla. Ich bin Juan. Sagen wir „du"?
● Ja, natürlich. Juan, bist du auch aus Spanien?
○ Nein, ich komme aus Peru. Seid ihr beide auch im Deutschkurs?
● Ja, wir sind zusammen im Kurs A1.

27 Was ist richtig? (Track 14)
● Hallo Rabia, ist morgen eigentlich Deutschkurs?
○ Ja, am Dienstag, Donnerstag und Freitag haben wir Kurs. Aber am Mittwoch nicht.

● Guten Tag, Frau Krüger. Ich habe eine Frage. In welchem Raum ist eigentlich heute der Deutschkurs A1?
○ Einen Moment, ich muss mal nachsehen. Also, der Kurs A2 ist in Raum 131, dann ist noch ein Deutschkurs in Raum 103, nein, das ist nicht der A1-Kurs … Jetzt habe ich es. Der A1-Kurs ist in Raum 113.

- Hallo Karim, was sind die Hausaufgaben für morgen?
- Die Hausaufgaben sind im Übungsbuch Seite 10, die Übung 19.
- Danke.

Lektion 3

2d Ich fahre mit dem Zug (Track 15)
Morgens fahre ich immer mit dem Zug.
Fährst du morgen mit dem Auto?
Aha, Sie fahren also mit dem Taxi. Gut.
Carlo und ich fahren manchmal mit der S-Bahn.
Mit der Straßenbahn fährt man 15 Minuten.
Fahrt ihr auch mit dem Bus um 18.30 Uhr?

3 Ergänzen Sie (Track 16)
Nimmst du morgen auch den Zug um 6.30 Uhr?
Super. Dann nehmen wir die Straßenbahn Nummer 12.
Ich nehme montags immer den Motorroller.
Claudia und Ralf nehmen den Bus um 15.30 Uhr.
Mein Mann nimmt abends oft die U-Bahn.
Nehmt ihr auch das Fahrrad?

6 Drei Dialoge (Track 17)
- Hallo Svetlana. Wie geht es dir?
- Hallo Maxim. Gut, danke. Wohin fährst du?
- Jetzt fahre ich zur Post.
- Oh, das ist weit weg. Nimmst du die Straßenbahn?
- Nein, ich fahre mit dem Bus. Das geht schneller. Und wohin fährst du?
- Ich fahre mit dem Fahrrad zum Bürgerbüro.
- Ach so. Na dann viel Spaß!

- Hallo Igor. Fährst du auch zum Wochenmarkt?
- Nein, ich bin krank. Ich fahre jetzt zur Apotheke.
- Oh, das ist nicht gut. Aber du nimmst nicht das Auto, oder?
- Nein, nein. Ich fahre nicht allein. Ich nehme das Taxi.
- Ah, super. Dann nehme ich das Auto. Ich möchte noch zum Wochenmarkt. Ich möchte Obst und Gemüse einkaufen. Gute Besserung!
- Danke, Mia.

- Hallo Luis! Hast du kurz Zeit?
- Nein, ich habe leider keine Zeit.
- Wohin gehst du denn?
- Ich fahre zum Schwimmbad. Meine U-Bahn kommt in 10 Minuten.
- Ah, ok. Das ist kein Problem. Ich möchte heute Nachmittag nach Berlin fahren.
- Zum Bahnhof nimmst du besser die Straßenbahn.
- Ach nein. Das möchte ich nicht. Ich gehe zu Fuß.

15 Wo ist das Jobcenter, bitte? (Track 18)
- Entschuldigung.
- Ja?
- Wie komme ich zum Jobcenter?
- Gehen Sie hier geradeaus. Nehmen Sie die zweite Straße rechts. Dann gehen Sie weiter geradeaus bis zur Kreuzung und weiter über die Kreuzung. Das Jobcenter ist ungefähr 300 Meter hinter der Kreuzung links.
- Gut, vielen Dank.
- Gern geschehen.

Lektion 4

4 Mir geht es nicht gut (Track 19)
Ich habe Kopfschmerzen. Mein Kopf tut weh.
Ich habe Halsschmerzen. Mein Hals tut weh.
Ich habe Bauchschmerzen. Mein Bauch tut weh.
Ich habe Ohrenschmerzen. Mein Ohr tut weh. Meine Ohren tun weh.
Ich habe Zahnschmerzen. Mein Zahn tut weh. Meine Zähne tun weh.

14 Nachrichten (Track 20)
Guten Tag, Herr Kowalski. Heute ist Montag, der 30. Mai. Sie haben einen Termin zur Untersuchung morgen, am Dienstag. Leider müssen wir diesen Termin verschieben. Doktor Schneider ist krank geworden. Können Sie am Mittwoch, den 1. Juni kommen? Vielen Dank.

Hier ist der automatische Anrufbeantworter Praxis Dr. Wallmann. Unsere Praxis ist zur Zeit geschlossen. Sprechstunden sind Montag bis Freitag von 8 bis 12 Uhr, sowie Montag bis Donnerstag von 14 bis 18 Uhr. In dringenden Fällen rufen Sie bitte den ärztlichen Notdienst an, Telefon: 069 19292.

Praxis Dr. Müller, mein Name ist Kohler. Frau Okoye, Sie haben morgen um 14.30 Uhr einen Termin. Können Sie vielleicht schon etwas früher kommen, um 14 Uhr? Bitte rufen Sie uns heute noch an. Unsere Telefonnummer ist: 59 22 31. Danke.

15 Termine (Track 21)
- Guten Tag, kann ich meinen Termin absagen?
- Können Sie morgen Nachmittag kommen?

18 Bist du krank? (Track 22)
- Hast du Schmerzen?
- Ja, mein Rücken tut weh.
- Und was machst du? Nimmst du Tabletten?
- Ich gehe morgen zum Arzt.

Lektion 5

12 Ein Interview mit Frau Jankowska (Track 23)
- Frau Jankowska, was sind Sie von Beruf?
- Ich arbeite in der Kantine in einem Büro.
- Ist die Arbeit interessant?
- Naja, langweilig ist die Arbeit nicht. Ich habe immer viel zu tun. Ich arbeite in der Küche, manchmal serviere ich Essen und Getränke, abends muss ich auch noch putzen.
- Sie haben also viel Stress.
- Ja, das ist richtig. Ich arbeite aber gern mit Menschen und die Kollegen sind alle sehr nett.
- Und wie sind Ihre Arbeitszeiten?
- Ich fange morgens um 9 Uhr an und bin um 18 Uhr fertig. Manchmal muss ich bis 20 Uhr arbeiten, aber nicht oft.
- Und bis wann müssen Sie heute arbeiten?
- Heute ist Samstag. Da kann ich schon um 14 Uhr nach Hause.

14 Welche Reaktion ist richtig? (Track 24)
Arbeiten Sie gern am Wochenende?
Wann können Sie anfangen?
Fahren Sie lieber mit dem Auto oder mit dem Fahrrad?
Sind Sie immer pünktlich?

15 i oder ü? (Track 25)
- Wann frühstücken Sie morgens?
- Immer schon um fünf. Ich arbeite im Krankenhaus und muss sehr früh mit der Arbeit beginnen. Ich trinke nur einen Kaffee mit Milch.

- Haben Sie einen Führerschein?
- Ja, ich bin Taxifahrer.

16 e oder ö? (Track 26)
Können Sie als Kellnerin bei uns arbeiten?
Doro arbeitet als Köchin im Restaurant.
Ich möchte flexibel arbeiten.
Wir können schon perfekt Deutsch sprechen.

17 ei oder ie? (Track 27)
Haben Sie am Dienstagmittag Zeit? Ich kann dann kommen und die Tür reparieren.
Nein, leider nicht. Ich arbeite bis sieben Uhr abends. Aber am Freitag habe ich schon um vier Uhr Feierabend.

18 Diktat (Track 28)
Ich suche eine Arbeit als Köchin. Ich habe viel Zeit und kann flexibel arbeiten, auch am Abend oder am Wochenende.

Lektion 6

6 Was macht Stefan am Samstag? (Track 29)
- Hi, Stefan, was machst du morgen?
- Morgen ist Samstag. Ich arbeite nicht. Ich stehe spät auf.
- Und dann?

- Naja, am Vormittag kaufe ich zuerst ein: Lebensmittel und Getränke im Supermarkt.
- Und nachmittags? Du machst doch gern Sport und spielst gern Fußball.
- Ja, das stimmt, aber morgen nicht. Mitra und Oleg kommen, wir kochen gern. Morgen machen wir eine Pizza. Und dann essen wir zusammen und abends sehen wir ein bisschen fern. Was machst du morgen?
- Ich weiß noch nicht. Ich habe viel Arbeit am Computer.

7b Uhrzeiten (Track 30)

Es ist 5 nach 8. Es ist 8 Uhr 5. Es ist 20 Uhr 5.
Es ist Viertel nach 11. Es ist 11 Uhr 15. Es ist 23 Uhr 15.
Es ist halb 2. Es ist 1 Uhr 30. Es ist 13 Uhr 30.
Es ist Viertel nach 2. Es ist 2 Uhr 15. Es ist 14 Uhr15.
Es ist Viertel vor 3. Es ist 2 Uhr 45. Es ist 14 Uhr 45.
Es ist 5 nach halb 6. Es ist 5 Uhr 35. Es ist 17 Uhr 35.
Es ist 5 vor halb 7. Es ist 6 Uhr 25. Es ist 18 Uhr 25.
Es ist 10 vor 9. Es ist 8 Uhr 50. Es ist 20 Uhr 50.
Es ist 10 nach 9. Es ist 9 Uhr 10. Es ist 21 Uhr 10.

9 Uhrzeiten (Track 31)

- Entschuldigung?
- Ja, bitte?
- Wie spät ist es? Ist es schon elf?
- Nein, es ist schon halb zwölf.
- Halb zwölf?
- Ja, halb zwölf.
- Danke.

- Wann beginnt morgen der Deutschkurs? Um neun?
- Nein, morgen ist Mittwoch. Am Mittwoch haben wir keinen Kurs.
- Ach so, ja stimmt. Und am Donnerstag?
- Am Donnerstag beginnt der Kurs wie immer um Viertel vor neun.

18 Keine Zeit! (Track 32)

- Hallo Stefan! Hast du am Samstag Zeit? Wir grillen.
- Nein, ich habe keine Zeit. Am Samstag arbeite ich.
- Und am Sonntag?
- Ja, Sonntag ist gut. Kommt Ana auch?
- Ich weiß nicht.
- Ich rufe sie an und frage sie.
- Super, dann bis Sonntag.
- Bis Sonntag.

Lektion 7

1c Obst, Gemüse ... (Track 33)

Salat, Zucker, Salz, Birne, Honig, Apfel, Zwiebel, Wasser, Kartoffeln, Reis, Milch

4a Rabia und Karim im Supermarkt (Track 34)

- Hallo Rabia!
- Hallo Karim!
- Schön, dass ich dich sehe, Rabia. Ich brauche Kaffee. Wo ist der Kaffee?
- Da vorne, Karim. Er kostet heute nur 2,99 €. Sonderangebot.
- Toll! Magst du auch gerne Kaffee?
- Nein, ich mag Tee: Grüntee, Schwarztee, Kräutertee, alle Sorten.
- Was möchtest du kaufen, Rabia?
- Also, ich brauche alles zum Frühstück. Tee, Marmelade, Brot, Käse, Butter.
- Und ich brauche Gemüse und Fleisch für das Abendessen.
- Wow, machst du das Essen?
- Ja, klar, warum fragst du?
- Ach, nur so. Also, tschüss, Karim.
- Tschüss, Rabia.

4b Preise (Track 35)

- Rabia, wie viel kostet der Kaffee?
- Der Kaffee kostet 5,99 €.
- Und das Glas Honig?
- Das Glas kostet 3,90 €. Karim, wie teuer sind die Melonen?
- Eine Melone kostet 1,29 €.
- Und der Reis?
- Der kostet 3,49 €.

4c Das macht 6,79 € bitte. (Track 36)

5,99 €, 0,96 €, 2,49 €, 0,59 €

5 (Track 37)

Heute haben wir ein Superangebot an der Fleischtheke. 6,99 € für ein Kilo Rindfleisch!

Lektion 8

4c Welche Fragen und Antworten passen? (Track 38)

- Guten Tag, Herr Hemidi.
- Guten Tag, Frau Meier. Wir haben uns lange nicht gesehen! Sie sind umgezogen.
- Ja, die Wohnung ist toll. Sie hat sogar einen Balkon!
- Und ist Ihr Balkon groß?
- Nein, er ist leider klein.
- Ach, und wie viel Quadratmeter hat denn Ihre Wohnung überhaupt?
- Sie hat 55 m². Sie ist nicht groß, aber uns reicht es.
- Wie viele Zimmer hat Ihre Wohnung? Drei wie die alte Wohnung?
- Nein. Sie hat zwei Zimmer, eine kleine Küche und ein Bad.
- Für Sie und Ihren Mann ist das praktisch. Und Ihre Küche? Ihr Mann kocht doch so gern. Ist Ihre Küche groß?
- Ja, sie ist groß. Wir haben sogar einen Esstisch da. Und Sie, kochen Sie eigentlich auch gern?
- Nicht wirklich. Ich bin am liebsten auf dem Balkon und lese. Was ist Ihr Lieblingszimmer, Frau Meier?
- Das Wohnzimmer.
- Wie ist Ihr Wohnzimmer?
- Es ist schön. Es ist hell und gemütlich.
- Was machen Sie da am liebsten?
- Abends sehen wir oft fern und am Wochenende spielen wir Spiele. Wissen Sie, unser Neffe ist am Wochenende häufig da und will immer etwas mit uns spielen.
- Eine letzte Frage noch. Ist Ihre Wohnung teuer?
- Das ist ja das Beste! Sie kostet nur 200 € kalt.
- Das ist ja unglaublich!

5 Welche Zahlen hören Sie? (Track 39)

313, 765, 4.554, 1.989, 6.045, 9.826, 10.001, 2.016

Lektion 9

7 Ich habe eine Frage (Track 40)

- Entschuldigung. Ich habe eine Frage.
- Ja, bitte?
- Ist das ein Wörterbuch?
- Nein, das ist doch kein Wörterbuch, das ist ein Kursbuch.
- Und wie heißt das auf Deutsch?
- Das ist eine CD.

Test

telc Deutsch A1 für Zuwanderer (Track 41)
Hören Teil A

11 Es tut mir leid. Wir haben im Moment keine Äpfel mehr. Aber Sie können heute Nachmittag noch mal kommen. Da haben wir wieder viele Sorten von Äpfeln und auch anderes Obst.
12 Sehr geehrte Fahrgäste, Achtung am Gleis 5! Der Intercity ICE 685 nach München kommt heute etwa zwanzig Minuten später. Der Zug fährt außerplanmäßig vom Gleis 7 ab.
13 Hallo Tom! Du, ich brauche deine Hilfe am Mittwochvormittag. Ich will ein neues Sofa kaufen. Aber es ist sehr schwer und ich kann es nicht alleine tragen. Hast du am Mittwoch frei? Ruf mich bitte zurück.
14 Guten Tag, Frau Fernandez! Hier ist Maria Schulz, die Klassenlehrerin Ihrer Tochter. Am Donnerstagabend ist der Elternabend in der Schule. Können Sie bitte kommen? Wir wollen die Klassenreise in den Sommerferien organisieren. Rufen Sie mich bitte zurück.

Hören Teil B (Track 42)

15 Laura, wann hast du Geburtstag?
– Ich habe am 12. April Geburtstag.

16 Was kostet dieses Deutschbuch?
– Das kostet 52 Euro 99.
17 Wie ist Ihr Nachname? Buchstabieren Sie bitte!
– Mein Name ist Völker, ich buchstabiere: V, ö, l, k, e, r.
18 Nina, wann kommst du heute nach Hause?
– Ich komme heute um halb elf.
19 Andrej, wann haben wir die Deutschprüfung?
– Die Prüfung ist am 5. Juli.

Hören und antworten, Teil A (Track 43)
20 Anja, willst du ins Kino mitgehen?
21 Entschuldigung, können Sie mir bitte helfen?
22 Was macht ihr am Wochenende?

Teil B
23 Kann ich Ihnen etwas zu trinken anbieten?
24 Wie schreibe ich das Wort „tschüss"?
25 Gehst du alleine in den Urlaub?
26 Ist es kalt draußen?

Phonetik
Text: siehe Phonetik-Anhang

Lektion 1

1 Wie heißen Sie? (Track 1)
- ● Guten Tag. Mein Name ist Ella Krüger. Und wie heißen Sie?
- ○ Tayo Okoye.
- ● Wie bitte? Tayo …
- ○ Okoye. Tayo Okoye.

- ● Hallo. Ich heiße Karim Moussa. Und Sie?
- ○ Mein Name ist Rabia Navid.
- ● Entschuldigung, wie ist Ihr Name?
- ○ Rabia Navid.

2 Woher kommen Sie? (Track 2)
- ● Guten Tag. Mein Name ist Karim Moussa.
- ○ Guten Tag. Ich bin Laura.
- ● Woher kommen Sie, Herr Moussa?
- ○ Aus Syrien. Und Sie?
- ● Aus Polen.

- ● Frau Navid, woher kommen Sie?
- ○ Ich komme aus dem Iran.
- ● Aus dem Irak?
- ○ Nein, aus dem Iran.

3 Guten Tag und auf Wiedersehen (Track 3)
- ● Ach, schon sieben Uhr! Da muss ich wohl aufstehen.
- ○ Guten Morgen, Tayo, Kaffee ist fertig.
- ● Guten Morgen, Michaela. Danke, in fünf Minuten stehe ich auf.

- ● Danke für den schönen Abend. Wir können ja mal wieder ins Kino gehen. Aber jetzt muss ich nach Hause. Es ist schon spät.
- ○ Mir hat es auch gut gefallen. Na dann, gute Nacht, Lea.
- ● Gute Nacht, Paul, bis bald

- ● Danke, dass Sie die Heizung so schnell repariert haben.
- ○ Kein Problem. Wenn etwas kaputt ist, rufen Sie mich einfach an. Wiedersehen, Frau Kollmus.
- ● Auf Wiedersehen, Herr Müller.

- ● Morgen, Claudia. Da bist du ja endlich! Komm, ich muss mit dir sprechen.
- ○ Morgen, Ivan. Moment. Ich bin gleich da.

4 Du oder Sie? (Track 4)
- ● Guten Morgen. Ich bin Miguel García Fernandez.
- ○ Guten Morgen. Mein Name ist Laura. Woher kommen Sie?
- ● Aus Spanien. Und Sie?
- ○ Aus Polen.

- ● Hallo. Ich bin Tayo.
- ○ Entschuldigung, wie heißt du?
- ● Tayo.
- ○ Ah. Ich bin Ana. Woher kommst du?
- ● Aus Nigeria.

5 Wie geht's? (Track 5)
- ● Guten Morgen, Frau Krüger.
- ○ Morgen, Herr Moussa.
- ● Wie geht es Ihnen?
- ○ Gut, danke. Und Ihnen?
- ● Auch gut.

- ● Hallo, Julia
- ○ Hallo, Alex. Wie geht es dir?
- ● Na ja, es geht so. Und dir?
- ○ Ach, ganz gut.

Lektion 2

2 Ja oder Nein? (Track 6)
- ● Sprechen Sie Spanisch?
- ○ Ja, ich spreche Spanisch und Englisch und ein bisschen Deutsch.
- ● Sprechen Sie Arabisch?
- ○ Nein, Bulgarisch. Und Sie?
- ● Französisch und Arabisch.
- ● Kommen Sie aus Eritrea?
- ○ Nein, aus Nigeria.
- ● Kommen Sie aus Syrien?
- ○ Ja, ich komme aus Aleppo.

- ● Sind Sie Joana Okoye?
- ○ Ja, richtig.

- ● Sind Sie Daniel Meyer?
- ○ Nein, ich bin Karim Moussa.

5 Meine Familie (Track 7)
- ● Das ist meine Familie: mein Vater, meine Schwester – und meine Frau.
- ○ Das ist mein Mann, Tayo. Ich heiße Michaela.
- ● Hier sind meine Kinder. Mein Sohn Tayo und meine Tochter Joana.

6 Das sind wir (Track 8)

Ich bin verheiratet. Schon seit fünf Jahren und Vater von drei Kindern! Ich bin so froh, dass ich meine Familie habe! Meine Frau heißt Maria. Wissen Sie, wir kommen aus Bolivien, aber wir leben seit drei Jahren in Deutschland. Am Anfang in Hamburg und seit einem halben Jahr wohnen wir in Eckernförde. Es ist sehr schön, vor allem diese frische Luft! Für Kinder ist es großartig da! Wir haben drei Kinder. Sie heißen Laura, David und Pedro. Wir alle sprechen Spanisch und Deutsch.

Ich bin geschieden, und ich habe ein Kind. Meine Tochter heißt Hanna. Sie ist fünf Jahre alt und geht in den Kindergarten. Der Kindergarten ist sehr schön. Die Kinder lernen sogar etwas Englisch da. Hanna freut sich schon sehr – nächstes Jahr darf sie endlich zur Schule gehen! Ach ja, wir wohnen in Dresden. Zuhause sprechen wir Deutsch. Ich spreche auch Englisch und Französisch.

8a Zahlen 0–20 (Track 9)

0, 1, 2, 3, 4, 5, 6, 7, 8, 9, 10, 11, 12, 13, 14, 15, 16, 17, 18, 19, 20

8b (Track 10)

17, 16, 19–4, 15, 14–12, 18, 10

9a Buchstabieren Sie bitte (Track 11)
- ● Wie ist Ihr Name?
- ○ Lydia Zawadzki.
- ● Wie bitte?
- ○ Lydia Zawadzki.
- ● Buchstabieren Sie bitte.
- ○ Lydia: L-Y-D-I-A. Zawadzki: Z-A-W-A-D-Z-K-I
- ● Z-A … Noch einmal, bitte.
- ○ Z-A-W-A-D-Z-K-I
- ● Danke.

9b (Track 12)

A – B – C – D – E – F – G – H – I – J – K – L – M – N –O – P – Q – R – S – T – U – V – W – X – Y – Z
Ä – Ö – Ü – ß

9c (Track 13)
- ● Wie ist Ihr Name?
- ○ Schmitz: S-C-H-M-I-T-Z.

- ● Mein Name ist Jelinski.
- ○ Noch einmal bitte.
- ● Jelinski.
- ○ Buchstabieren Sie bitte.
- ● J-E-L-I-N-S-K-I.

- ● Ich bin Martin Voß.
- ○ V-O-Eszett?
- ● Ja, richtig.

- ● Ich heiße Christine Hübner.
- ○ Entschuldigung, wie ist Ihr Name? Hibner?
- ● Nein, Hübner: H-Ü-B-N-E-R.
- ○ Ah, danke.

- ● Mein Name ist Beier.
- ○ Buchstabieren Sie bitte.
- ● B-E-I-E-R.
- ○ Danke, Herr Beier.

- ● Ich bin Luise Clement.

- ○ Entschuldigung, Clemens oder Clement?
- ● Clement: C-L-E-M-E-N-T.

9d (Track 14)
zwei, zehn, zwölf, dreizehn, zwanzig
Schwester, geschieden, Deutsch, Spanisch
Sohn, sechs, sieben, siebzehn
Ich heiße ..., Ich weiß nicht.

11 Wie ist Ihre Adresse? (Track 15)
- ● Guten Morgen.
- ○ Guten Morgen. Willkommen im Kindergarten Zwergenland. Sind Sie Herr Jankowski?
- ● Ja, richtig. Adam Jankowski.
- ○ Sie möchten ein Kind bei uns anmelden?
- ● Ja, zwei, meinen Sohn und meine Tochter. Henryk ist drei und Maya ist fünf.
- ○ Sind Sie verheiratet?
- ● Ja, meine Frau heißt Gabriela.
- ○ Woher kommen Sie, Herr Jankowski?
- ● Aus Polen. Aber wir wohnen jetzt in Deutschland.
- ○ Wie ist Ihre Adresse?
- ● Berliner Straße 17 in 50868 Köln.
- ○ Und wie ist Ihre Telefonnummer?
- ● 0221 673942.
- ○ Gut. Danke, Herr Jankowski. Füllen Sie bitte noch das Formular aus.

12a Zahlen 21–100 (Track 16)
21, 22, 23, 24, 25, 26, 27, 28, 29, 30, 40, 50, 60, 70, 80, 90, 100

12c (Track 17)
44, 70, 21, 39, 86, 23, 52, 67

19 Heute ist Montag (Track 18)
- ● Entschuldigung, Frau Krüger, eine Frage.
- ○ Ja, bitte?
- ● Morgen ist kein Deutschkurs, oder? Ist da nicht ein Feiertag?
- ○ Ja, Sie haben frei. Morgen ist kein Deutschkurs. Und Mittwoch sind wir in Raum 24, okay? Raum 24.
- ● Sind wir Donnerstag und Freitag auch in Raum 24?
- ○ Nein, Donnerstag und Freitag sind wir in Raum 21 – wie immer. Hier ist es ja auch viel schöner. Dann ist auch schon Wochenende.
- ● Ja, am Samstag und Sonntag haben wir frei und ich möchte nach Berlin fahren! Wissen Sie, mein Freund Mehmet lebt da und ich habe ihn schon lange nicht gesehen.
- ○ Viel Spaß dann.

20 Noch einmal, bitte (Track 19)
- ● Die Hausaufgabe für morgen ...
- ○ Entschuldigung ... Morgen ist Samstag. Am Samstag ist kein Deutschkurs.
- ● Ach ja, richtig. Also, die Hausaufgabe für Montag: Bitte machen Sie auf Seite 15 Übung 3 und auf Seite 16 Übung 4 a und b.
- ○ Noch einmal langsam, bitte.
- ● Natürlich. Übung 3 auf Seite 15 und Übung 4 a und b auf Seite 16.
- ○ Im Kursbuch?
- ● Nein, im Übungsbuch. Noch Fragen? Keine? Gut. Dann ein schönes Wochenende und bis Montag!
- ○ Schönes Wochenende! Tschüss, bis Montag.

Lektion 2, Orientierung

1c Ein Apfel – viele Äpfel (Track 20)
- ● Das ist aber eine große Birne.
- ○ Das ist keine Birne. Birnen sind dahinten.
- ● Das ist ein Apfel. Diese Äpfel hier kommen aus Südtirol.
- ○ Die Bananen sehen gut aus. Ich esse jeden Tag zum Frühstück eine Banane.
- ● Ich mag keine Bananen. Ich nehme lieber eine Kiwi und eine kleine Melone.
- ○ Und ich brauche noch ein Kilo Tomaten.
- ● Vorsicht – diese Tomate hier sieht nicht mehr gut aus.
- ○ Dann brauche ich noch eine große Zwiebel und ein paar Kartoffeln.

Lektion 3

1 Wer nimmt den Bus? (Track 21)
Ich nehme immer das Auto. Das ist praktisch. Ich kann fahren, wann und wohin ich will, und brauche nicht an einer Haltestelle zu warten. Außerdem sind die öffentlichen Verkehrsmittel immer sehr voll. In meinem Auto habe ich meine Ruhe und kann auch Musik hören. Natürlich sind die Straßen in der Stadt manchmal voll und man muss auch einen Parkplatz suchen, aber dafür bin ich unabhängig.

Ich nehme fast immer den Bus. In der Stadt ist das ganz praktisch. Es gibt sowieso nicht so viele Parkplätze und man muss Parkgebühren bezahlen. Ich habe eine Bushaltestelle direkt vor meiner Haustür und die Linie 11 fährt direkt ins Zentrum.

In der Stadt fahre ich immer Fahrrad. Meistens bin ich schneller als die Straßenbahn und ich komme gut überall hin. Ein Auto habe ich nicht. Das ist mir zu teuer. Mir macht Fahrradfahren Spaß, es hält mich fit und es kostet nichts. Nur ganz selten, im Winter, nehme ich auch schon mal die U-Bahn, wenn es einfach zu kalt ist, um Fahrrad zu fahren.

2a Wir fahren mit ... (Track 22)
- ● Wie fahren wir in die Stadt?
- ○ Wir fahren mit dem Bus.
- ● Warum nehmen wir nicht die Straßenbahn?
- ○ Mit der Straßenbahn brauchen wir zu lange und wir müssen zweimal umsteigen.
- ● Dann nehmen wir doch besser das Auto.
- ○ Nein, wenn wir mit dem Auto fahren, brauchen wir einen Parkplatz.
- ● Dann ist es doch besser, mit der U-Bahn zu fahren.
- ○ Schau mal hier auf den Stadtplan. Die U-Bahn fährt bis zum Hauptbahnhof.
- ● Ja richtig. Das ist eine gute Idee. Wir nehmen die Linie 2. Die braucht nur 15 Minuten.
- ● Hast du einen Fahrplan?
- ○ Nein, aber ich glaube, die U-Bahn fährt alle 10 Minuten.

2b Wir fahren mit ... (Track 23)
- ● Ich fahre immer mit der Straßenbahn. Und du?
- ○ Die Straßenbahn nehme ich nie.

- ● Möchtest du morgen mit dem Auto fahren?
- ○ Nein, ich fahre lieber mit dem Bus.

- ● Ich fahre nicht gerne mit dem Fahrrad.
- ○ Ich auch nicht. Ich benutze immer das Auto.

- ● Wir nehmen die U-Bahn.
- ○ Ja, wir nehmen die Linie 12.

- ● Nimmst du den Bus um 8.30 Uhr?
- ○ Nein, ich nehme den Bus um 8.00 Uhr.

- ● Ich fahre mit dem Taxi zum Bahnhof.
- ○ Fährst du mit dem Zug um 10.00 Uhr?

4 Ich fahre zum Arzt (Track 24)
- ● Hallo Karim.
- ○ Hallo Ana. Wohin gehst du?
- ● Heute gehe ich zum Wochenmarkt.
- ○ Fährst du mit dem Bus?
- ● Nein, ich fahre mit dem Fahrrad. Und was machst du?
- ○ Ich fahre zum Arzt und da nehme ich besser den Bus.

- ● Rabia, ich fahre zum Deutschkurs. Kommst du mit?
- ○ Nein, ich komme heute später. Ich fahre noch zum Bürgerbüro. Fährst du mit dem Auto und kommst du am Rathaus vorbei?
- ● Nein, leider nicht. Ich nehme heute die Straßenbahn. Zum Rathaus fährst du besser mit der U-Bahn.

8 Entschuldigung, wo finde ich ... (Track 25)
- ● Entschuldigung, wo finde ich das Marienkrankenhaus?
- ○ Das Marienkrankenhaus ist in der Goethestraße.

- ● Entschuldigung, ist das Schwimmbad am Marktplatz?
- ○ Nein, das Schwimmbad ist gleich da vorne am Stadtpark.

- ● Ist das die VHS?
- ○ Nein, das ist die Stadtbibliothek. Die VHS ist am Marktplatz.

- Hält die Linie 7 am Rudolfplatz?
- Ja, die Linie 7 und die Linie 1.

- Entschuldigung, ich suche die nächste Post.
- Die ist in der Frankfurter Straße, neben dem Supermarkt.

- Entschuldigung, ist das das Jobcenter?
- Nein, hier ist das Rathaus mit dem Bürgerbüro. Das Jobcenter ist gegenüber der Krankenkasse.

10 Nehmen Sie die erste Straße links. (Track 26)

- Entschuldigung, wie komme ich zum Hauptbahnhof?
- Gehen Sie hier über die Ampel. Dann die Beethovenstraße immer geradeaus bis zur nächsten großen Kreuzung. An der Kreuzung gehen Sie rechts in die Mozartstraße. Da sehen Sie schon die St.-Anna-Kirche. Hinter der Kirche nehmen Sie die zweite Straße links. Das ist die Bahnhofstraße. Nach ungefähr 400 Metern sehen Sie den Bahnhof.
- Also, hier über die Ampel. Dann immer geradeaus. An der Kreuzung rechts und nach der Kirche die zweite Straße links.
- Genau!
- Gut. Dann vielen Dank!

13 Auf dem Bahnhof (Track 27)

Sehr geehrte Fahrgäste, die Regionalbahn RB 25 von Köln nach Marienheide um 16.10 Uhr kommt heute ca. 5 Minuten später.

Sehr geehrte Fahrgäste, der Intercity ICE 599 von Dortmund nach Frankfurt/Main um 8.35 Uhr fährt heute außerplanmäßig von Gleis 3 ab.

Der Fahrgast Herr Martin Müller wird gebeten zum Informationsschalter 1 im Fahrgastzentrum zu kommen.

Sehr geehrte Fahrgäste, die S 7 zum Flughafen fällt heute aufgrund eines Schadens aus. Fahrgäste zum Flughafen nehmen bitte die S 9 bis zur Frankfurter Straße und steigen dann in die S 12 um.

Sehr geehrte Fahrgäste, der City-Express 38 von Aachen nach Köln HBF fährt heute außerplanmäßig von Gleis 5, die Ankunftszeit verzögert sich um circa 10 Minuten.

Sehr geehrte Fahrgäste, die S 4 nach Siegburg-Bonn fährt heute aufgrund eines Gleisschadens nur bis Troisdorf. Fahrgästen bis Siegburg-Bonn steht ab Troisdorf Schienenersatzverkehr zur Verfügung.

Lektion 4

7 Beim Arzt (Track 28)

- Guten Tag, Frau Okoye.
- Guten Tag. Ich habe einen Termin um 10.00 Uhr.
- Ja richtig, zur Untersuchung. Haben Sie Ihre Versichertenkarte?
- Hier, bitte.
- Danke. Dann nehmen Sie bitte noch Platz im Wartezimmer.
- Dauert es sehr lange?
- Na ja. Eine halbe Stunde vielleicht.
- Gut, das geht ja noch.

8 In der Apotheke (Track 29)

Nehmen Sie zweimal am Tag eine Tablette. Einmal morgens und dann abends, bevor Sie ins Bett gehen.
Hier ist Ihre Salbe. Streichen Sie abends ein bisschen Salbe auf das Knie.
Wechseln Sie bitte einmal am Tag den Verband. Das ist wichtig.
Nehmen Sie dreimal am Tag 5 ml Hustensaft.
Wechseln Sie das Pflaster dreimal am Tag.
Nehmen Sie zweimal am Tag vor dem Essen 25 Tropfen mit Wasser ein.

11a Termine, Termine (Track 30)

- Praxis Dr. Salentin, Wegner, guten Tag.
- Guten Tag. Böhmer mein Name. Ich brauche einen Termin.
- Zur Vorsorge oder zur Untersuchung?
- Zur Untersuchung.
- Möchten Sie vormittags oder nachmittags?
- Lieber nachmittags.
- Nächste Woche Dienstag um 15.00 Uhr?
- Geht das nicht früher? Ich habe Schmerzen.
- Kommen Sie dann morgen um 11.00 in die Notfallsprechstunde.

11b Termine, Termine (Track 31)

- Praxisgemeinschaft Emmerich und Pohl, was kann ich für Sie tun?
- Schmidt hier. Ich habe heute um 15.00 Uhr einen Termin bei Frau Dr. Emmerich. Mein Sohn ist aber leider krank. Er hat Fieber. Ich muss den Termin leider absagen.
- Ich verstehe – da kann man nichts machen. Möchten Sie denn einen neuen Termin?
- Gerne.
- Können Sie nächste Woche Donnerstag um 10.00 Uhr?
- Nächste Woche Donnerstag ist der 31., oder?
- Ja genau. Um 10.00 Uhr, geht das?
- Ja, das geht.
- Gut, Frau Schmidt, dann am Donnerstag, den 31., um 10.00 Uhr.
- Vielen Dank.

12 Krankmeldung (Track 32)

- Altenpflegeheim „Haus Aja", guten Tag. Sie sprechen mit Daniela Peters.
- Guten Tag, mein Name ist Okoye, Joana Okoye. Ich mache zurzeit ein Praktikum bei Ihnen. Frau Schreiber ist meine Praktikumsbetreuerin.
- Guten Tag, Frau Okoye.
- Ich kann leider für eine Woche nicht zum Praktikum kommen. Ich bin krank. Ich habe Fieber. Der Arzt sagt, ich soll im Bett bleiben.
- Gut, Frau Okoye. Ich sage Frau Schreiber Bescheid. Haben Sie eine Krankmeldung?
- Ja, ich schicke die Krankmeldung per Post. Ich schreibe Frau Schreiber auch noch einen Brief.
- Das ist gut. Dann gute Besserung!
- Vielen Dank!

Lektion 5

2 Was sind Sie von Beruf? (Track 33)

Ich arbeite im Krankenhaus, aber ich bin kein Arzt. Ich bin Koch. Ich koche das Essen für die Leute im Krankenhaus. Wir haben manchmal viel Stress in der Küche, aber ich mag meinen Beruf.

Meine Arbeit ist sehr interessant. Ich bin Techniker und installiere Computersysteme. Mein Arbeitstag beginnt um 8.00 und endet um 16.30 Uhr. Am Wochenende habe ich immer frei.

Ich bin Hausfrau. Ich habe zwei kleine Kinder, einen Mann und einen Hund. Da ist immer viel zu tun. Ich mag meine Arbeit – na ja, nicht immer. Ich putze nicht gern Fenster. Das ist langweilig.

Ich arbeite noch nicht. Ich bin Studentin und studiere Mathematik. Vormittags bin ich an der Universität und nachmittags lerne ich zu Hause. Am Wochenende treffe ich Freunde und wir gehen oft in die Disko oder zu Konzerten.

5 Ein Interview mit Laura Salewska (Track 34)

- Was sind Sie von Beruf?
- Ich arbeite als Kellnerin hier im Restaurant.
- Ist die Arbeit interessant?
- Es geht so. Die Arbeit ist nie langweilig. Und ich arbeite gern mit Menschen zusammen und viele Gäste sind sehr nett.
- Haben Sie oft Stress?
- Manchmal. Von 12.00 Uhr bis 14.00 Uhr haben wir immer viel zu tun. Die Leute haben dann Mittagspause und wollen ganz schnell essen.
- Arbeiten Sie auch am Samstag?
- Ja, ich arbeite sehr oft am Samstag und Sonntag. Es sind immer fünf Tage in der Woche.
- Bis wann müssen Sie heute arbeiten?
- Bis 18.00 Uhr. Aber ich kann dann noch nicht nach Hause gehen. Ich muss zuerst in die Autowerkstatt. Mein Auto ist kaputt.
- Oh je!
- Na ja, es ist nicht so schlimm. Es ist nur eine kleine Reparatur.
- Na dann, schönen Abend und danke für das Interview.
- Gern. Schönen Abend.

7 Ich kann sofort anfangen. (Track 35)

- Pizzeria Roma. Hier ist Silvia. Guten Tag.
- Guten Tag. Mein Name ist Toni Lettinger. Sie suchen einen Pizzafahrer?
- Ja, das stimmt.
- Ich suche eine Arbeit als Fahrer …
- Haben Sie ein Auto?
- Ja, ich habe ein Auto und einen Führerschein natürlich auch.

- Gut. Wir suchen einen Fahrer für abends. Da haben wir immer viel zu tun. Können Sie von 17.00 Uhr bis 21.00 Uhr arbeiten?
- Ja, kein Problem. Ich bin flexibel.
- Schön. Wann können Sie anfangen?
- Ich kann sofort anfangen.
- Schon am Mittwoch?
- Ja, gern.
- Perfekt! Können Sie heute Nachmittag in die Pizzeria kommen? Sie müssen noch ein Formular ausfüllen.
- Natürlich. Wann denn?
- Um 15.30 Uhr?
- Ja, das geht. Wie ist die Adresse?
- Hauptstraße 98.
- Gut, dann bis 15.30 Uhr.
- Bis dann. Auf Wiederhören.
- Auf Wiederhören.

8a Vormittags? Lieber nachmittags. (Track 36)

- Arbeitest du gern zu Hause?
- Nein, lieber im Büro.

- Arbeitest du lieber vormittags oder nachmittags?
- Lieber nachmittags.

- Möchtest du heute Deutsch lernen oder morgen?
- Lieber morgen.

- Möchtest du lieber Reis oder Nudeln?
- Lieber Nudeln.

8b Vormittags? Lieber nachmittags. (Track 37)

- Guten Morgen, Frau Moreno. Wie geht es Ihnen?
- Es geht so. Ich suche eine Arbeit, aber das ist nicht so einfach. Ich möchte nur halbtags arbeiten.
- Hmm, wir suchen eine Aushilfe hier im Supermarkt. Wann möchten Sie denn arbeiten? Vormittags?
- Nein, lieber nachmittags.
- Ich spreche mal mit Frau Winter. Sie ist die Chefin hier.
- Das ist sehr nett. Vielen Dank.
- Sehr gerne. Vielleicht sind wir bald Kolleginnen.

9 Louis Khalid sucht eine Arbeit. (Track 38)

- Guten Tag, Goldene Gans, Sigrid Braunwart. Was kann ich für Sie tun?
- Guten Tag. Mein Name ist Khalid. Gestern in der Zeitung war eine Anzeige, dass Sie einen Koch suchen. Ist die Stelle noch frei?
- Ja, genau, in der Allgemeinen Zeitung. Die Stelle ist noch frei. Sind Sie Koch? Haben Sie Berufserfahrung?
- Ja. Ich bin Koch. Ich war von 2005 bis 2015 im Restaurant „Salam". Zwei Jahre war ich Chefkoch und hatte fünf Küchenhilfen!
- Oh, wunderbar! Zehn Jahre Berufserfahrung! Zwei Jahre Chefkoch! Das Restaurant muss groß sein, wenn da fünf Küchenhilfen arbeiten. Ist das Restaurant „Salam" hier in Neustadt?
- Nein, in der Stadt Bur Sudan im Sudan. Wann kann ich arbeiten?
- Moment! Ist Ihre Ausbildung in Deutschland anerkannt?
- Ich koche sehr gut! Ich komme zu Ihnen und koche und Sie probieren, ok?
- Warten Sie. Haben Sie eine Arbeitserlaubnis?
- Ein Dokument? Nein. Aber ich kann morgen arbeiten. Kein Problem!
- Ich informiere mich und melde mich bei Ihnen. Geben Sie mir Ihre Telefonnummer und Ihre E-Mail-Adresse.
- Gut, Frau Braunwart. Meine Nummer ist 0152-1122334455.

11 Wo warst Du? (Track 39)

- Hallo Louis. Wie geht's? Wo warst du? Ich hatte frischen Tee! Jetzt ist er kalt!
- Grüß dich, Shpendi. Ich war bei Manfred. Weißt du, er hat immer die Allgemeine Zeitung und ich will doch arbeiten! Heute war eine Anzeige in der Zeitung. Das Restaurant „Goldene Gans" sucht einen Koch.
- Und? Was soll man machen? Eine Bewerbung schreiben?
- Nein, nur anrufen. Die Chefin war sehr nett. Vielleicht habe ich Glück.

Lektion 6

2 Wer macht was? (Track 40)

Ich bin vormittags im Deutschkurs. Nachmittags kaufe ich im Supermarkt ein. Dann koche ich das Essen für meine Familie. Wir essen abends zusammen und dann sehen wir fern.

Ich arbeite nachts und schlafe vormittags. Nachmittags mache ich Computerspiele oder schreibe E-Mails. Am Wochenende mache ich Sport.

Meine Freundin und ich frühstücken morgens zusammen. Dann gehen wir zum Deutschkurs. Nachmittags sind wir zu Hause. Wir machen die Hausaufgaben oder hören Musik. Abends gehen wir spazieren. Wir machen immer alles zusammen.

4a Wie spät ist es? (Track 41)

- Entschuldigung?
- Ja, bitte?
- Können Sie mir bitte sagen, wie spät es ist?
- Viertel vor elf.
- Danke.

- Christian, schläfst du noch?
- Mmmhm.
- Aufstehen! Es ist schon halb sieben.

- Teresa, du sitzt ja immer noch am Computer! Machst du heute keine Mittagspause?
- Doch, aber ich habe so viel Arbeit, da habe ich gar nicht auf die Uhr gesehen. Wie spät ist es denn?
- Viertel nach eins.
- Schon Viertel nach eins? Dann mache ich jetzt Pause. Gehen wir zusammen essen?
- Ja, gern. Aber komm jetzt. Ich habe Hunger!

4b Wie spät ist es? (Track 42)

- Wie spät ist es?
- Fünf vor halb zwei.
- Schon fünf vor halb zwei?
- Ja. Machen wir eine Pause?
- Gute Idee.

- Wie viel Uhr ist es?
- Zwanzig nach fünf.
- Schon so spät? Dann gehe ich jetzt nach Hause.

7 Wann beginnt der Fitnesskurs? (Track 43)

- Guten Tag.
- Guten Tag. Ich möchte einen Fitnesskurs machen.
- Wir haben viele neue Kurse im Programm. Wann möchten Sie denn kommen?
- Vormittags oder abends. Nachmittags habe ich keine Zeit.
- Kein Problem. Wir haben zwei Vormittagskurse und zwei Abendkurse.
- Wann sind die Abendkurse?
- Am Dienstag von 19.00 Uhr bis 20.30 Uhr und am Donnerstag von 18.30 Uhr bis 20.00 Uhr.
- Donnerstag von 18.30 Uhr bis 20.00 Uhr ist perfekt.
- Gut. Füllen Sie bitte hier das Anmeldeformular noch aus.
- Haben Sie vielleicht einen Kuli?
- Ja, natürlich. Bitte schön.
- Danke.

8a Eine Umfrage (Track 44)

- Guten Tag, mein Name ist Herbert Klaas von Marktforschung-aktuell. Wir machen eine Umfrage zum Thema Hausarbeit und Familie. Darf ich Ihnen ein paar Fragen stellen? Es dauert nicht lange. Leben Sie alleine oder haben Sie Familie?
- Ich lebe mit meinem Freund Christof und unserem Sohn Ole zusammen.
- Wie alt ist denn Ihr Sohn?
- Ole ist ein Jahr alt.
- Ach, wie schön! Wer kümmert sich denn um Ihren Sohn? Sie oder Ihr Mann?
- Mein Freund. Wir sind nicht verheiratet. Ich denke, jetzt frühstücken mein Freund und Ole. Und an zwei Tagen in der Woche ist unser Sohn bei der Tagesmutter. Ich sehe Ole wenig. Wissen Sie, ich arbeite Vollzeit und mache oft auch Überstunden. Ich bin Anwältin.

8b Eine Umfrage (Track 45)

- Interessant. Und Ihr Freund ist Hausmann?
- Ja, im Moment ist er Hausmann und bekommt Elterngeld. Aber er fängt wieder an zu arbeiten. Er ist Sachbearbeiter im Ausländeramt. Ab nächstem Monat arbeitet er Teilzeit.
- Und ist Ihr Sohn dann jeden Tag bei der Tagesmutter?
- Ja. Jetzt ist Ole zwei Tage bei der Tagesmutter und ab nächstem Monat an fünf Tagen. Mein Freund bringt ihn morgens zur Tagesmutter und holt ihn am Nachmittag wieder ab.
- Kommen wir jetzt zum Thema Hausarbeit. Wer macht in Ihrer Familie die Hausarbeit?
- Christof macht viel. Er kauft ein, wäscht und bügelt die Wäsche und er putzt. Aber mein Freund kann nicht kochen. Abends, wenn Ole schläft, koche ich immer für den nächsten Tag.
- Vielen Dank. Mehr Fragen habe ich nicht.
- Gerne. Auf Wiedersehen.

11 Machmal? Immer! (Track 46)

Mein Tag beginnt um halb acht. Ich stehe nicht gern früh auf und bin morgens immer müde. Ich frühstücke nie, aber ich trinke immer einen Milchkaffee. Um zwanzig vor neun gehe ich zum Deutschkurs. Der Kurs beginnt um neun Uhr. Um elf machen wir immer eine Pause und um eins haben wir Schluss. Nachmittags bin ich oft zu Hause. Ich lese, höre Musik oder mache meine Hausaufgaben. Abends sehe ich manchmal fern. Ich sehe gern Filme auf Deutsch. So lerne ich viele neue Wörter.

Ich stehe immer um Viertel vor sieben auf und mache das Frühstück für meine Familie. Mein Mann geht um halb acht zur Arbeit und mein Sohn Maksim geht zur Schule. Ich arbeite nachmittags von zwei bis sechs Uhr im Supermarkt. Abends sind alle zu Hause. Wir machen oft Spiele oder gehen spazieren. Maksim geht immer früh ins Bett. Mein Mann und ich trinken manchmal noch ein Glas Wein und sprechen über den Tag. Um elf Uhr sind wir dann auch müde und gehen ins Bett.

12a Hast du Zeit? (Track 47)

- Hallo?
- Hallo Karim. Hier ist Miguel.
- Miguel! Wie geht's?
- Gut, danke. Und dir?
- Sehr gut.
- Wir lernen am Samstag zusammen Deutsch: Ana, Tayo und ich. Kommst du auch?
- Wann denn?
- Um halb fünf.
- Ja, gut. Samstag habe ich Zeit. Ich komme gern.
- Super! Wir lernen von halb fünf bis halb sechs und dann essen wir zusammen. Ana macht Pizza.
- Hmm, lecker! Aber sag mal, kommt Rabia nicht?
- Ich weiß nicht. Rabia hat nachmittags immer viel zu tun, aber ich rufe sie an.
- Okay. Dann bis Samstag.

12b Hast du Zeit? (Track 48)

- Ja? Hallo?
- Hallo Laura. Hier ist Miguel. Hast du am Samstag Zeit?
- Wann denn?
- Um halb fünf. Wir lernen erst zusammen Deutsch und dann macht Ana Pizza für alle. Kommst du auch?
- Nein, ich habe leider keine Zeit. Ich arbeite von 16.00 Uhr bis 20.00 Uhr.
- Am Samstag?
- Ja, ich arbeite manchmal auch am Wochenende.
- Schade.
- Ja, sehr schade. Na ja, viel Spaß am Samstag!
- Danke.
- Tschüss.

14 Ein Haustürgeschäft (Track 49)

- Ja, bitte?
- Guten Tag. Ich komme von der Firma „Burkl“. Sie haben keinen Staubsauger, oder?
- Doch, natürlich! Wir haben einen Staubsauger. Warum fragen Sie?
- Sie haben viele Krümel und Staub auf dem Boden. Dann ist Ihr Staubsauger alt. Darf ich reinkommen?
- Aber ich muss gleich gehen.
- Das ist kein Problem. Nur eine Minute. Ach, hier ist die Steckdose. Sehen Sie, alle Krümel sind weg. Das ist unser neues Model „Burkl 3000“. So gut ist kein anderer Staubsauger!
- Ja. Der Boden ist wieder sauber. Der Staubsauger ist gut.
- Und heute kann ich Ihnen den Staubsauger für 298 € verkaufen. Nur heute! Der Staubsauger ist günstig. Er kostet nur 298 €! Was sagen Sie?
- 298 €! Das ist teuer. Und wir haben doch einen Staubsauger.
- Aber ich sage Ihnen doch: Das ist der beste Staubsauger der Welt! Gründlich, leicht, sauber und so leise!
- Ich überlege es mir. Wie ist Ihre Telefonnummer? Ich rufe Sie morgen an.
- Nein, das geht nicht. Morgen kostet der Staubsauger 358 €. 298 € kostet er nur heute! Sie sparen 60 €! Ein einmaliges Angebot! Sie können in Raten zahlen. Nur 10 € im Monat 36 Monate lang. Hier ist der Vertrag. Unterschreiben Sie.
- Sie haben Recht. Der Staubsauger ist toll und 10 € im Monat ist nicht viel. Vielen Dank.
- Vielen Dank. Auf Wiedersehen.

Lektion 6, Orientierung

2 Eine Einladung (Track 50)

- Das war ein schöner Abend, nicht wahr, Inge?
- Ja, Herbert. Das stimmt. Und schön, dass die beiden pünktlich waren. Genau um 18 Uhr waren die Schnitzel fertig und die Gäste da. Perfekt!

- Das war ein schöner Abend, nicht wahr, Inge?
- Ja, Herbert. Das stimmt. Nur schade, dass die beiden zu spät waren. Die Schnitzel waren kalt. Ich finde es respektlos. Sie haben auch nicht „Entschuldigung“ gesagt. Sie wussten doch, dass wir um 18 Uhr essen.

- Das war ein schöner Abend, nicht wahr, Inge?
- Ja, Herbert. Das stimmt. Aber am Anfang war es stressig. Sie waren eine halbe Stunde zu früh! Das Essen war noch nicht fertig. Ich musste kochen und mich um sie kümmern.

3 Wie wichtig ist Pünktlichkeit? (Track 51)

Pünktlichkeit ist in Deutschland sehr wichtig. Alle planen ihren Arbeitstag. Ich auch. Wenn jemand bei mir im Büro einen Termin um 10.20 Uhr hat, bin ich da und warte auf ihn. Und oft passiert es, dass keiner kommt! Ich finde: Kommt jemand zu spät, ist das respektlos und egoistisch.

Ich finde die Pünktlichkeit hier manchmal gut und manchmal nicht so gut. Es ist schön, dass die Busse meistens so fahren, wie es auf dem Fahrplan steht. Aber es ist übertrieben, wenn man zum Beispiel zehn Minuten zu spät in eine Praxis kommt und dann nicht mehr zum Arzt darf.

Ich verstehe nicht, warum Zuspätkommen so schlimm ist. Ich komme oft später. Meine Freunde sind dann immer sauer auf mich. Sie sagen manchmal, komm doch um 19 Uhr zum Essen. Ich komme um 20 Uhr. Wer will denn schon um sieben Uhr abends essen? Meine Freunde haben mehr Zeit zum Kochen und Aufräumen und genug zu essen ist um acht Uhr abends immer noch da.

Lektion 7

2 Zwei Kilo Tomaten und eine Packung Reis (Track 52)

- Haben wir noch Hackfleisch?
- Nein, wir brauchen ein Pfund Hackfleisch.
- Und zwei Kilo Tomaten.
- Ich kaufe auch einen Becher Joghurt.
- Und zwei Dosen Bohnen.
- Möchtest du Käse?
- Ja, 250 Gramm bitte.
- Brauchen wir noch Milch?
- Nein, wir haben noch zwei Liter.
- Aber wir brauchen noch ein Glas Marmelade.
- Kaufen wir auch eine Flasche Wein?
- Nein, heute nicht.

5 Einkaufszettel (Track 53)

- Ich möchte Waffeln backen. Dafür brauche ich eine Packung Butter, eine Packung Mehl und eine Packung Zucker.
- Wie viele Eier brauchst du? Drei Eier sind noch da.
- Ich brauche zwölf Eier.
- Und du brauchst auch drei Becher Sahne und ein Glas Kirschen.
- Ja richtig … Waffeln mit heißen Kirschen und Sahne. Hmm … lecker!
- Möchtest du zum Abendessen Rindfleisch mit Gemüse essen?
- Oh ja, gerne. Wie viel Fleisch brauchen wir?

- ● Ich denke, ein Kilo Rindfleisch und vielleicht zwei Kilo Kartoffeln reichen.
- ○ Gut. Wir brauchen auch Bohnen. Sollen wir eine Dose kaufen?
- ● Ja, in Ordnung … Schreib auch bitte ein Pfund Pilze auf und eine Flasche Wein.
- ○ Wir brauchen auch zwei Flaschen Wasser.
- ● Was brauchen wir für den Nudelauflauf?
- ○ Wir brauchen 150 Gramm Käse, zwei Zwiebeln und eine Packung Nudeln.
- ● Hast du noch Milch und Joghurt da?
- ○ Nein, wir brauchen zwei Becher Joghurt und etwas Milch.
- ● Dann kaufen wir einen Liter Milch und zwei Kilo Tomaten.
- ○ So viele Tomaten?
- ● Ja, ein paar kommen in den Auflauf und mit dem Rest machen wir morgen einen Tomatensalat.

6 Im Kaufhaus (Track 54)

- ● Das Kleid ist aber sehr schön!
- ○ Das ist aber sehr teuer! 82 Euro! Wie findest du die Hose?
- ● Die Hose finde ich nicht so schön. Aber die Jeans ist toll.
- ○ Ja, die Jeans ist super. Die passt gut zu meinem neuen Pullover.
- ● Ich mag keine Pullover. Ich trage lieber T-Shirts. Schau mal, das T-Shirt kostet nur 19 Euro.
- ○ Das ist wirklich günstig.

8 Farben (Track 55)

rot, grün, blau, gelb, weiß, beige, lila, rosa, braun, schwarz, orange, grau

10 Kleidung kaufen (Track 56)

- ● Wie gefällt dir der Rock?
- ○ Ich weiß nicht. Er gefällt mir nicht so gut.
- ● Mir gefällt er sehr gut, aber ich glaube, er passt mir nicht. Er ist zu klein.
- ○ Vielleicht kann dir die Verkäuferin helfen?
- ● Der Rock ist zu eng. Haben Sie ihn auch in Größe 38?
- ○ Natürlich, hier bitte.

- ● Meinst du, das T-Shirt passt mir?
- ○ Die Farbe ist gut, aber das Shirt ist zu weit.
- ● Dann nehme ich es in Größe XS.
- ○ Nein, das ist zu eng.
- ● Größe S könnte Ihnen passen. Hier bitte.
- ○ Vielen Dank.

12 Etwas umtauschen (Track 57)

- ● Entschuldigung, ich möchte etwas umtauschen.
- ○ Ja, was denn?
- ● Den Mantel hier.
- ○ Ist etwas nicht in Ordnung damit? Ist er kaputt?
- ● Nein, aber der ist zu eng. Ich habe ihn gestern gekauft, aber er passt mir doch nicht richtig.
- ○ Haben Sie noch den Kassenbon?
- ● Ja natürlich. Hier bitte.
- ○ Möchten Sie das Geld zurück oder nehmen Sie einen anderen Mantel?
- ● Ich weiß nicht. Ich glaube, ich möchte jetzt doch lieber einen Anorak. Haben Sie einen in Größe 38?

13 Im Geschäft (Track 58)

- ● Kann ich Ihnen helfen?
- ○ Ich brauche ein Kleid.
- ● Kurz oder lang?
- ○ Es soll nicht zu lang sein, aber länger als das Kleid hier und kürzer als das da.
- ● Wie finden Sie dieses Modell?
- ○ Das sieht aber groß aus. Gibt es das auch kleiner?
- ● Ja, aber dann ist es auch enger.
- ○ Nein, das ist zu eng. Dann lieber etwas größer.
- ● Dieses Kleid ist auch sehr schön.
- ○ Ich weiß nicht. Ich finde das andere Modell schöner.
- ● Das andere Kleid ist aber teurer.
- ○ Was kostet es denn?
- ● Das kostet 119,– €. Dieses hier ist etwas günstiger. Das kostet nur 89,– €.
- ○ Das erste Kleid finde ich am schönsten, aber es ist auch am teuersten.
- ● Die Farbe steht Ihnen aber sehr gut.
- ○ Ja, aber Blau steht mir besser. Und am besten stehen mir Röcke.

Lektion 8

1 Die Wohnung ist klein (Track 59)

- ● Wie groß ist die Wohnung?
- ○ Sie ist 55 Quadratmeter groß.
- ● 55 Quadratmeter? Das ist zu klein.

- ● Hier ist das Wohnzimmer.
- ○ Das Wohnzimmer liegt ja direkt an der Hauptstraße.
- ● Ja, aber hier ist es nicht laut. Die Straße ist sehr ruhig.
- ○ Nein, es tut mir leid. Hier ist es laut.

- ● Ist das hier das Bad?
- ○ Ja, es ist klein, aber schön und hell.
- ● Das Bad ist doch nicht schön! Es ist hässlich und dunkel.

- ● Wie viel kostet die Wohnung?
- ○ Sie kostet 800 Euro. Es kommen noch circa 150 Euro für Heizung usw. dazu.
- ● Was? 950 Euro insgesamt? Das ist doch viel zu teuer!

3 Lieblingszimmer (Track 60)

Ich wohne in einer WG mit zwei Freunden. Ich mag es, wenn wir abends alle zusammen im Wohnzimmer sind. Ich liege auf dem Sofa und schaue fern. Das finde ich sehr gemütlich. Das Sofa und der Fernseher sind neu.

Ich wohne mit meinem Mann zusammen in einer schönen Wohnung. Sie ist sehr hell. Ich mag mein Arbeitszimmer sehr. Die Sonne kommt durch das Fenster, und draußen ist gleich der Balkon. Ich muss viel zu Hause arbeiten, aber die Arbeit macht auch Spaß!

Meine Wohnung ist wunderschön. Und sie hat einen großen Balkon! Da bin ich sehr gerne. Ich habe viel Grün auf dem Balkon. Meine Pflanzen bekommen jeden Tag Wasser – und viel Liebe!

Ich wohne jetzt mit meinem Freund zusammen, mit Miguel. Die Wohnung ist nicht so wichtig – Hauptsache, wir sind zusammen! Wir haben nur ein Zimmer, aber es ist sehr groß und hell. Viele Möbel haben wir noch nicht. Ich mache jetzt einen Plan und wir gehen einkaufen.

4a Zahlen bis 10.000 (Track 61)

einhundert, zweihundert, dreihundert, vierhundert, fünfhundert, sechshundert, siebenhundert, achthundert, neunhundert, tausend, fünftausend, achttausend, zehntausend

4b Zahlen bis 10.000 (Track 62)

zweihundertzweiundzwanzig
sechshundertdreiundvierzig
vierhundertfünfundfünfzig
tausendachthundertsechsundsiebzig
dreitausendneunhundertsiebzehn
sechstausendeinhunderteinunddreißig
tausendeinhundertzwanzig
zehntausendelf

5 Wir brauchen einen Tisch (Track 63)

- ● Wir brauchen einen Tisch. Schau mal, den Tisch da.
- ○ 399 Euro! Der ist zu teuer.

- ● Schau mal, die Kaffeemaschine. Die kostet nur 39 Euro 95.
- ○ Brauchst du eine Kaffeemaschine?
- ● Ja, unbedingt.
- ○ Ich hab' noch eine im Keller. Die kannst du haben.

- ● Die Kinder brauchen einen Kleiderschrank. Wie findest du den Kleiderschrank hier?
- ○ Den finde ich nicht so gut. Der da hinten ist sehr schön.
- ● 745 Euro für einen Schrank! Ich finde, das ist viel Geld. Lass uns noch in einem anderen Geschäft schauen.

- ● Schau mal, das Sofa ist schön.
- ○ Nein, das ist nicht schön, aber sehr billig.
- ● Was, 1378 Euro für ein Sofa findest du billig?

6 Im Möbelgeschäft (Track 64)

● Kann ich Ihnen helfen?
○ Ich brauche einen Schrank.
● Groß oder klein?
○ Er soll nicht zu groß sein, aber größer als der Schrank hier und kleiner als der da.
● Wie finden Sie dieses Modell? Der Schrank ist groß und praktisch.
○ Ja, der sieht praktisch aus. Wie viel kostet der Schrank denn?
● Der kostet 219,– €.
○ Oh. Der ist aber teuer.
● Dieser Schrank hier ist günstiger. Der kostet nur 179,– €. Und der Schrank dahinten neben den Schreibtischen kostet nur 149 €.
○ Den ersten Schrank finde ich am schönsten, aber er ist auch am teuersten. Welcher Schrank ist besser? Hm, ich weiß nicht.
● Überlegen Sie sich das.
○ Ja, das mache ich. Danke schön.

7 Wie Leute wohnen (Track 65)

Hallo, ich bin Birgit und 43 Jahre alt. Ich wohne mit meinem Mann, meiner Tochter und meinem Sohn am Stadtrand. Unser Haus hat einen Garten. Dort spielen die Kinder. Wir haben auch einen Hund.

Ich bin Isabella und ich studiere Architektur. Im Moment wohne ich mit anderen Studenten im Stadtzentrum in einem alten, aber sehr schönen Wohnhaus.

Meine Frau und ich wohnen im 8. Stockwerk. Die Wohnung ist groß und hell. Im Haus gibt es einen Aufzug. Wir haben einen schönen Ausblick auf die Stadt.

9 Wohnungsanzeigen (Track 66)

● Hallo Ana.
○ Hallo Rabia. Sag mal, sucht ihr noch eine Wohnung?
● Ja, wir brauchen eine große Wohnung. Unsere ist zu klein.
○ Wie viele Zimmer muss die Wohnung denn haben?
● Mindestens drei.
○ Dann schau mal hier das Angebot. Das hört sich doch gut an.
● Ja, das stimmt.

● Tina, wo sind die Wohnungsanzeigen?
○ Hier in der Zeitung. Da ist eine interessante Anzeige.
● Welche denn?
○ Hier, die 3-Zimmer-Wohnung. Leider sind es 100 Euro mehr, als wir zahlen möchten.
● Hm, wir können ja einen Besichtigungstermin ausmachen. Dann sehen wir weiter.

● Hallo Paula, du suchst doch eine Wohnung für deine Schwester.
○ Ja, sie kommt im Juni und arbeitet hier in Deutschland 8 Monate für ihre Firma.
● Dann schau mal hier in die Anzeige. Die Wohnung ist doch perfekt für sie.
○ Ja, das stimmt. Ich rufe sofort mal an.

● Na, wie sieht's mit der Wohnungssuche aus? Habt ihr etwas gefunden?
○ Nein, noch nicht. Wir brauchen dringend mehr Platz. Besonders für die Kinder.
● Wie groß muss die Wohnung denn sein?
○ Mindestens 100 qm. Besser noch mehr. Wir möchten aus der Stadt wegziehen. Auch schon für die Kinder. Die Kinder wünschen sich einen Garten.
● Dann schau mal hier die Anzeige. Gefällt dir das Haus?
○ Ja, warum nicht.

Lektion 9

1 Schule in Deutschland (Track 67)

● Guten Tag. Mein Name ist Schmidt.
○ Schön, dass Sie da sind, Frau Schmidt. Mein Name ist Kai Habermann. Was kann ich für Sie tun?
● Ich bin erst kurz in Deutschland. Mein Sohn Maksim geht jetzt hier zur Schule, aber ich verstehe noch nicht alles. Das ist jetzt die Grundschule, oder?
○ Ja, die Kinder kommen mit sechs Jahren in die Grundschule und besuchen sie vier Jahre lang. Dann sind sie zehn Jahre alt.
● Nur vier Jahre? In meinem Land muss man acht Jahre zur Grundschule gehen.
○ Ja, in vielen Ländern ist das anders, aber in Deutschland sind es vier Jahre. Danach gehen die Kinder in eine andere Schule. Hier in Deutschland gibt es eine Schulpflicht. „Pflicht" bedeutet, dass alle Kinder zur Schule gehen müssen, mindestens neun Jahre lang.
● Und in welche Schule gehen die Kinder nach der Grundschule?
○ Ich zeige es Ihnen auf dem Schaubild. Dieses Schaubild zeigt uns das Schulsystem hier bei uns. Sie sollten wissen, dass es von Bundesland zu Bundesland leichte Unterschiede gibt. Nach der Grundschule müssen die Eltern eine Schule für ihr Kind wählen. Das ist nicht einfach, denn es gibt viele Möglichkeiten. Die wichtigsten sind das Gymnasium, die Gesamtschule und hier bei uns die Realschule.
● Und wann sind die Kinder fertig mit der Schule?
○ Die Realschule endet nach der zehnten Klasse. Dann sind die Kinder etwa 16 Jahre alt. Am Gymnasium und an der Gesamtschule kann man noch zwei oder drei Jahre länger lernen und nach der 12. oder 13. Klasse das Abitur machen.
● Und was können die Kinder dann machen?
○ Nach der zehnten Klasse, mit dem mittleren Schulabschluss, können die Jugendlichen zum Beispiel eine Ausbildung machen. Sie lernen einen Beruf, Bäcker, Friseur, Krankenpfleger, Polizist oder oder oder. Mit dem Abitur kann man an einer Universität oder Fachhochschule studieren.
● Vielen Dank. Jetzt verstehe ich das deutsche Schulsystem schon ein bisschen besser.

7c Wo finde ich ...? (Track 68)

● Kindergarten „Rosengarten". Guten Tag, Sie sprechen mit Frau Müller.
○ Guten Tag. Mein Name ist Radic.
● Was kann ich für Sie tun?
○ Am 12.6. haben Sie in Ihrem Kindergarten den „Tag der offenen Tür".
● Richtig.
○ Von wann bis wann ist der „Tag der offenen Tür"?
● Unser „Tag der offenen Tür" beginnt am Samstag um 14 Uhr und endet um 17 Uhr.
○ Danke schön. Auf Wiederhören.
● Gern geschehen. Bis Samstag.

Lektion 1

1b 2 heiße, 3 Name, 4 Entschuldigung

2a 1 1 Woher kommen Sie? 2 Und Sie? 3 Aus Polen. 2 1 aus dem Iran. 2 Aus dem Irak? 3 Nein, aus dem Iran.

3 1 Gute Nacht, 5 Auf Wiedersehen, 6 Morgen

5 1 Es geht so. 2 Sehr gut, danke. 3 Nicht so gut. 4 Gut, danke.

6 1 heißen, 2 geht, 3 sind, 4 kommen, 5 heißt, 6 geht, 7 bist, 8 kommst

Orientierung

1 formell: Guten Tag! Guten Morgen! Guten Abend! Grüß Gott! informell: Hallo! Tag! Hi! Morgen!

2 1b, 2d, 3a, 4e, 5c

Lektion 2

2b sprichst, kommst, bist

3b Das ist Eric Jones. Er kommt aus Kanada. Er spricht Englisch und Französisch. – Das ist Alicja Nowak. Sie kommt aus Polen. Sie spricht Polnisch und Deutsch.

4a 1 ist, kommt, spricht; 2 heiße, bin, kommst

5a 1 Vater, 2 Schwester, 3 Frau, 4 Mann, 5 Kinder, 6 Sohn, 7 Tochter

5b mein, meine, meine

5c 1 ist, 2 sind, 3 ist

6a 1 verheiratet, 2 drei Kinder, 3 Deutsch, 4 geschieden, 5 ein Kind, 6 Französisch

6b 2 hat, 3 hast, 4 hat

7 2e, 3d, 4b, 5a

8a eins, zwei, drei, vier, fünf, sechs, sieben, acht, neun, zehn

8b 1. 17 16 19, 2. 4 15 14, 3. 12 18 10

9a 2

9c 1 Schmitz, 2 Jelinski, 3 Voß, 4 Hübner, 5 Beier, 6 Clement

11a zwei, 17, 50868, 0221 673942

11b 1 falsch, 2 richtig, 3 falsch, 4 falsch, 5 richtig, 6 falsch

11c Adam, Polen, Berliner Straße 17, 50868 Köln, 0221 673942, verheiratet, Henryk und Maya

12c 44, 70, 21, 39, 86, 23, 52, 67

13a 1 ist sie, 2 sind Sie, 3 sind sie

14a 2 Wie ist Ihr Vorname? 3 Haben Sie Kinder? 4 Wie ist Ihre Telefonnummer? 5 Sind Sie verheiratet? 6 Wie ist Ihre Adresse?

14b 2 Mein Vorname ist … 3 Ich habe … 4 Meine Telefonnummer ist … 5 Ich bin … 6 Meine Adresse ist …

15a 1 Straße, 2 Postleitzahl, 3 Hausnummer, 4 Wohnort

16c 1 lerne, lernst, 2 lernen, 3 lernt, lernt, 4 lernen, lernt

16d 5 sind, 6 bin, bist, 7 ist, ist, 8 sind, seid

17a 1 wohne, 2 sind, 3 heißt, 4 spricht, 5 verstehe, 6 sprechen

18a ich schreibe, du schreibst, er/sie/es schreibt, wir schreiben, ihr schreibt, sie/Sie schreiben; ich höre, du hörst, er/sie/es hört, wir hören, ihr hört, sie/Sie hören; ich frage, du fragst, er/sie/es fragt, wir fragen, ihr fragt, sie/Sie fragen, ich antworte, du antwortest, er/sie/es antwortet, wir antworten, ihr antwortet, sie/Sie antworten

18b 2 Ihr lest und schreibt. 3 Ihr fragt Frau Krüger. 4 Ihr sprecht Deutsch. 5 Ihr macht jetzt eine Pause.

18c 1 lernt, 2 macht, liest, 3 sprichst, spreche, 4 Machst, mache, 5 schreibst, schreibe, 6 machen, lernen

18d Er heißt Michael König. Michael König ist 23 Jahre alt. Er kommt aus Deutschland. Er wohnt in Schwäbisch Hall. Er spricht Deutsch und Englisch. Er lernt Russisch. – Sie heißt Hortensia Vargas. Sie ist 48 Jahre alt. Sie kommt aus Chile. Sie wohnt in Osnabrück. Sie spricht Spanisch und Portugiesisch. Sie lernt Deutsch.

19b 1 falsch, 2 falsch, 3 richtig, 4 richtig

20a TN: Am Samstag ist kein Deutschkurs. TN: Noch einmal langsam, bitte. EK: Natürlich. EK: Noch Fragen?

20b b

21a 2 Wir lesen nicht. 3 Wir lernen nicht zusammen. 4 Das ist nicht richtig. 5 Sie spricht nicht schnell.

21b 2 Ich schreibe keine E-Mail. 3 Wir sprechen nicht viel. 4 Karim hat keine Frage. 5 Mein Mann ist nicht im Deutschkurs. 6 Ich spreche nicht gut Deutsch. 7 Wir machen keine Pause. 8 Mariam lernt nicht schnell.

Orientierung

1a Tomate, Kiwi, Karotte, Ei, Zwiebel, Brot, Paprika, Orange, Apfel, Birne, Kartoffel, Banane

1b Milchprodukte: Milch, Joghurt, Käse, Sahne, Getränke: Saft, Wein, Bier, Tee, Cola, Limonade, Wasser, Kaffee, Gemüse: Salat, Tomate, Zwiebel, Kartoffel, Möhre, Paprika, Bohnen, Erbsen, Pilze, Obst: Birne, Kiwi, Orange, Apfel, Banane, Melone, Trauben, Kirsche, Mango, Andere: Fisch, Zucker, Nudeln, Mehl, Brot, Brötchen, Honig, Ei, Kuchen, Reis, Fleisch, Salz, Marmelade, Schokolade

1c 1 Birne, 2 Apfel, 3 Bananen, 4 Kiwi, 5 Melone, 6 Tomaten, 7 Zwiebel, 8 Kartoffeln

2a a richtig, b falsch, c richtig

3 2a, 3d, 4b, 5e

4 Pflaster, Kamm, Haarbürste, Toilettenpapier, Creme, Rasierer

5 Ich kaufe keine Banane, kein Telefon, kein Auto.

Lektion 3

1a Karim: nimmt immer das Auto, Miguel: nimmt fast immer den Bus, Ana: fährt immer Fahrrad; nimmt ganz selten die U-Bahn

2a dem, die, der, das, dem, der, die

2b 1 Die, 2 dem, 3 dem, 4 dem, 5 das, 6 die, 7 die, 8 den, 9 den, 10 dem, 11 dem

4a Ana: mit dem Fahrrad, Karim: zum Arzt, mit dem Bus, Miguel: zum Deutschkurs, mit der Straßenbahn, Rabia: zum Bürgerbüro, mit der U-Bahn

5 3, 7, 1, 6 – 11, 4, 13, 14 – 12, 2, 8, 9 – 5, 10

6a hinter, am, neben, über, unter, im, auf, zwischen

7a 1 richtig, 2 falsch, 3 richtig, 4 falsch, 5 falsch, 6 richtig, 7 richtig

8 Goethestraße, am Park, Stadtbibliothek, Rudolfplatz, dem Supermarkt, Krankenkasse

9 im Supermarkt, in der Apotheke, beim Frisör, in Berlin

10a über, geradeaus, in die, Hinter, links, geradeaus, rechts, nach

11a komme, gehen, komme, nehmen, fahren, finde, gehen

11b nehme, gehen, Fahren, Nehmen

12a nach dem Weg fragen/nachfragen: Entschuldigung, ich suche … Wo ist hier …? Ist hier ein/eine …? Wie weit ist es zum …? Entschuldigung, wie bitte? Ich habe es nicht verstanden. Bitte nochmal! – den Weg beschreiben: Gehen Sie …, Fahren Sie … Nehmen Sie die erste/zweite/dritte Straße links/rechts, … immer geradeaus. Gehen Sie über die Kreuzung … die nächste Straße … Gehen Sie weiter bis … Nach ungefähr … Metern sind Sie da. – den Weg nicht kennen: Das weiß ich leider nicht.

13 1 falsch, 2 richtig, 3 richtig, 4 falsch, 5 richtig, 6 richtig

Orientierung

1 1 von Montag bis Freitag um 8.15 Uhr, am Samstag, am Sonntag und am Feiertag um 8.30 Uhr, 2 um 10 Uhr, 3 um 10.30 Uhr.

2 1 4,50 €, 2 Wochenkarte, 3 11,20 €

Lektion 4

1 der Kopf, das Ohr, der Ellbogen, die Hand, der Bauch, die Nase, das Bein, der Fuß, die Stirn, der Hals, die Haare, das Auge, die Zähne, die Schulter, die Brust, der Arm, der Mund, der Finger, das Knie, die Zehen

2a Mein Bauch tut weh. Ich habe Bauchschmerzen. Mein Rücken tut weh. Ich habe Rückenschmerzen. Mein Hals tut weh. Ich habe Halsschmerzen.

2b Mein, Meine, Meine, Mein

4 Ihr, Sein

5 Halsschmerzen, Schnupfen, Husten, Fieber

6 1 die Gesundheitskarte, 2 der Hausarzt, 3 das Rezept, 4 der Krankenschein, 5 die Apotheke, 6 das Wartezimmer, 7 das Krankenhaus, 8 die Medikamente, 9 die Überweisung zum Facharzt

7a 1 falsch, 2 falsch, 3 richtig, 4 richtig, 5 richtig, 6 falsch

7b Atmen, Haben, tut weh, Machen … auf, haben, kann, machen, Gehen, kaufen, Nehmen, Trinken, Trinken, Schlafen, Rauchen, Nehmen, Essen, kommen … wieder

7c Geht mit dem Rezept in die Apotheke und kauft die Medikamente. Nehmt zweimal am Tag eine Tablette und dreimal am Tag 5 ml Hustensaft. Trinkt viel Tee mit Honig und zwei Liter Wasser am Tag. Trinkt keinen Kaffee. Schlaft viel. Raucht nicht. Nehmt ein heißes Bad. Esst viel Obst. Und kommt bitte nächste Woche wieder.

8a Tabletten, Salbe, Tropfen, Hustensaft, Pflaster

8b zweimal, abends, einmal, dreimal, dreimal, vor dem Essen

9a soll, soll, soll, soll, soll, darf, soll, darf, soll

10 5, 4, 1, 2, 6, 3

11a 4, 7, 2, 9, 5, 1, 8, 6, 3

11b 1 a, 2 b , 3 c, 4 b

12 6, 3, 8, 5, 2, 7, 4, 1

13a Absender, Ort, Datum, Empfänger, Betreff, Anrede, Gruß, Unterschrift

Lektion 5

1a 1c, 2g, 3e, 4f, 5a, 6b, 7d

1b 2 Ein Kellner/Eine Kellnerin serviert das Essen im Restaurant. 3 Ein Lehrer/Eine Lehrerin unterrichtet und korrigiert Hausaufgaben. 4 Ein Bürokaufmann/Eine Bürokauffrau telefoniert viel und arbeitet am Computer. 5 Ein Krankenpfleger/Eine Krankenschwester pflegt kranke Menschen. 6 Ein Automechaniker/Eine Automechanikerin repariert Autos. 7 Ein Kassierer/Eine Kassiererin arbeitet an der Kasse im Supermarkt.

1c 2 Bürokaufmann/Bürokauffrau, 3 Lehrer/Lehrerin, 4 Krankenpfleger/Krankenschwester

2a A Text 2, B Text 4, C Text 1, D Text 3

2b 1a falsch, 1b richtig, 2a falsch, 2b richtig, 3a falsch, 3b richtig, 4a richtig, 4b falsch

2c B Studentin, D Hausfrau, C Koch, A Techniker

3a 1d, 2f, 3a, 4b, 5e, 6c

3b 1 kann, 2 kannst, kann, 3 Können, 4 Können, können, 5 kannst

4a 1 Schüler, 2 Arzt, 3 Bürokauffrau, 4 Hausfrau

4b 1c, 2d, 3a, 4b

5a 1 Was sind Sie von Beruf? 2 Ist die Arbeit interessant? 3 Haben Sie oft Stress? 4 Arbeiten Sie auch am Samstag? 5 Bis wann müssen Sie heute arbeiten?

6a Anzeige 1 Text 4, Anzeige 2 Text 1, Anzeige 3 Text 3, Anzeige 4 Text 2

6b 1 pünktlich, 2 kreativ, 3 flexibel, 4 freundlich

7a 1 T, 2 S, 3 S, 4 S, 5 T

7b 1 c, 2 b, 3 c

8a 1 im Büro, 2 nachmittags, 3 morgen Deutsch lernen, 4 Nudeln

8b nachmittags

9a 1 richtig, 2 richtig

9b 1c, 2c, 3a

9c 1 früher, 2 früher, 3 jetzt, 4 jetzt, 5 früher, 6 früher, 7 jetzt

10a 1b, 2c, 3a, 4d

11a 1 warst, 2 hatte, 3 ist, 4 war, 5 hat, 6 war, 7 war, 8 habe

12a eine Arbeitserlaubnis und die Anerkennung von seinem Berufsabschluss, am Montag um 15 Uhr

12b 1 keine, 2 ein, 3 keine, 4 keine, 5 einen, 6 ein, 7 nicht

13 4 arbeiten, 3 Arbeitsvertrag, 2 Arbeitserlaubnis

14 1–3, 2–5, 3–4, 4–2, 5–1, 6–6

Orientierung

2b nein, nein, ja, ja, nein

Lektion 6

1a 1 steht auf, 2 macht Sport, 3 frühstückt, 4 arbeitet, 5 telefoniert, 6 kauft ein, 7 putzt, 8 kocht, 9 spielt ein Computerspiel, 10 sieht fern

1c 1 Ich koche mittags das Essen. 2 Wir frühstücken morgens nicht. 3 Wir sehen abends zusammen fern. 4 Du putzt nachmittags die Wohnung. 5 Er macht morgens Sport.

2a 1c, 2b, 3b

2b 1 Wann bist du im Deutschkurs? 2 Was machst du vormittags? 3 Siehst du abends fern? 4 Wann machst du die Hausaufgaben? 5 Was machst du nachmittags? 6 Isst du mittags zu Hause?

4a 1 10.45, 2 6.30, 3 13.15

4b Fünf vor halb zwei, fünf vor halb zwei, Zwanzig nach fünf

6a 11.30: halb12, 11 Uhr 30, 19.45: Viertel vor 8, 19 Uhr 45, 23.10: 10 nach 11, 23 Uhr10, 6.05: 5 nach 6, 6 Uhr 5, 12.25: 5 vor halb1, 12 Uhr 25, 16.40: 20 vor 5, 16 Uhr 40

7 1 nachmittags, 2 am Donnerstag, 3 um halb sieben

8a 1 richtig, 2 falsch, 3 falsch

8b 1 richtig, 2 falsch, 3 richtig

10b Anna: 1, 3, 4, 6, Karim: 2, 4, 5

11a 1 nie, 2 oft, 3 manchmal, 4 immer, 5 oft, 6 manchmal

11c 1 auf Deutsch, 2 Bier, 3 schlafen

12a 1 Wie geht's? 2 Kommst du auch? 3 Wann denn? 4 Ich komme gern. 5. Dann bis Samstag.

12b Laura hat am Samstag keine Zeit.

13a B

13b Vergleichen Sie zwei oder mehr Angebote. Lesen Sie alles. Rechnen Sie. Wie viel kostet das Handy insgesamt?

14a 1 falsch, 2 falsch, 3 falsch, 4 richtig, 5 falsch, 6 richtig, 7 richtig

14b 289 Euro sind sehr, sehr teuer. 360 Euro sind zu teuer. Wir staubsaugen nur manchmal. Unser Staubsauger war nicht so teuer.

Orientierung

1a alles möglich

2b a Dialog 3, b Dialog 1, c Dialog 2

3a Eine kleine Verspätung…: Person 2, Ich komme …: Person 3, Unpünktlichkeit …: Person 1

4a 4, 1, 7, 2, 3, 6, 5

4b Ahmad, Zahida, 19.05.201X, Zagora, muslimisch, Taufdatum: –, marokkanisch, 65987 Neustadt, Hauptstraße 5, 20 Wochenstunden, ab nächstem Monat, kein Schweinefleisch, Allergien: Nüsse und Kirschen, Ahmad, Abdila, muslimisch, marokkanisch, Techniker, Ahmad, Farida, muslimisch, marokkanisch, Hausfrau, 1 Kind, XX Monate 0171 123456789

Lektion 7

1a 6, 4, 1, 3, 5, 2, 7

2a 1 Pfund, 2 Kilo, 3 Becher, 4 Dosen, 5 Gramm, 6 Liter, 7 Glas, 8 Flasche

2b 2 Zucker, 3 Salz, 4 Kaffee, 5 Salami

5 1: 1 Glas Kirschen, 1 Packung Butter, 1 Packung Mehl, 9 Eier, 3 Becher Sahne, 1 Packung Zucker; 2: 1 Kilo Rindfleisch, 2 Kilo Kartoffeln, 1 Dose Bohnen, 1 Flasche Wein, 2 Flaschen Wasser, 1 Pfund Pilze; 3: 1 Packung Nudeln, 150 Gramm Käse, 2 Becher Joghurt, 2 Zwiebeln, 2 Kilo Tomaten, 1 Liter Milch

6a das Kleid, die Hose, die Jeans, der Pullover, das T-Shirt

6b Männer: der Anzug, das Hemd – Frauen: das Kleid, die Bluse, der Rock – Männer und Frauen: der Schal, die Strümpfe, der Mantel, die Hose, der Anorak, die Strickjacke, die Jeans, die Schuhe, der Pullover, die Mütze, die Jacke, die Sportschuhe, das T-Shirt, die Socken

7a Sie trägt eine Bluse mit einer Stickjacke. Er trägt ein Hemd mit einem Anzug.

8a rot, grün, blau, gelb, weiß, beige, lila, rosa, braun, schwarz, orange, grau

10a dir, mir, Mir, mir, dir, ihn, mir, es, Ihnen

10b Ihnen, mir, Ihnen, mir, mir, Ihnen

11a günstig, eng, kurz, klein, lang, teuer, weit

12a 1, 2, 7, 4, 6, 3, 8, 5, 9

13a lang, lang, länger, kürzer, groß, kleiner, enger, eng, größer, schön, schöner, teurer, günstiger, am schönsten, am teuersten, gut, besser, am besten

13b klein, kleiner, am kleinsten, eng, enger, am engsten, weit, weiter, am weitesten, kurz, kürzer, am kürzesten, lang, länger, am längsten, teuer, teurer, am teuersten, günstig, günstiger, am günstigsten, hell, heller, am hellsten, dunkel, dunkler, am dunkelsten, schön, schöner, am schönsten, hässlich, hässlicher, am hässlichsten

13d 1 Die Hose ist teurer als der Jogginganzug. 2 Die Schuhe sind günstiger als die Sportschuhe. 3 Die Strickjacke kostet mehr als der Pullover. 4 Das T-Shirt ist bequemer als das Hemd./Das Hemd ist bequemer als das T-Shirt. 5 Ich trage lieber Hosen als Jeans./Ich trage lieber Jeans als Hosen. 6 Elif ist größer als Filiz.

14b 2 Welcher – Dieser, 3 Welche – Diese, 4 Welches – Dieses, 5 Welcher – Dieser, 6 Welche – Diese

Orientierung

1 Cent-Münzen: 1, 2, 5, 10, 20, 50, Euro-Münzen: 1, 2, Euro-Scheine: 5, 10, 20, 50, 100, 200, 500

3a Konto/Girokonto: Rechnungen bezahlen, Gehalt bekommen, Miete zahlen, Sparkonto/Sparbuch: Geld sparen

3b 1a, 2b

3d 1, 3

4 5, 4, 3, 1, 6, 7, 2

5 1 der Bankautomat, die Bankkarte, 2 das Girokonto, 3 der Geldbetrag, der Geldschein, 4 die Euromünze, der Euroschein, 5 das Bargeld, 6 die EC-Karte

Lektion 8

1a 1 klein, 2 laut, 3 dunkel, 4 teuer

2b 2 Ist es denn hell?, 3 Er ist ja toll!, 4 Es ist ja perfekt!

3a 1 Wohnzimmer, 2 Arbeitszimmer, 3 Balkon, 4 Ein-Zimmer-Wohnung mit Miguel

3b 1 auf dem Sofa liegen und fernsehen, 2 arbeiten, 3 den Pflanzen Wasser geben, 4 mit Miguel zusammen sein

4b a 222, b 643, c 455, d 1876, e 3917, f 6131, g 1120, h 10.011

4c 2 529, 3 898, 4 7361, 5 9157

5 1 der Tisch 399 €, 2 die Kaffeemaschine 39,95 €, 3 der Schrank 745 €, 4 das Sofa 1378 €

6a 4, 5, 1, 6, 2, 3

6b 1 *Der* Schrank ist genauso gut wie *der* Schrank. 2 *Der* Sessel ist günstiger als *das* Sofa. 3 *Das* Bett ist teurer als *das* Bett. 4 *Das* Sofa ist genauso günstig wie *das* Sofa. 5 *Der* Teppich kostet mehr als *der* Teppich. 6 Elif ist genauso groß wie Filiz.

7a Reihenhaus, Einfamilienhaus, Altbau, Hochhaus, Neubau, Bauernhof

7b 1 falsch, richtig, 2 richtig, falsch, 3 richtig, richtig

8b 3 Zimmer, ab 70m², 800 €, gerne mit Balkon, ruhig und hell, anditina@gmxnet.de

9a a 1050 €, b 320 € plus Nebenkosten, c 1500 €, d 2770 €

9b 1c/a, 2a, 3b, 4d

Orientierung

1a Strom: Computer, Elektrogrill, Fernseher, Fön, Kühlschrank, Radio, Spülmaschine, Stereoanlage, Telefon, Toaster, Waschmaschine, Wäschetrockner, Wasserkocher, Wasser: Spülmaschine, Waschmaschine, Wasserkocher, Internet: Computer (Fernseher, Radio)

1b *zum Beispiel:* Badezimmer: Fön, Waschmaschine, Wäschetrockner, Balkon: Elektrogrill, Flur: Telefon, Küche: Kühlschrank, Spülmaschine, Toaster, Wasserkocher, Wohnzimmer: Computer, Fernseher, Stereoanlage, Schlafzimmer: Radio

1c Joana hat Verträge für Strom und Wasser. Sie hat noch keinen Vertrag für das Internet und Telefon.

2a A³: günstiger, Joana darf nach 24 Monaten den Anbieter wechseln. T&I: kostenlose Service- und Störungshotline, Joana darf nach 36 Monaten den Anbieter wechseln.

2b T&I

2c 1b, 2a, 3d, 4c, 5e

3a Bild 1: Smartphone, Tablet, Laptop, Bild 2: Tastatur, Bild 3: Bildschirm, Bild 4: Maus

3b 5, 3, 4, 2, 1

Lektion 9

1a 4, 8 (9)

1b 1 Grundschule, 2 vier, 3 neun, 4 Gesamtschule, 5 Realschule, 6 Ausbildung, 7 Abitur, 8 studieren an der Universität oder an der Fachhochschule

2b Maksim: Grundschule, 3b – Mathe, Musik, Kunst – Arzt, Pilot, Till: Gesamtschule – 9a – Sport – Polizist, Sophie: Gesamtschule – 8c – Englisch, Biologie – Lehrerin

3a 1c, 2a, 3b

3b Ich möchte einen Kakao kaufen. Marco und ich möchten Fußball spielen. Ich möchte frühstücken.

5 21, 12, 60, 5, 34, 5, 1.001, 2.320, 165, 25, 54, 524 –

a 60 Minuten, b 45 Minuten, c 12.40 Uhr, d 8.02 Uhr

7a 1F, 2B, 3D, 4E, 5C, 6A

7b *zum Beispiel:* B: Wie ist die Adresse? Kostet es etwas? C: Wo ist die Stadtbibliothek? Kann ich vor der Stadtbibliothek parken? Gibt es Computer in der Stadtbibliothek? Ist die Hilfe kostenlos? D: Ist der Krabbeltreff kostenlos? Sind auch Männer da? Darf ich ein älteres Kind mitbringen? Soll ich Essen mitbringen? E: Wie ist die Adresse? Können Sie mir den Weg beschreiben? Wieviel kostet die Hausaufgabenbetreuung? Muss ich ein Formular ausfüllen? F: Wer macht die Sozialberatung? Wie ist die Adresse? Kostet die Beratung Geld?

7c b

Orientierung

1a Sharif, Namira, 5.11.1991, Karachi, pakistanisch, 1998–2000, 2000–2002, 2002–2008, Ausbildung zur Physiotherapeutin, seit 2011, Tischtennis

1b ist, bin geboren, bin aufgewachsen, bin gegangen, bin gekommen, habe gefunden, habe gelernt, sind gezogen, bin gegangen, habe besucht, habe gemacht, habe gemacht, hat gedauert, arbeite, macht Spaß, habe, spiele, habe begonnen, liebe

1c Perfekt mit sein: bin aufgewachsen (aufwachsen), bin gegangen (gehen), bin gekommen (kommen), sind gezogen (ziehen), Perfekt mit haben: habe gefunden (finden), habe gelernt (lernen), habe besucht (besuchen), habe gemacht (machen), hat gedauert (dauern), habe begonnen (beginnen)

2a 2 Lena hat ihr Abitur gemacht. 3 Tom und Sophie haben Englisch gelernt. 4 Wir haben in Deutschland gewohnt. 5 Habt ihr eine Ausbildung gemacht? 6 Du hast eine Arbeit gefunden. 7 Farida hat als Bäckerin gearbeitet. 8 Maria ist zur Schule gegangen.

2c 1 Wie hast du Arbeit gefunden? 2 Ich habe die Stellenanzeigen gelesen. 3 Ich habe mit dem Chef telefoniert. 4 Ich habe ihm eine Bewerbung und meinen Lebenslauf geschickt. 5 Ich habe vor fünf Wochen das Vorstellungsgespräch gehabt. 6 Der Chef hat mir zwei Tage später den Arbeitsvertrag gegeben. 7 Ich arbeite seit einem Monat in dem Geschäft.

2d Stellenanzeige lesen, Vorstellungsgespräch

3a 1b, 2x, 3e, 4c, 5f

3b 1 falsch, 2 richtig, 3 richtig, 4 falsch, 5 falsch, 6 richtig

Eine alphabetische Liste des gesamten Wortschatzes erhalten Sie unter: www.telc.net/einfach-machen

Lektion 1

Abend
auch
Auf Wiedersehen!
aus
Begrüßung
Danke
das
du
einen Kuss geben
Entschuldigung!
es
formell
Frau
ganz
gehen
Grüß Gott!
gut
Guten Tag!
Hallo
Hände schütteln
heißen
Herzlich willkommen!
Hi!
ich
in
informell
ja
Jahr
kommen
Land
Mann
mein/meine
Moin!
Morgen
Nacht
Name
nein
nicht
Person
Schatz (als Kosename)
sehen
sehr
sein
Sie
so
Tag
Tschüss!
umarmen
und
Was?
Wer?
Wie?
Wie bitte?
Wie geht's Ihnen?/Wie geht's dir?
wissen
Wo?
Woher?
wohnen

Lektion 2

… Jahre alt
aber
Adresse
alles
Alter
anmelden
Anmeldung
auch
ausfüllen
Bruder
Buch
buchstabieren
dann
Das stimmt!
Deutschkurs
Dienstag
Donnerstag
ein bisschen
Pause machen
Eltern
E-Mail
E-Mail-Adresse
er
erklären
Familie
Familienname
Familienstand
Formular
Formular ausfüllen
Frage
fragen
Freitag
geschieden
Geschwister
gestern
Gruß
haben
Handy
Hausaufgaben
Hausnummer
Heimatland
heute
hören
Ihr/Ihre
immer
jetzt
kein/keine
Kind
Kindergarten
klar
Kurs
langsam
leben
ledig
Lehrer
Lehrerin
lernen
lesen
liebe/lieber
machen
mit
Mittwoch
möchten
Montag
morgen
Mutter
Nachname
natürlich
nett
noch
noch einmal bitte
Pause
Postleitzahl (PLZ)
Problem
Raum
Samstag
schnell
schreiben
Schwester
sehr
Seite
sie
Sohn
Sonntag
Sprache
sprechen
Straße
Tafel
Teilnehmer
Telefonnummer
Tochter
übermorgen
Übung
Vater
verheiratet
verstehen
verwitwet
viel
viele Grüße
vorgestern
Vorname
welcher
Wie alt …?
wir
Wochenende
Wohnort
Zahl
zu Hause
zusammen

Lektion 3

abfahren
alle 10 Minuten
also
Ampel
an
Apotheke
Arzt
auf
Auskunft geben
aussteigen
Auto
Bäckerei
Bahn
Bahnhof
Bank
bei
benutzen
beschreiben
besser
Bibliothek
bis
bitte noch mal
brauchen
Bürgerbüro
Bus
Bushaltestelle
Café
City-Express
da
dann
doch
durch
erst
es tut mir leid
fahren
Fahrplan
Fahrrad
fast
finden
Gebäude
gegenüber
Genau!
geradeaus
gern/gerne
glauben
gleich
Gleis
halten (der Bus hält)
Hauptbahnhof
hier
hinter
Hotel
ICE
immer
Information
Informationsschalter
Jobcenter
kennen
Kino
Kirche
Krankenhaus
Krankenkasse
Kreuzung
laufen
lieber
Linie
links
manchmal
Marktplatz
Meter
Metzger
Minute
mögen
Motorroller
müssen
nach
nach dem Weg fragen
nachfragen
nächste
neben
nehmen
nie
oft
Orientierung
Park
Parkplatz
Platz
Polizei
Post
praktisch
Rathaus
rechts
Regionalbahn
Restaurant
schauen
schon
Schule
Schwimmbad
sehen
selten
später
Stadt
Stadtplan
Stadtwald
Straßenbahn
suchen
Supermarkt
Taxi
U-Bahn
über
Uhr
um (herum)

ungefähr
unter
Verkehrsmittel
VHS
Vielen Dank!
voll
von
vor
Weg
weiter
wenn
wie weit ist es bis/zum …?
wo?
Wochenmarkt
wohin?
womit?
Zentrum
zu
zu Fuß gehen
Zug
zwischen

Lektion 4

abends
Absender
Altenpflegeheim
anbei
Anrede
Arm
Arzthelferin
Arztpraxis
atmen
Auge
Bad
Bauch
Bein
Bereitschaftsdienst
Bericht
Bescheid sagen
Betreff
Bett
bleiben
brauchen
Brief
Brust
Datum
direkt
Doktor
dringend
dürfen
einmal/zweimal/dreimal
(am Tag)
Ellbogen
Empfänger
Entschuldigungsschreiben
Erkältung
essen
Facharzt
fallen
Fieber
Finger
Frauenarzt
früher
Fuß
Fußball spielen
Gesicht
Gesundheitskarte
Gruß
Gute Besserung!
Haar
Hals
Halsschmerzen
Hand
Haus
Hausarzt
heiß
HNO-Arzt
Honig
Husten
Hustensaft
Kaffee
kaufen
Kinderarzt
Knie
können
Kopf
Kopfschmerzen
krank
Krankenschein
Krankmeldung
liegen
Liter
Medikament
medizinische Versorgung
Mit freundlichen Grüßen
mittags
Mund
Mund auf
nachmittags
Nase
Notarzt
Notdienst
Notfall
Obst
Ohr
Ort
Orthopäde
Patient
Pflaster
Praktikum machen
Praktikumsbetreuerin
rauchen
regelmäßig
Rettungsdienst
Rezept
Rücken
ruhig
Salbe
schicken
schlafen
Schmerz
schmerzen
Schnupfen
Schulter
schwanger
Sehr geehrte/r
sollen
Sport machen
Sprechstunde
Sprechstundenhilfe
Sprechzimmer
stark
streichen
Tablette
Tee
Termin
Termin absagen
Termin machen
Termin verschieben
trinken
Tropfen
tun
Überweisung
Unterschrift
Untersuchung
Verband
vormittags
Vorsorge
Wartezimmer
Wasser
wechseln
weh tun
Woche
Zahn
Zahnarzt
Zitrone
zurzeit

Lektion 5

als Koch arbeiten
anerkennen
anfangen
anrufen
Antrag auf … ausfüllen
Antrag
Anzeige
Arbeit
arbeiten
Arbeitgeber
Arbeitnehmer
Arbeitserlaubnis
Arbeitstag
Arbeitsvertrag
Arbeitsverträge
Arbeitszeit
Arbeitszeiten
Arzt
Ärztin
aufräumen
aufstehen
Ausbildung
Aushilfe
Auto fahren
Automechaniker/in
backen
Bäcker/in
beginnen
Beruf
beruflich
Berufsabschluss
Berufsabschlüsse
Berufserfahrung
Bewerbung
Brot
Brötchen
brutto
Büro
Bürokauffrau
Bürokaufmann
Chefkoch
Computer
Computerprogramm
dauern
diplomatisch
direkt
Distanz halten
egoistisch
einen Termin planen
Fahrer/in
Fehler
Feierabend
Fenster
flexibel
Fotostudio
frei
frei haben
Freizeit
freundlich
früh
Führerschein
Fußball spielen
Fußballspieler/in
Gabel
Gast
Gehalt
Glück haben
Hausfrau
Hausmann
höflich
Hunger haben
im Moment
interessant
Interview
Kantine
kaputt
Kasse
Kassierer/in
Kellner/in
Kfz (Kraftfahrzeug)
klein
klingeln
Koch/Köchin
kochen
Kollege/Kollegin
kommunikativ
können
korrigieren
Krankenpfleger
Krankenschwester
Krankheit
Krankschreibung
kreativ
kritisieren
Küchenhilfe
lächeln
langweilig
Lehrer/in
lieber (gern)
loben
Mensch
Messer
Mindestlohn
Mittagessen
Mittagspause
motiviert
Musiklehrer/in
Nachtdienst
nachts
netto
nicken
perfekt
pflegen
Pizzeria
pro Stunde
Problem
pünktlich
putzen
rechnen
Rentner/in
Reparatur
reparieren
Restaurant
schlimm
schneiden
schön
Schüler/in
sein (ich bin – ich war)
servieren
singen
sofort
spät
Stellenanzeige

Stress
Stress haben
Student/in
studieren
Stundenlohn
suchen
Tätigkeit
Taxifahrer/in
Techniker/in
Telefon
telefonieren
Überraschung
unhöflich
Universität
unterrichten
Urlaub
viel zu tun haben
Visitenkarte
von Beruf sein
warten
waschen
Werkstatt
wollen
zahlen
zeichnen
Zeit haben
zu Hause
zuerst

Lektion 6

Abendessen
abends
abgeben
abholen
Abonnement
Allergie
Alltag
alt
Angebot
Anmeldebogen
Anwalt/Anwältin
Ausländeramt
Beamte
Beamter/Beamtin
Behörde
beide
bekommen
Besuch
Betreuung
bezahlen
bringen
bügeln
Das stimmt (nicht)!
egoistisch
einkaufen
einladen
Einladung
Einschränkung
Elterngeld
fernsehen
Fitnesskurs
Frage stellen
Gärtnerei
geben
geöffnet
gern/gerne
geschlossen
günstig
halb
in Ordnung
ins Bett gehen
insgesamt
jetzt
Kaffee
Kalender
Käufer/in
kurz vor/nach
lange
machen
mittags
modern
möglich
Monat
morgens
müde
Musik hören
Muttersprache
nachmittags
nachts
Nationalität
neu
nur
Öffnungszeit
Pünktlichkeit
Ratenzahlung
rechnen
Religion
respektlos
Sachbearbeiter
schick
schlafen
Schluss haben
sich kümmern um
spazieren gehen
sprechen
Sprechzeit
Staubsauger
Tagesmutter
Teilzeit arbeiten
Termin vereinbaren
teuer
Thema
treffen
Überstunden machen
Uhr
Umfrage
unpraktisch
unterschreiben
Unverträglichkeit
vegetarisch
verärgert
vergleichen
verkaufen
Verständnis haben
Vertreter/in
Viertel vor/nach
Vollzeit arbeiten
von wann bis wann …
vormittags
Wann?
warten
Wäsche
waschen
wenig
wichtig
Wie spät ist es?
Wie viel Uhr ist es?
wünschen
wütend
zahlen
Zugehörigkeit

Lektion 7

Anorak
anprobieren
Anzug
Apfel
Apfelsaft
aussehen
Banane
Becher
beige
bequem
Birne
blau
blöd
Bluse
Bohnen
brauchen
braun
Das steht mir (nicht).
Dose
Drogerie
dunkel
Ei
Einkaufszettel
eng
Erbsen
Farbe
Flasche
Fleisch
Flohmarkt
furchtbar
gefallen
gelb
Geld
Geschäft
Glas
Gramm
grau
Größe
grün
Hackfleisch
hässlich
helfen
hell
Hemd
hier
holen
Honig
Hose
Internet
Jacke
Jeans
Joghurt
Kaffee
Kartoffeln
Käse
Kassenbon
Katalog
Kaufhaus
Kilo
Kirsche
Klamotten
Klasse
Kleid
Kleidung
klein
kurz
lang
lila
Liter
Mantel
Markt
Marmelade
Mehl
Melone
Milch
Modell
Mütze
natürlich
Netz
Nudeln
Orange
Packung
passen
Pfund
Pudding
Pullover
Reis
Rock
rosa
rot
Sache
Saft
Sahne
Salz
Schal
Schokolade
schön
Schuhe
schwarz
Schweinefleisch
Secondhand-Laden
Socken
Sommer
Sportschuhe
stehen
Strickjacke
Strümpfe
Stück
super
toll
Tomate
tragen
T-Shirt
überhaupt
umtauschen
Verkäufer/in
vielleicht
Wein
weiß
weit
Wie steht mir …?
Winter
Wintermantel
zu eng/klein/ …
Zucker
zurück

Lektion 8

ab (sofort)
Altbau
Anzeige
Arbeitszimmer
Bad
baden
Badewanne
Badezimmer
Balkon
Bauernhof
Bett
breit
Dachgeschoss
Diele
doch
Dusche
duschen
Einfamilienhaus
Elektrogerät
Erdgeschoss
Esszimmer
Fernseher
finden
Flur
Garage
Garten
Gebäude
gemütlich
Hausboot
Haustier
Heizung
Herd
Hochhaus
Kaffeemaschine
kalt (ohne Nebenkosten)
Kaution
Kinderzimmer
Kleiderschrank
Küche
Küchenschrank
Kühlschrank
Lampe
laut
leider
Lieblingszimmer
Miete
mieten
mindestens
Möbel
Monatsmiete
Müll
Nebenkosten
Obergeschoss
Quadratmeter
Raum
Regal
Reihenhaus
ruhig
Schlafzimmer
schmal
Schrank
Schreibtisch
Sessel
Sofa
Spielkiste
Spülmaschine
Stadt
Stadtrand
Stuhl
Teppich
Terrasse
Tisch
Traumhaus
Traumwohnung
unbedingt
warm (mit
Nebenkosten)
Waschmaschine
WC
Wohngemeinschaft
(WG)
Wohnung
Wohnungssuche
Wohnzimmer
Zimmer
2-Zimmer-Wohnung

Lektion 9

Abitur
Abitur machen
ankreuzen
Anschreiben
Arbeitsvertrag
Ausbildung

Ausbildung machen
Aushilfe
Auszubildende
Belastbarkeit
beraten
Berufserfahrung
besuchen
Bewerbung
Bewerbungsschreiben
Biologie
Bleistift
Boden
Buch
Chef/in
danach
Decke
dringend
durch (:)
enden
Erdkunde
Erfahrung
ergänzen
Ethik
Fach
Fachhochschule
Festanstellung
freundlich
Gehalt
gehen
Gern geschehen!
Gesamtschule
Geschäft
Geschichte
gleich (=)
Grundschule
Gymnasium
Heft
höflich
Informatik
interessant
Kakao
Kenntnis
Kindergarten/Kita
Kinderkrippe
Klasse
klatschen
Konditor/in
Kunst
Laden
Lebenslauf
leicht
Leidenschaft
lustig
markieren
Mathe(matik)
minus (–)
Mitarbeiter/in
mittlerer Schulabschluss
Moschee
Musik
müssen
Nachbar/in
Papierkorb
Pause
Physik
Pilot/in
plus (+)
Polizist/in
pünktlich
Realschule
Religion
Rucksack
schrecklich
Schulabschluss
Schule
Schulgeld
Schulpflicht
Schulstunde
Schulsystem
Schuluniform
schwierig
sich freuen
Sprachkenntnisse
Stelle
streng
studieren
Studium
Stunde
Synagoge
Tasche
Tür
überall
überwiegend
Unterricht
unterschreiben
Urlaub
Voraussetzung
Vorstellungsgespräch
werden
wollen
Wunsch
zeigen
Zeugnis
Zubereitung
zur Schule gehen
zuverlässig
Zuverlässigkeit

Bildquellen

Cover: Jan Kocovski/telc gGmbH; **Innenseite:** Artalis/fotolia.com; **S. 7–10** Jan Kocovski/telc gGmbH; **S. 12** (a) gpointstudio/fotolia.com, (b) AntonioDiaz/fotolia.com, (c) Westend61/fotolia.com, (d) corbis_fancy/fotolia.com, (e) Monkey Business/fotolia.com; **S. 13** großes Foto: Jan Kocovski/telc gGmbH, obere Reihe: F1online/Corbis/Super, mittlere Reihe: F1online/Amana/productions inc., bruissa/fotolia.com, untere Reihe: F1online/Amana/productions inc., F1online/imageBroker/Jochen Tack, F1online/Stock4B; **S. 14** Jan Kocovski/telc gGmbH; **S. 15** Jens Schmidt/MEV Verlag GmbH, Daniel Ernst/fotolia.com, Rido/fotolia.com, GW20 Foto/MEV Verlag GmbH; **S. 16** alle oben: Jan Kocovski/telc gGmbH, unten: Andy Dean/fotolia.com, underdogstudios/fotolia.com; **S. 18** oben links: britta60/fotolia.com, Mitte: jovannig/fotolia.com, rechts: Bartłomiej Szewczyk/fotolia.com, unten: Jan Kocovski/telc gGmbH; **S. 20** oben: (1)+(2), (5)+(6) helmutvogler/fotolia.com, (3) Hufnasi/fotolia.com, (4) joephotostudio/fotolia.com, unten: Sarah Kastner Fotografie/MEV Verlag GmbH, Karl Holzhauser/MEV Verlag GmbH; **S. 22** Frank Widmann/telc gGmbH; **S.23** Rido/fotolia.com; bst2012/fotolia.com; **S. 24** Jan Kocovski/telc gGmbH; **S. 26** Barbara Pheby/fotolia.com, egorxfi/fotolia.com, EM Ar/fotolia.com, margo555/fotolia.com, atoss/fotolia.com, Dionisvera/fotolia.com, kovaleva_ka/fotolia.com, Mariusz Blach/fotolia.com; **S. 28** (1), (3), (4): Nicholson Graeme/MEV Verlag GmbH, (2) MEV Verlag GmbH, (5) Creativstudio/MEV Verlag GmbH, (6)+(7) Karl Holzhauser/MEV Verlag GmbH; **S. 29** großes Foto: Jan Kocovski/telc gGmbH, obere Reihe: Shotshop.com/Artzzz; F1online/imageBroker/David Davies, mittlere Reihe: F1online/AGE/Jean-Marc Charles, F1online/imageBroker/Hermann Dobler, untere Reihe: F1online/imageBroker/Martin Pohner, F1online/Westend61/Martin Moxter; **S. 30** Jan Kocovski/telc gGmbH; **S. 33** Jan Kocovski/telc gGmbH, Minerva Studio/fotolia.com, Kadmy/fotolia.com, Joshua Resnick/fotolia.com, Westend61/fotolia.com; **S. 35** Jan Kocovski/telc gGmbH; **S. 36** Jan Kocovski/telc gGmbH; **S. 37** großes Foto: Jan Kocovski/telc gGmbH, obere Reihe: F1online/Westend61/Tom Chance, F1online/imageBroker/Simon Katzer, mittlere Reihe: F1online/Images Radius, Roman Pyshchyk/fotolia.com, untere Reihe: Silke Deidl/MEV Verlag GmbH, F1online/Images Radius; **S. 38** oben: F1online/Cultura/Matelly, unten: bruno135_406/fotolia.com, absolutimages/fotolia.com, Ana Blazic Pavlovic/fotolia.com, absolutimages/fotolia.com; **S. 39** oben: Chris Mueller/MEV Verlag GmbH, Christian Albert/MEV Verlag GmbH, Mitte: Westend61/fotolia.com, Lars Zahner/fotolia.com, Chepko Danil/fotolia.com, unten: absolutimages/fotolia.com, Alexander Raths/fotolia.com, Elena Kharichkina/fotolia.com, Photographee.eu/fotolia.com; **S. 40** oben: by-studio/fotolia.com, Klaus Eppele/fotolia.com, rdnzl/fotolia.com, Holger Luck/fotolia.com, ISO K° - photography/fotolia.com, Kurt Kleemann/fotolia.com, tycoon101/fotolia.com, Zerbor/fotolia.com, Mitte: Jan Kocovski/telc gGmbH, unten: ISO K° - photography/fotolia.com; **S. 41** Murushki/fotolia.com, motorolka/fotolia.com, zole4/fotolia.com, Markus Mainka/fotolia.com, MEV Verlag GmbH, picsfive/fotolia.com; **S. 42** Picture-Factory/fotolia.com, Jan Kocovski/telc gGmbH; **S. 43** rdnzl/fotolia.com; **S. 44** oben: Holger Luck/fotolia.com, Alexander Raths/fotolia.com , Mitte: JiSign/fotolia.com, Kurt Kleemann/fotolia.com, bignai/fotolia.com, k_rahn/fotolia.com; **S. 45** großes Foto: Jan Kocovski/telc gGmbH, obere Reihe: F1online Exclusive/bumannfoto, F1online/Westend61/Ina Peters, mittlere Reihe: F1online/Mito Images/Dreet Production, F1online/Cultura Creative/Jason Butcher, untere Reihe: F1online/AGE/Javier Larrea, F1online/Glowimages; **S. 47** oben: Federico Rostagno/fotolia.com, Syda Productions/fotolia.com, Minerva Studio/fotolia.com, TristanBM/fotolia.com, unten: Alexander Raths/fotolia.com; **S. 48** oben: Minerva Studio/fotolia.com, unten: WavebreakmediaMicro/fotolia.com; **S. 49** Jan Kocovski/telc gGmbH; **S. 50** (1) Karin & Uwe Annas/fotolia.com, (2) WavebreakMediaMicro/fotolia.com, (3)+(4) ajr_images/fotolia.com; **S. 52** Kaesler Media/fotolia.com; **S. 56** Frank Widmann/telc gGmbH; **S. 59** großes Foto: Jan Kocovski/telc gGmbH, obere Reihe: independent light/MEV Verlag GmbH, F1online/Images Radius, mittlere Reihe: Sergii Moscaliuk/fotolia.com, F1online/Westend61/Harald Walker, untere Reihe: Susanne Oehlschläger, F1online/PhotoAlto/Gerard Launet; **S. 61** unten: Natallia Vintsik/fotolia.com, Serhiy Kobyakov/fotolia.com; **S. 63** Jamrooferpix/fotolia.com; **S. 65** Monkey Business/fotolia.com; **S. 66** Jan Kocovski/telc gGmbH; **S. 67** Jan Kocovski/telc gGmbH; **S. 68** Superingo/fotolia.com; **S. 69** Jan Kocovski/telc gGmbH; **S. 70** Firma V/fotolia.com; **S. 73** großes Foto: Jan Kocovski/telc gGmbH, obere Reihe: F1online/Johner, mittlere Reihe: F1online/imageBroker/Norbert Michalke, pixelfokus/fotolia.com, untere Reihe: F1online/Pixtal, Dario Sabljak/fotolia.com; **S. 74** bilderstoeckchen/fotolia.com; **S. 76** unten: Halfpoint/fotolia.com, Edler von Rabenstein/fotolia.com, elnariz/fotolia.com; **S. 78** oben und Mitte: flairimages/fotolia.com, unten: Kzenon/fotolia.com; **S. 80** jörn buchheim/fotolia.com; **S. 82** independent light/MEV Verlag GmbH, Edith Laue/MEV Verlag GmbH, Creativstudio/MEV Verlag GmbH; **S. 84** (1) Jan Kocovski/telc gGmbH, (2) + (4) independent light/MEV Verlag GmbH, (3) Gerhard A. Müller/MEV Verlag GmbH; **S. 85** großes Foto: Jan Kocovski/telc gGmbH, obere Reihe: F1online/Images Radius, F1online/Johner, mittlere Reihe: F1online/Spaces Images/Francis Zera, untere Reihe: F1online/Fancy/Tammy Hanratty, F1online/Blend Images/Camilo Morales, F1online/Images Radius; **S. 87** Jan Kocovski/telc gGmbH; **S. 89** Karl Holzhauser/MEV Verlag GmbH; **S. 90** Dark Vectorangel/fotolia.com, ArtHdesign/fotolia.com, schulzie/fotolia.com, Claude Alberth/MEV Verlag GmbH, KB3/fotolia.com, Tiberius Gracchus/fotolia.com; **S. 92** (1) GEWA Fotostudio/MEV Verlag GmbH, (2) Karl Holzhauser/MEV Verlag GmbH, (3)+(5) Matthäus Eckhard/MEV Verlag GmbH, (4) Nicholson Graeme/MEV Verlag GmbH; **S. 93** Jan Kocovski/telc gGmbH; **S. 94** Mira Hana/MEV Verlag GmbH, (2)+(3) Karl Holzhauser/MEV Verlag GmbH, (4) Reinhold Bader/MEV Verlag GmbH; **S. 95** großes Foto: Jan Kocovski/telc gGmbH, obere Reihe: F1online/fStop, F1online/Corbis/Super, mittlere Reihe: F1online/AGE/Abad, Shutterstock/Aysezgicmeli, untere Reihe: F1online/imageBroker/Gabriele Hanke, F1online/Cultura Creative/Phil Boorman; **S. 97** Jan Kocovski/telc gGmbH, Frank Widmann/telc gGmbH; **S. 98** Frank Widmann/telc gGmbH; **S. 99** 4zevar/fotolia.com; **S. 102** Daniel Ernst/fotolia.com; **S. 114** Alle MEV Verlag GmbH; **S. 120** Artalis/fotolia.com; **S. 137** JiSign/fotolia.com; **S. 138** obere Reihe: (1) Jens Schmidt/MEV Verlag GmbH, (2) + (3) Witschel Mike/MEV Verlag GmbH, mittlere Reihe: (1) Jens Schmidt/MEV Verlag GmbH, (2) + (3) Mike Witschel/MEV Verlag GmbH, untere Reihe: (1) Karl Holzhauser/MEV Verlag GmbH, (2) Witschel Mike/MEV Verlag GmbH, Sven Lüders/MEV Verlag GmbH, Eckart Seidl/MEV Verlag GmbH; **S. 140** Anja Simanowski/Bibliomania; **S. 168** (a) Andrey Popov/fotolia.com, (b) + (c) JackF/fotolia.com, (d) corbis_fancy/fotolia.com; **S. 186** pbardocz/fotolia.com